북창 정렴 깊이 읽기

북창학 연구 총서 1

북창(北窓) 정렴(鄭磏) 깊이 읽기

생애·문예·학문

정재서 편저

북창 정렴 깊이 읽기

1판 1쇄 발행 | 2021년 7월 12일

엮은이 | 정재서
주 간 | 정재승
교 정 | 홍영숙
디자인 | 디노디자인
펴낸이 | 배규호
펴낸곳 | 책미래

출판등록 | 제2010-000289호
주 소 | 서울시 마포구 공덕동 463 현대하이엘 1728호
전 화 | 02-3471-8080
팩 스 | 02-6008-1965
이메일 | liveblue@hanmail.net

ISBN 979-11-85134-63-5 93130

북창 정렴 선생 묘소 및 묘비
(경기도 양주시 산북동)

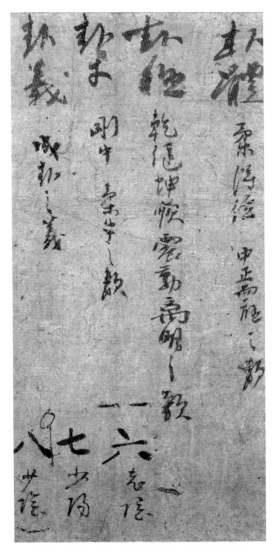

북창 정렴 선생의 필적(주역 괘풀이 추정)

노봉서원 묘정비(廟庭碑), 충북 청주시 문의면에 세워졌던 노봉서원의 묘
정비로 정렴, 송인수 선생 등이 배향된 사실을 기록해 놓았음

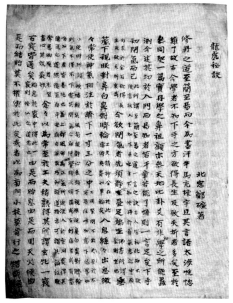

연정원 소장《용호비결(龍虎秘訣)》필사본(조선시대)

발간사

　서진(西晉)의 저명한 시인 육기(陸機)는 그의 〈문부(文賦)〉에서 "선대의 빼어난 업적을 기리는 것(咏世德之駿烈)"이 창작 동기를 고무하는 행위임을 천명하였다. 다시 말해 조상의 훌륭한 행적은 나 자신에게 정체성을 부여하고 긍지를 갖게 하여 미래로 매진(邁進)하게 하는 동력이 되는 것이다.

　온양 정씨는 그 성원(成員)은 많지 않으나 조선조 소론(少論) 명족(名族)의 하나로 면면(綿綿)히 고유의 가학과 가풍을 계승해 왔는데 일찍이 청음(淸陰) 김상헌(金尙憲)이 "온양 정씨는 시를 잘한다(溫陽鄭氏長於詩)"고 상찬(賞讚)한 바 있듯이 총계당공(叢桂堂公, 諱之升), 동명공(東溟公, 諱斗卿) 등 걸출한 시인을 다수 배출하였고 유가(儒家) 사족(士族)으로는 드물게 북창공(北窓公, 諱𥖝), 고옥공(古玉公, 諱碏) 등 고명한 도인들이 대대로 출현하여 "선골가계(仙骨家系)"로 일컬어질 정도이었다.

　이에 온양 정씨 찬성공(贊成公, 諱昌兪)파 문중에서는 선대의 뛰어난 업적을 발굴, 연구하여 후손의 귀감(龜鑑)으로 삼고 나아가 국학(國學)에 기여하고자 2017년 양주시(楊州市) 산북동(山北洞) 선영(先塋)에 '온양정씨 학술문화연구원'과 '북창학 연구소'를 개설하였다. 연구원과 연구소에서는 문집, 족보, 역사기록, 서찰(書

札), 전문(傳聞), 유적, 유물 등 조상이 남긴 유형, 무형의 자료들을 발굴하고 정리하여 이를 총체적으로 보존, 관리할 뿐만 아니라 역주, 연구 등의 과정을 거쳐 보고서, 해설서, 연구서, 영상기록 등의 형태로 결과물을 산출하고자 한다. 한가지 부언(附言)할 것은 연구 과정에서만큼은 문중 중심의 편파성을 지양하고 객관성을 견지함으로써 현행 국학 연구에 손색이 없는 연구물을 생산하고자 노력한다는 점이다. 모쪼록 조상의 보우(保佑) 아래 기약한 바의 목표가 잘 이루어지기를 기원한다.

아 아! 선조들이 힘써 일구신 가학과 바로 세우신 가풍이 오늘에도 찬연(燦然)히 빛을 발(發)하나니, 무릇 온양 정문(鄭門)의 일원(一員) 된 자 마땅히 이를 효칙(效則)하고 선양(宣揚)할 책무가 있은즉, 우로(雨露)에 감읍(感泣)하고 보본(報本)의 의미를 되새기며 주야(晝夜)로 면려자행(勉勵自行)해야 하리라.

2021년 6월

온양 정씨 찬성공파(贊成公派)

종중 회장 정관희(鄭官熙)

삼가 씀

차 례

발간사   09

북창 정렴 연구서설

북창 정렴 연구 서설   18

제1부 온양(溫陽) 정씨와 도교

《온성세고(溫城世稿)》를 통해 본 조선조
 단학파(丹學派)의 이념적 성격   26
 1. 서론   22
 2.《온성세고》의 성립 및 내용   27
 3.《온성세고》의 지향(志向)   29
  1) 사상적 지향   29
  2) 문예적 지향   34
  3) 정치적 지향   36
 4. 결론   42

야담집(野談集)에 나타난 온양 정씨의 초상 44
 1. 서론   44
 2. 정순붕(鄭順朋) – 강악(剛惡)과 유악(柔惡)의 사이에서 46

차 례

3. 북창 정렴 – 만능 천재에서 구제자(救濟者)로   **50**

  1) 기본상에 대해서   **51**

  2) 기본 이미지의 강화   **52**

  3) 구제자로서의 북창 상(像)   **55**

4. 정작(鄭碏) · 정현(鄭礥) 형제 및 정초(鄭礎)에 대해서   **58**

  1) 정작 – 북창의 그림자 밑에서   **58**

  2) 정현 – '악역(惡役)'과 시인의 동거   **61**

  3) 정초 – 단맥(丹脈)의 'Missing Ring'으로서   **64**

5. 정지승(鄭之升) · 정두경(鄭斗卿) – 문인(文人)으로서의 온양 정씨 **65**

  1) 정지승 – 정열 시인과 신선의 모습   **65**

  2) 정두경 – 강의(剛毅)한 문인   **67**

6. 정돈시(鄭敦始) · 정만석(鄭晩錫) – 이인(異人)의 후예로서   **70**

7. 맺는 말   **72**

제2부 북창 정렴의 생애와 문학, 예술

북창 정렴 약전(略傳)   **76**

북창 정렴의 생애와 시(詩) 세계   **85**

  1. 서론   **85**

  2. 잡예(雜藝)와 둔세(遁世)의 생애   **87**

  3. 탈속(脫俗)과 고독의 시   **98**

차 례

4. 자신에 대한 풍자와 희롱의 시   106

5. 결론   114

북창 정렴의 소(嘯)와 도교음악   117

 1. 문제 제기   117

 2. 고대 도교음악으로서의 소가(嘯歌)   120

 3. 고려노래 선어(仙語)와 구음(口音)의 전통   126

 4. 북창 소가(嘯歌)의 도교적 이해   143

 5. 남은 문제   150

제3부 북창 정렴의 도교 사상

신출(新出) 《단학지남(丹學指南)》과

북창 정렴의 양생사상(養生思想)   153

 1. 서론   154

 2. 북창의 가계(家系)와 단맥(丹脈)   157

  1) 북창의 가계와 단학(丹學) 수용   157

  2) 북창의 단맥과 저술   165

 3. 《단학지남(丹學指南)》과 《용호결(龍虎訣)》   172

  1) 《단학지남》의 성립과 구조   172

차 례

　　2)《단학지남》과《용호결》　　　　　　　　　182

　4. 북창의 양생사상　　　　　　　　　　　　187

　5. 결어(結語)　　　　　　　　　　　　　　　195

《용호비결(龍虎秘訣)》의 문헌적 계보　　　　　198

　1. 들머리　　　　　　　　　　　　　　　　198

　2. 자료 제시　　　　　　　　　　　　　　　202

　3. 본문 분석　　　　　　　　　　　　　　　210

　4. 저본(底本) 검토　　　　　　　　　　　　222

　5. 문헌적 계보　　　　　　　　　　　　　　232

　6. 마무리　　　　　　　　　　　　　　　　247

북창 정렴의 내단사상(內丹思想)　　　　　　　250

　1. 머리말　　　　　　　　　　　　　　　　250

　2. 북창 내단사상의 연원　　　　　　　　　　253

　3. 삼교융합(三敎融合)적 경향　　　　　　　　258

　4. 내단주체론(內丹主體論)과 역추론(逆推論)　　261

　5. 폐기(閉氣) · 태식(胎息) · 주천화후(周天火候)　268

　6. 맺는 말　　　　　　　　　　　　　　　　275

차 례

정북창(鄭北窓)의 내단사상(內丹思想)과 현대적 가치　278

　1. 정북창 내단사상의 연원　280

　　1) 종려금단대도(鍾呂金丹大道)의 비결(秘訣) 흡수　280
　　2) 《참동계(參同契)》와 《황정경(黃庭經)》의 전통 계승　285

　2. 정북창 내단사상의 특징과 공헌　289

　　1) '이순단도(理順丹道)'와 태식(胎息)의 관계　289
　　2) '수규중(守規中)'의 기본 원칙 강조　298
　　3) '이안위기치(以眼爲旗幟)'의 폐기(閉炁) 기술적 방법 제기　308

　3. 정북창 내단사상이 지니는 현대적 가치　316

　　1) '정기유즉풍사자주(正炁留則風邪自走)'의 단도양생(丹道養生) 이론　316
　　2) 내단 수련의 운행과 실천에 대한 유형 제공　320
　　3) 내단 수련에서 '성(誠)'의 중요성 강조　322

《용호결(龍虎訣)》과 《원상법(原象法)》에 나타난

의식 계발과 심신의학(心身醫學)　329

　1. 서언(序言)　329

　2. 《용호결》의 의식 계발 및 심신의학적 요소　331

　3. 《원상법》의 의식 계발적 요소　339

　4, 결어(結語)　344

　본서에 실린 논문 출처　346

　찾아보기　347

북창 정렴 연구
서설

북창 정렴 연구 서설

– '북창학(北窓學)'의 초석 정립을 위하여

정재서(鄭在書, 이화여대 명예 교수)

북창(北窓) 정렴(鄭磏)은 조선 단학파(丹學派)의 태두(泰斗)로서 속칭 '한국의 선골가계(仙骨家系)'로 일컬어지는 온양(溫陽) 정씨를 대표하는 인물이다. 그는 유불도(儒佛道) 삼교에 정통하였고, 시(詩), 서(書), 화(畵)의 달인이자 풍수, 의학, 음악, 외국어 등 각 방면에서도 뛰어난 능력을 발휘하였다. 뿐만 아니라 수련이 높은 경지에 이르렀고 도덕적으로도 훌륭한 인품을 지녀 도가에서의 완벽한 인간상인 진인(眞人)으로 간주되기까지 하였다. 북창은 이러한 초인적 자질 때문에 숱한 민간설화의 주인공이 되었고, 그가 남긴 저술인《용호비결(龍虎秘訣)》은 후대의 조선 도교는 물론《동의보감(東醫寶鑑)》등 조선 의학에도 큰 영향을 미쳤으며, 한국 도교 수련의 기본 텍스트로서 현재까지 애독되고 있다. 한마디로 북창은 한국 도교사상사에서 독보적이고도 중요한 지위를 점하는 인물이라 할 것이다. 그럼에도 불구하고 그에 대한 학문적 탐구의 현실은 아직까지 단 한 권의 집중적인 연구 노작도 부재한 형편이며, 각 분야에서 한두 편씩 이루어진 산발적인 논문들만 존재할 뿐이다. 물론 이에는 북창의 남겨진 저술이 많지 않다는 내재적 원인도 무시할 수 없지만, 그간 우리 학계의 도교에 대한 몰인식과 그로 인해 도교 연구 역량이 축적되지 못한 것을 더 큰 이유로 들어야 할 것이다.

이 책에서는 이러한 문제의식을 통감하고 북창 연구 곧 '북창학(北窓學)'을 진작시키기 위하여 생애, 문학, 예술, 사상, 철학 등 북창학의 각 분야별로 그간 산발적으로 제출된 북창 관련 연구 논문들 중 비교적 대표성을 지니는 것들을 선별, 배열한 후 북창 연구의 전모를 일별(一瞥)할 수 있는 한 권의 전저(專著)로 묶어냄으로써 금후의 북창학을 위한 초석으로 삼고자 한다. 아래에 각 목차별로 수록된 논문들에 대해 간략히 소개하면 다음과 같다.

제1부 '온양(溫陽) 정씨와 도교'에서는 북창 정렴을 이해, 연구하기 위한 선결적인 내용으로서 온양 정씨와 도교의 관계, 북창 등 온양 정씨 도교 인물 설화, 북창의 생애와 전반 사상 등에 관한 3편의 논문이 선별, 수록되었다.

제1장 정재서, 《온성세고(溫城世稿)》를 통해 본 조선조 단학파(丹學派)의 이념적 성격'에서는 온양 정씨 도교 인물들이 사상적으로는 삼교합일(三敎合一), 문예적으로는 당시풍(唐詩風), 정치적으로는 자주적, 현실참여적 지향을 갖고 있는 것으로 파악하고 이들에 대한 종래의 현실도피 프레임에 의한 해석을 지양, 가학

(家學) 전통의 기반으로 해석해야 할 필요성을 강조하였다.

제2장 노자키 아츠히코(野崎充彦), '야담집(野談集)에 나타난 온양 정씨의 초상(肖像)'에서는 야담집에 등장하는 북창, 고옥(古玉), 총계당(叢桂堂), 동명(東溟) 등의 설화 분석을 통하여 온양 정씨의 이미지를 도술적 이미지와 문학적 이미지의 둘로 정리하였다. 그리고 이러한 이미지의 이면에는 북창의 영향이 강력히 드리워져 있다고 주장하였다.

제2부 '북창 정렴의 생애와 문학, 예술'에서는 북창의 생애를 바탕으로 그의 시와 음악이 이룩한 문학, 예술적 경지를 논한 3편의 논문이 선별, 수록되었다.

제1장 정재서, '북창 정렴 약전(略傳)'에서는 북창의 생애, 도술 관련 설화, 유불도 삼교 및 의학, 음악 등의 학문세계에 대해 요약적으로 서술하였다.

제2장 이경수, '북창 정렴의 생애와 시 세계'에서는 북창의 생애를 갈등에 찬 현실을 벗어나고자 잡예(雜藝)와 방술(方術)에 몰두한 삶으로 규정하고, 북창의 시를 탈속, 고독, 자조(自嘲)의 내용으로 나누어 고찰하였다.

제3장 안동준, '북창 정렴의 소(嘯)와 도교음악'에서는 북창의 금강산 소가(嘯歌) 설화를 도교 음악이자 수련법인 소법(嘯法)의 전통과 관련하여 설명하고, 그것의 근원을 고려 음악에서 찾아보면서 정렴의 소가가 송대(宋代)에 이미 실전된 중국 소가의 전통에 대해 지니는 도교음악사적, 한국음악사적 의미를 진단하였다.

제3부 '북창 정렴의 도교 사상'에서는 현존하는 북창 정렴의 내단학(內丹學) 및 수련 방면의 저술인《용호비결》의 성립, 판본, 도교 사상 등에 관한 5편의 논문이 선별, 수록되었다.

제1장 양은용, '신출(新出)《단학지남(丹學指南)》과 북창 정렴의 양생(養生) 사상'에서는 1994년 전남에서 발견된《용호비결》의 이본(異本)인《단학지남》을 서지학적으로 고찰하고《용호비결》과 판본 비교를 행하여 분장(分章), 주석, 문자상의 이동(異同)을 밝혔다. 그리고《단학지남》에 담긴 양생 사상의 특징을 삼교합일 경향, 의학에 대한 관심, 복기(服氣) 중심의 수련법 등으로 파악하고 있다. 아울러 북창 정렴의 도교를 현실도피로 보는 견해를 비판하고 온양 정씨 가학에서 유래된 것으로 인식하였다.

제2장 안동준, '《용호비결(龍虎秘訣)》의 문헌적 계보'에서는 현존하는《용호비결》관련 6종의 이본들을 대조하여 본문을 철저히 검토한 다음, 갑인자본(甲寅字本)《주역참동계발휘(周易參同契發揮)》에 근거하여《용호비결》의 원형을 탐색하고, 이를 근거로 문헌적 계보를 파악하고자 하였다. 고증 결과《용호비결》의 초기 이본은《단학지남》으로 알려진《양생지남(養生指南)》이며, 후대에 유전되는《용호비결》은《양생지남》에 근거해서《동의보감》을 비롯한《도서전집(道書全集)》의 여러 내용을 추가해서 형성된 것으로 판단하고 있다. 아울러 이러한 후대의《용호비결》이본들에서 원본이 지녔던 폐기 수련의 중요성이 점차 간과되어 본래의 면목을 잃고 있음을 비판하였다. 결론적으로《용호비결》은 유염(兪琰)

의《주역참동계발휘》를 근거로《참동계》의 하수처(下手處)를 밝혔는데, 바로 그 점에서《용호비결》을 참동계의 핵심이며 조선시대 단학파의 최대 성과로 평가하고 있다.

제3장 김낙필, '북창 정렴의 내단(內丹) 사상'에서는 북창 정렴 내단 사상의 연원을 한국 고유의 선맥(仙脈)과 중국에서 전래된 내단 사상의 접합점에서 찾고 있으며, 사상 내용을 삼교융합적 경향이 농후한 것으로 파악하였다. 아울러 수련 내용에서는 내단 주체론의 입장을 견지하고 성리학의 비판에 대응하여 역추론(逆推論)을 제시한 것으로 이해하였다. 구체적 방법론인 폐기(閉氣), 태식(胎息), 주천화후(周天火候)는 초기 도교의 실질적, 양생적 경향을 반영하며《도덕경(道德經)》,《황정경(黃庭經)》,《참동계(參同契)》의 사상을 실천적 수련체계에 융합시켰다고 평가하였다.

제4장 첨석창(詹石窓), '북창 정렴의 내단사상과 현대적 가치(鄭北窓內丹思想及其当代价值)'에서는 북창 정렴의 내단 이론이 종려금단도(鍾呂金丹道)의 비결을 수용하였고《참동계》와《황정경》의 전통을 계승하면서도 독자적인 입장을 수립한 것으로 파악하고 있다. 태식 수련의 경우 '수규중(守規中)'의 기본 원칙을 강조하였고, '이안위기치(以眼爲旗幟)'를 원리로 하는 폐기의 기술적인 방법을 제시하였으며, '정기유즉풍사자주(正氣留則風邪自走)'의 양생 원리를 천명한 것으로 보았다. 그리고 내단 수련에서 '성(誠)'의 중요성을 역설한 것으로 인식하였다. 이러한 간명하고 실천적인 주장들은 오늘날 몸과 마음을 닦고 도덕적인 삶을 사는 데에

큰 도움이 되는 것으로 보고 있으며, 북창 정렴의 내단 사상이 한국의 도교 발전에 큰 영향을 미쳤을 뿐만 아니라 동아시아 도교사의 관점에서도 중요한 위치를 차지한다고 평가하였다.

제5장 정재승, '민족정신 수련법《용호결(龍虎訣)》과《원상법(原象法)》에 나타난 의식 계발과 심신의학'에서는 한국 자생의 대표적 수련서로서 북창 정렴의《용호비결》과 이를 계승한 봉우(鳳宇) 권태훈(權泰勳)의《원상법》을 거론하면서 두 책의 정신수련적 의미를 논하였다.《용호비결》에서는 정신으로 기운을 제어하는 조식법(調息法)을 강조하면서 이를 통해 건강을 되찾는 양생으로 나아가는데, 이에 그치지 않고 태식, 주천화후 등의 단계를 거쳐 궁극적으로 우주에 합일되는 고도의 정신 경지에 이르게 된다고 보았다.《원상법》은 회광반조법(廻光返照法)이라고도 하는데,《용호비결》의 조식 수련을 바탕으로《주역(周易)》〈계사전(繫辭傳)〉의 구절을 수사(手寫)하거나 집념함으로써 보다 적극적으로 우주의 본질을 직관하고 나아가 자신의 삼생(三生)을 확인하는 데에까지 이르게 된다고 보았다. 그 결과《용호비결》과《원상법》, 이 두 책을 우주 원리와 하나가 되는 삶의 길로 이끄는 조선 단학파의 대표적 유산으로 규정하고 있다.

본서에 실린 상술한 논의들은 현재까지 진행된 북창 정렴 연구의 전모를 보여줄 뿐만 아니라 온양 정씨 가학과 북창 정렴과의 관계, 국악 방면의 기여, 북창 내단학의 구체 내용 및 중국 도교와의 관련성,《용호비결》초기 이본의 발굴 및 고증 등 기존에 밝혀지지 않았던 새로운 내용들을 담고 있다. 아울러 북창 정렴 연구에 중국 사천대학(四川大學)의 첨석창(詹石窓) 교수, 일본 오사카 시립대학의 노자키 아츠히코(野崎充彦) 교수 등 사계(斯界)의 저명한 외국 학자들도 참여, 국제적 견지에서의 평가를 내리고 있어 북창 정렴의 도교학이 세계적으로도 주목할 수준에 있음을 입증하고 있다.

본서의 출간을 계기로 금후 북창학 방면의 연구가 활발하게 이어져 북창 도교학의 새로운 면모가 밝혀지기를 소망한다. 뿐만 아니라 그간 국학 연구에서의 유학, 불학 위주 편향성이 지양되고, 특히 사상, 학술 방면의 인물 연구에서 퇴계, 율곡, 남명(南冥), 다산(茶山) 등 유학자에 치중된 경향을 벗어나 다양성을 추구하게 되기를 기대한다. 본서는 이러한 의미에서 우리 학문생태계의 평형을 위한 나름의 시도이기도 하다.

제1부 온양(溫陽) 정씨와 도교

《온성세고(温城世稿)》를 통해 본 조선조 단학파(丹學派)의 이념적 성격

정재서(鄭在書, 이화여대 중문과 교수)

1. 서론

《온성세고》는 온양(温陽) 정씨(鄭氏) 저명인물(著名人物)들의 문집합본(文集合本)으로서 용인(龍仁) 이씨계(李氏系)의 《오계일지집(梧溪日誌集)》과 더불어 한국도교 연구상 중요한 문집자료이다. 이들에 대해서는 그간 국내의 도교학자들에 의해 부분 혹은 전면적으로 여러 차례 연구가 행해진바 있는데 《오계일지집》에 대해서는 고(故) 최삼룡(崔三龍) 교수가, 《온성세고》에 대해서는 양은용(梁銀容), 손찬식(孫燦植) 양(兩) 교수가 주목할 만한 논의를 펼친바 있다.[1]

---

1) 이에 대해서는 최삼룡, 〈仙人說話로 본 韓國 固有의 仙家에 대한 연구〉《道敎와 韓國思想》(汎洋社, 1987) 및 양은용(梁銀容), 〈新出 '丹學指南'과 鄭北窓의 養生思想〉《道敎의 韓國的 受容과 轉移》(亞世亞文化社, 1994) 손찬식(孫燦植), 《朝鮮朝 道家의 詩文學 研究》(國學資料院, 1995) 등 참조.

가령《온성세고》의 경우 양은용 교수는 학적(學的) 검토와 아울러 북창(北窓) 정렴(鄭磏)을 중심으로 온양 정씨의 선가학풍(仙家學風) 계보 등에 대해 상론하였으며 손찬식 교수는 조선조 단학파의 문학활동과 관련하여 온양 정씨 제가(諸家)의 시문(詩文)과 생애를 조감(鳥瞰), 분석한 바 있었다. 본고에서의 논의는 이같은 선행 연구의 성과를 딛고 조선조 단학파의 중요한 성원(成員)이었던 온양 정씨 제가의 시문집인《온성세고》에 대한 재검토를 통하여 그동안의 논구에서 철저히 구명(究明)되지 않았던 조선조 단학파 내지 한국 도교의 고유한 성격을 중국도교와의 변별적인 견지에서 밝혀내기 위해 시도된 것이다.

2.《온성세고》의 성립 및 내용

《온성세고》는 온양 정씨 문중에서 전승되어오던《북창선생시집(北窓先生詩集)》,《고옥선생시집(古玉先生詩集)》,《금송당유고(琴松堂遺稿)》,《십죽헌유고(十竹軒遺稿)》,《만죽헌유고(萬竹軒遺稿)》,《총계당유고(叢桂堂遺稿)》,《무송당유고(撫松堂遺稿)》,《동명선생집(東溟先生集)》등 8권의 문집을 1977년 후손 정락훈(鄭樂勳)[2]이

---

2) (1895~1989). 자(字)는 윤지(允至), 호(號)는 규포(葵圃). 국학자(國學者)로서 제1공화국 당시 충북도지사, 농림부장관 등을 역임했고,《진어습유(陳語拾遺)》,《한계명현록(韓季名賢錄)》등의 저술을 남겼다.

합본 영인한 것이다. 1977년 합본 이전에는 전(前) 7종은《북창고옥양선생시집(北窓古玉兩先生詩集)》에 모두 포괄되어《동명선생집》과 나란히 전해내려 왔었다.《온성세고》에는 산문 작품은 거의 없고 시와 서발문(序跋文) 및 작자들에 대한 평문(評文) 등이 주로 수록되어 있다.[3] 8명의 작자는 북창 정렴(1506~1549)을 비롯 고옥(古玉) 정작(鄭碏, 1533~1603), 금송당(琴松堂) 정적(鄭磧, 1537 전후), 십죽헌(十竹軒) 정첨(鄭礎, 1517~1561), 만죽헌(萬竹軒) 정현(鄭礥, 1526~?), 총계당(叢桂堂) 정지승(鄭之升, 1550~1589), 무송당(撫松堂) 정회(鄭晦, 1568~?), 동명(東溟) 정두경(鄭斗卿, 1597~1673)으로 이들 중 정렴, 정작, 정지승, 정회, 정두경 등은 조선조 단학파와의 관련하에 한국도교 연구에서 자주 거론되는 인물들이다.

양은용 교수는 이들 이외에도《온성세고》에는 작품이 수록되어 있지 않으나 온양 정씨 출신의 단학파 인물로 계향당(桂香堂) 정초(鄭礎, 1495~1539)와 정돈시(鄭敦始, 1756~1785) 등을 더 거론한다. 정초는 정렴, 정작과 종형제간(從兄弟間)으로 당시 '일가삼선(一家三仙)'의 칭예(稱譽)가 있었으며 정돈시는 황윤석(黃胤錫)의《해동이적보(海東異蹟補)》에서 신선(神仙)으로 열기(列記)되어 있다.

《온성세고》에 수록된 온양 정씨 일문의 시의 경향은 양은용, 손

---

3) 근래 일본 오사카 부립(府立) 도서관에서 기존의《동명선생집》에서 누락된 정두경의 시문(詩文)이 다수 발견되어 학계의 관심을 모은 바 있다.

찬식, 정민(鄭珉) 교수[4] 등의 논구에 의하면 유선(遊仙)적, 양생(養生)적 취지가 무엇보다도 두드러지는 것으로 나타나 있다. 그러나 이러한 일반적 경향이 구체적으로 어떠한 지향(志向)을 갖게 될지는 더 이상의 세심한 논구가 후행(後行)되어야 밝혀질 것이다.

3. 《온성세고》의 지향(志向)

1) 사상적 지향

정렴, 정작 등 온양 정씨의 선가계(仙家系) 인물들이 도교 그중에서도 단학(丹學)에 조예가 깊었으리라는 것은 《해동전도록(海東傳道錄)》등을 통해 밝혀진 그들의 단학 사승(師承) 관계라든가 정렴의 내단서(內丹書)인 《용호비결(龍虎秘訣)》의 취지, 《동의보감(東醫寶鑑)》에 표현된 정작의 도교의학 체계 등 학계에서 이미 논의, 구명(究明)된 내용들로서도 충분히 입증된다 할 것이다.

실제로 정렴의 수련처는 오늘에도 경기도 남양주시(南楊州市) 괘라리(掛羅里) 속칭 정씨골에 그 흔적을 남기고 있으며 전라북도 진안군(鎭安郡) 주천면(朱川面)에는 정지승이 초제(醮祭)를 지냈

---

4) 정민(鄭珉), 〈16~7세기 遊仙詩의 자료 개관과 출현동인〉《韓國道敎思想의 理解》(아세아문화사, 1990) 참조.

던 제천대(祭天臺) 터가 현재까지 잔존해 있다.[5] 아울러 《온성세고》에는 정렴, 정작 등이 당대의 저명한 도인이었던 수암(守菴) 박지화(朴枝華: 1513~1592), 격암(格菴) 남사고(南師古)[6] 등과 교유했던 기록이 많이 보인다. 풍수학(風水學)에도 정통했던 정렴, 정작과 역시 풍수대가인 남사고와의 교유는 흥미를 끄는 사항이 아닐 수 없다. 정작의 〈배수암박지화격암남사고방이언유(陪守菴朴枝華格菴南師古訪李彦愉)〉 시를 예로 들어 본다.

尋君南嶽下,　그대를 찾아 남산 아래에 이르렀거니,

地僻斷人蹤,　홀로 외진 곳 사람 자취 없네.

庭靜來山鳥,　고요한 뜨락으로 산새가 내리고,

窓虛引竹風　텅 빈 창안으론 댓바람이 들어오네.

煙嵐栖戶外,　아지랑이 문밖에 서리고,

蒼翠入樽中　푸른 산기운 술독에 들어오네.

余亦忘機者,　나 또한 세상 시름 잊은 사람이거니,

頻過笑語同　자주 와서 담소를 함께 하리.

정회(鄭晦) 역시 화산진인(華山眞人)의 제자라는 정자원(鄭紫元)에 대해 노래한 시, 〈정양진인가류별정자원(正陽眞人歌留別鄭

5) 이들 유적은 근래 정재서, 정재형 등 온양 정씨 후손들과 송화섭, 이용엽 등 민속학자들에 의해 조사, 확인되었다.

6) (1509~1571). 조선 중기의 도인. 효행과 청렴으로 이름났으며, 역학, 풍수, 천문, 복서, 관상 등의 비결에 도통하여 많은 일화를 남겼다.

紫元)〉을 남기고 있어 당시 일단(一團)의 방외인물(方外人物)들과의 교유상황을 엿볼 수 있다. 그러나 정렴 등의 도교가 중국의 전통적인 도교와 다른 사상적 내용 및 취지를 갖고 있음은 정렴이 자손들에게 남긴 '유훈(遺訓)'의 다음과 같은 언급으로부터 알 수 있다.

　　모든 제사는 일체 주문공 가례에 의거하고 속례를 참작하되 인정에 합치되도록 힘써야 한다. 나의 말이 무엇에 힘입은 것인가?《근사록》,《소학》은 초학의 단계이나 세속에서는 이것들을 읽지 않는다.

(凡祭祀一依朱文公家禮, 參以俗禮, 務合人情, ……予言何賴焉. 近思錄小學書初學之逕蹊而世俗不之看)[7]

　　정렴의 이러한 언급은 그가 기본적으로 송대(宋代) 성리학(性理學)을 치신(治身), 치가(治家)의 바탕으로 삼고 있다는 것을 표명한다. 그에게는 화담(花潭) 서경덕(徐敬德)의 죽음을 애도한 시〈문화담연세(聞花潭捐世)〉가 있고 온양 정씨가 도교적 가학(家學)에도 불구하고 후대에 소론(少論) 환반(宦班)으로서의 지위를 유지했던 것으로 보아 유학(儒學)이 기본소양으로서 자리 잡혀 있었던 것은 분명하다.

---

7)《온성세고》소수(所收).

《온성 세고》에는 이 밖에도 당대의 저명한 불승(佛僧)들과 창화(唱和)한 시들이 많이 실려 있어 이들이 불교에도 깊은 관심을 갖고 있었음이 규지(窺知)된다. 정렴의 〈증금강상인(贈金剛上人)〉, 〈증지현상인(贈智玄上人)〉, 정작의 〈제풍악상인축(題楓嶽上人軸)〉, 〈제상인시축(題上人詩軸)〉, 정지승의 〈제봉은사상인시축(題奉恩寺上人詩軸)〉, 〈신암사증각조(神巖寺贈覺照)〉 등의 증답시(贈答詩)와 수많은 사찰을 제재로 한 시들이 그 증좌(證佐)이다.

이는 정렴이 유승(儒僧)이었던 매월당(梅月堂) 김시습(金時習)과 승(僧) 대주(大珠)로부터 도통을 전수받았던 사실과 관련하여 생각할 때 온양 정씨 일문(一門)의 가학이 불학(佛學)과도 깊은 교섭이 있었음을 시사한다. 결국 온양 정씨 일문의 도교학은 중국의 전통적인 도교와는 달리 유·불·도 삼교(三敎)가 포섭(包攝)된 성격의 도교학이라는 것을 알 수 있다. 해숭위(海嵩尉) 윤신지(尹新之)의 〈북창고옥양선생시집서(北窓古玉兩先生詩集序)〉에서의 정렴에 대한 다음의 평가가 이러한 가학의 경향을 웅변하고 있다.

선생은 나면서 신이하였다. 삼교에 두루 통하여 가히 더불어 신선이기도 하고, 부처이기도 하고, 성인이기도 하니 이 분을 진인이라 말함은 잘못된 것이리라.
(先生生而神異 博通三敎, 可與爲仙, 可與爲佛, 可與爲聖人, 是之謂眞人者, 非耶)

이러한 언명은 일찍이 최치원(崔致遠)이 지은 〈난랑비서(鸞郞碑序)〉의 삼교합일(三敎合一)적 취지와 상통하는 바가 있어 자못 흥미롭다. 〈난랑비서〉의 내용은 다음과 같다.

나라에 오묘한 도가 있으니 그것을 풍류라고 한다. 그 가르침을 마련한 근원은《선사》에 상세히 실려 있으니, 실로 그것은 세 가지 가르침(유·불·도)을 다 포함하고 있어 뭇사람을 교화시킨다. 예컨대 들어와 집안에서 효도하고, 나아가 나라에 충성하는 것은 노나라 사구(공자)의 취지이고, 작위함 없는 일에 처하고 말하지 않는 가르침을 행하는 것은 주나라 주사(노자)의 주장이며, 모든 악을 저지르지 않고 모든 선을 받들어 실행하는 것은 축건태자(석가)의 교화이다.

(國有玄妙之道, 曰風流 設敎之源, 備詳仙史, 實乃包含三敎, 接化群生 且如入則孝於家, 出則忠於國, 魯司寇之旨也. 處無爲之事, 行不言之敎, 周柱史之宗也 諸惡莫作, 諸善奉行, 竺乾太子之化也)[8]

고대 한국 풍류도에서의 삼교합일적 취지와《온성세고》등에서 나타나는 조선조 단학파의 그것은 연원적 관계에 있지 않을까? 이 문제는 중국의 전통도교와 구분되는 한국 노교의 특성 규명을 위해 보다 심도 있게 천착(穿鑿)되어야 할 과제가 아닌가 한다.

---

8)《삼국사기(三國史記)》〈신라본기(新羅本紀)〉 진흥왕(眞興王) 37년조(年條).

2) 문예적 지향

《온성세고》에 실린 작품들은 대부분 순수문학에 속하는 시부
(詩賦)이고 정렴, 정작, 정지승, 정두경 등의 작가들은 조선조 한
시문학(漢詩文學)에서 크게든 작게든 거론되는 시인들이다. 이 중
《온성세고》상에 804수에 달하는 최다의 작품을 남기고 있는 정두
경은 현종조(顯宗朝) 굴지의 시인으로서 그의 문학에 대해서는 이
미 적지 않은 논의가 있다.[9] 특히 그의 호방한 시풍(詩風)은 성당
(盛唐) 시인 이백(李白)과 상관이 있는 것으로 알려져 있다. 아울
러 정지승은 손곡(蓀谷) 이달(李達), 고죽(孤竹) 최경창(崔慶昌),
옥봉(玉峯) 백광훈(白光勳) 등의 삼당파(三唐派)와 더불어 당시풍
(唐詩風)을 진작(振作)시킨 인물로 그의 시 〈축천정유별(丑川亭留
別)〉은 청대(淸代) 격조시파(格調詩派)의 거장 심덕잠(沈德潛)[10]
의 《명시별재집(明詩別裁集)》에 선입(選入)되어 호평(好評)을 받
았다. 그 시는 다음과 같다.

細草閑花水上亭,　잔디풀, 한가로운 꽃, 물 위의 정자,

---

9) 정두경 문학에 관한 논문으로는 윤미길, 〈정두경 연구〉《원대논문집(圓大論文
集)》(1988), 제22집. 강전섭, 〈동명자 정두경의 시문습유(詩文拾遺)〉《학산
조종업 박사 화갑기념논총(鶴山趙鍾業博士華甲紀念論叢)》(1990). 김상일, 〈
동명자 정두경의 시세계〉(동국대 석사논문, 1990). 박태성, 〈동명 정두경 시
연구〉(연세대 석사논문, 1991) 남은경, 〈정두경 협객시의 내용과 의미〉《한국
한문학연구》(1992), 제15집 등이 있다.

10) (1673~1769). 중국 청대의 문인. 도덕적인 문학관에 기반을 두고 음률의 조
화를 찾는 격조설을 주창함. 저서에 《귀우시문초(歸愚詩文鈔)》, 《죽소헌시초
(竹嘯軒詩鈔)》 등이 있다.

綠楊如畵掩春城. 푸른 버들은 그림같이 봄성을 덮었느니.

無人鮮唱陽關曲, 아무도 이별의 노래 불러주는 이 없고,

惟有靑山送我行. 오로지 푸른 뫼만이 나의 갈길을 전송하네.

심덕잠은 이 시에 대해 "정감이 서리서리 얽힌 것이 당인(唐人)의 작품에 비해 더욱 변화로워 별취(別趣)를 얻었다(情致纏綿, 比唐人作, 更翻得別.)"[11]고 고평(高評)했다. 그런가 하면 심덕잠과 쌍벽을 이루는 신운시파(神韻詩派)의 거장 왕사정(王士禎)[12]의《지북우담(池北偶談)》에는 정작의 〈강상야문적(江上夜聞笛)〉시가 역시 선입(選人)되어 실려 있다.[13] 그 시는 다음과 같다.

遠遠沙上人, 멀리 멀리 모래 위의 사람이,

初疑雙白鷺. 처음엔 한 쌍의 해오라비인가 했느니.

臨風忽橫笛, 바람결에 홀연히 들려오는 피리소리에,

寥亮江天暮. 쓸쓸이 강가의 하늘이 저물어 가네.

일찍이 청음(淸陰) 김상헌(金尙憲)은 〈총계당시집서(叢桂堂詩集

11) 심덕잠(沈德潛), 〈외국(外國)〉《명시별재집(明詩別裁集)》(上海, 上海古籍出版社, 1979), pp. 338.

12) (1634~1711). 중국 청대의 시인. 호는 어양산인(漁洋山人). 신운설(池北偶)을 제창했으며《당현삼매집(唐賢三昧集)》《지북우담(池北偶談)》,《어양시집(漁洋詩集)》등의 저서를 남겼다.

13) 왕사정(王士禎), 〈조선채풍록(朝鮮採風錄)〉《지북우담(池北偶談)》(上海, 上海古籍出版社, 1993), pp. 255.

序)〉에서 "세상에서 온양 정씨는 시를 잘 한다고 하더라(世稱溫陽 鄭氏長於詩)"고 언급하여 온양 정씨 일문(一門)의 문예적 재능에 대한 당시의 긍정적 인식을 개괄하였다. 그런데 앞서 열거한 내용 으로서 판단할 수 있는 것은《온성세고》상의 작가들이 결국 당시 풍(唐詩風)의 창작에 능했다는 사실이다. 당시풍은 논리적이고 사 변적 경향의 송시풍(宋詩風)과는 대조적으로 낭만적이고 감성적 경향을 띠었으며, 사실상 중국시가 이상으로 추구하는 경지였다.

당시(唐詩)의 그러한 경향은 도교가 국교로서 풍미하였던 당대 (唐代)의 종교문화적 현실과 깊이 상관된 것이다. 물론 조선조의 지배적인 시풍이 당시풍이었기에 온양 정씨 작가들 및 단학파의 당시풍이 특별한 의미를 갖는 것은 아니나 어쨌든 그들 나름대로 송시풍보다는 당시풍을 더욱 선호할 수밖에 없는 종교문화적 요 인은 도교적 취향에 있다 할 것이다.

3) 정치적 지향

종래 도교계 인물들에 대한 정치적 관점으로부터의 평가에는 일정한 설명도식이 있었다. 즉 정치적, 현실적 불우(不遇)가 그들 을 도교로 굴절된 삶을 살게 하였고, 도교를 통해 그들은 현실을 초극할 길을 찾게 되었다는 식의 설명이 그것이다. 이는 대체로 중국의 전통도교에 입각한 설명논리로서 조선조 단학파의 경우에 도 일정 정도까지 들어맞는다. 왜냐하면 그들 중의 다수가 정치적 으로 불우하였으며 온양 정씨의 경우는 사화(士禍)에 관련되어

한때 집안이 폐족(廢族)의 위기에 까지 처해진 적도 있었기 때문이었다.14)

그러나 앞서의 사상적 지향에서도 밝혀진바 있듯이 중국도교와 성립 및 역사적 배경이 다르고 강한 삼교 회통(會通)적 경향을 지닌 조선조 단학파의 현실에 대한 인식을 그렇게 소극적 관점에서 도식적으로만 이해하려는 태도는 문제가 있다 하지 않을 수 없다. 이러한 문제의식은 온양 정씨 나아가 조선조 단학파의 도교 학풍이 단순히 개인의 신세나 기호로부터 비롯된 것인가, 아니면 보다 깊고 넓은 문화적 연원으로부터 유래한 것인가 하는 논의와도 긴밀히 상관된다.

가령 손찬식 교수는 정렴의 시문학에 대한 논의에서 그의 도선(道仙)적 삶을 가문의 화난(禍難)으로 인한 도가적 굴절 및 극복이라고 기존 학계의 프레임에 충실하게 규정한다.15) 이러한 도식에 의거하면 도가계 인물들의 작품은 현실도피에서 비롯한 우울과 번민, 고독과 자학 등의 표출로 개괄되기 십상이다. 그러나 정

---

14) 정렴의 부(父) 정순붕(鄭順朋)이 을사사화(乙巳士禍)에 적극 관여한 혐의로 후일 이이(李珥) 등의 탄핵에 의해 온양 정씨는 선조(宣祖) 광해(光海) 연간(年間) 폐족(廢族)되었다가 인조반정(仁祖反正) 이후 복권하게 된다.

15) 손찬식, 〈북창 정렴의 현실적 불화(不和)와 도가적 극복〉, 《도교문화연구》 (1989), 제3집, pp.149~183 참조. 국문학 방면의 경우 후술(後述)할 이경수의 논문 〈북창 정렴의 생애와 시(詩) 세계〉를 비롯, 이후의 북창 관련 논문도 이러한 도식에서 크게 벗어나지 않는다. 대체로 도가계 인물에 대한 학계의 상술한 프레임은 노론-주자학계 학풍이 연면(連綿)한 국학 내부의 분위기와 무관하지 않다 할 것으로 이는 사실상 문사철(文史哲), 예술 전반에 걸치는 문제일 수 있다.

렴의 생애를 고찰해보면 그의 도교 수행은 집안의 변고(變故) 이전 소시(少時)부터 이루어졌고 그에 선행하여 종형 정초(鄭礎)의 수련 행적도 있었다. 이로 미루어 정렴의 도행(道行)은 가문의 정치적 사건과 무관하게 별도로 전승된 가학에서 비롯된 것임이 자명하며 따라서 손교수의 전제가 큰 오독의 소지를 지니고 있음을 알 수 있다.

양은용 교수 역시 "도가적 인생관이 현실도피만이 아니라 차원을 달리 한 현실참여라는 의미로" 해석되어야 할 필요가 있음을 역설하고 이에 따라 정렴의 도교수행을 가세(家勢)의 변동으로 인한 개인적 굴절로 보기보다는 본래부터 있었던 '일가(一家)의 학풍(學風)'에 바탕한 자연스러운 처신으로 인식한다.[16] 그렇다면 우리는 조선조 단학파를 단순히 소극적, 퇴영적 현실인식의 차원에서만 규정할 수 없다고 판단할 때 그들이 갖고 있었던 현실인식은 과연 어떠한 것이었는가 생각해 보지 않을 수 없다.

우선 《온성세고》상의 자료를 통해 볼 때 정두경을 제외한 작가들이 주로 활약했던 임진왜란 전후시기에 이들의 교유관계는 전술한 박지화, 남사고 등의 방외인(方外人)들에게만 한정되지 않는다. 주목해야 할 것은 정작과 고경명(高敬命)[17] 고인후(高因

---

16) 양은용, 앞의 논문, pp. 383.
17) (1533~1592). 의병장. 자는 이순(而順), 호는 제봉(霽峰). 동래부사를 지냄. 임진왜란 당시 전라도 의병장으로 충청도 의병장 조헌(趙憲)과 승병장 영규(靈圭)대사 등과 금산 전투에 참전하여 아들 고인후와 함께 전사하였다.

厚)**18)** 부자(父子), 정지승과 백호(白湖) 임제(林悌)**19)**와의 밀접한 교유 관계이다. 이들 사이의 관계는 단순한 창화(唱和) 관계를 넘어선다. 정작에게는 〈휴고이순유북산(携高而順遊北山)〉, 〈기고인후(寄高因厚)〉, 〈유인시전태사전칠월전몰우금산인후역부사운수용곡수암운이수(有人始傳苔槎前七月戰沒于錦山因厚亦赴死云遂用哭守菴韻二首)〉 등의 시편(詩篇)이 있는데 주지하다시피 고경명 부자는 의병장(義兵將)으로서 금산(錦山) 싸움에서 장렬히 전사하였다.

정지승에게도 〈송인제봉임소(送人霽峯任所)〉, 〈승차제봉운(僧次霽峯韻)〉 등 고경명과 관련된 작품이 있지만, 누구보다도 많은 횟수에 걸쳐 작품을 남긴 대상 인물은 〈기임자순(寄林子順)〉, 〈승축차자순운(僧軸次子順韻)〉, 〈우중방자순불우(雨中訪子順不遇)〉 등의 작품례에서 보듯이 임제이다. 임제는 호방불기(豪放不羈)의 재사(才士)로서 그의 민족주의적 기상은 임종시(臨終時)의 일화(逸話)에 잘 나타나 있다. 그는 애통해하는 자식들에게 약소국에서 태어난 불우한 자신의 생애를 오히려 강개히 토로하였다고 한다. 그런데 정지승 역시 단순한 은일지사(隱逸之士)만은 아니었던

---

18) (1561~1592). 의병장. 승문원 정자(正字)를 역임. 임진왜란이 일어나자 아버지 고경명, 형 고종후와 함께 의병으로 활약하다 금산 전투에서 아버지와 함께 전사하였다.

19) (1549~1587). 자는 자순(子順), 본관은 나주이다. 당대 명문장으로 명성을 떨쳤던 조선 중기의 문인. 황진이 묘에 바쳤던 "청초(靑草) 우거진 골…" 시조로도 유명하다.

것이 일찍이 우계(牛溪) 성혼(成渾)은 그를 두고 이렇게 평하였다.

> 정공(지승)이 어찌 시인일 뿐이겠는가? 그의 학술의 정밀함
> 과 역량의 웅대함을 옛날 사람에게서 찾는다면 아마 제갈공명
> 이나 왕경략[20]과 같은 부류일 것이다.
> (鄭公豈詩人而已哉. 其學術之精微, 力量之雄偉, 求之古人, 蓋諸葛
> 孔明王景略之流亞也)[21]

제갈공명이나 왕경략에 비유할 수 있다는 것은 그가 대단한 정
치적, 군사적 식견과 아울러 충의적(忠義的) 성향을 지녔음을 암
시하며 결국 이러한 그의 성향이 고경명, 임제 등과의 긴밀한 교
류를 가능케 하지 않았나 생각된다. 아닌 게 아니라 선대(先代)의
이러한 현실인식은 후대의 정두경에게도 계승된다. 정두경은 풍
자시나 상소를 통해서도 강개한 현실의지를 자주 피력한바 있었
지만 〈단군사(檀君祠)〉, 〈동명왕사(東明王祠)〉 등의 회고적(懷古
的) 작품을 통해 민족의 기원과 역사에 대한 긍지와 자부심을 농
후히 표현하였고, 이러한 취지는 후학(後學)인 홍만종(洪萬宗)에
게 계승되어 한국의 신선전기집인《해동이적》을 편찬함에 있어
단군을 수위(首位)에 놓이게끔 하였다.

---

20) (325~375). 자가 경략(景略), 이름은 맹(猛)으로 5호 16국 시대에 부견(符
   堅)을 도와 전진(前秦)을 일으킨 뛰어난 정략가이자 군사가.
21)《온성세고》소수(所收).

이제 우리는 조선조 단학파의 성격이 종래의 피상적 소견과는 달리 일정한 정치적 지향을 띠고 있으며, 그것의 이념적 내용은 민족주의라든가 자주적 역사의식과 상관됨을 알 수 있다. 그렇다면《온성세고》의 작자들 및 조선조 단학파가 갖고 있는 이러한 정치적 지향은 어디로부터 유래한 것인가? 이 문제와 관련하여 담원(簷園) 정인보(鄭寅普)[22]의 〈의승장기허당대사기적비(義僧將騎虛堂大師紀蹟碑)〉의 일부 내용은 상당한 시사를 준다. 정인보는 임진왜란 당시 충청도 갑사(甲寺)에서 의병을 일으켰다가 후일 조헌(趙憲), 고경명 등과 함께 금산 싸움에서 전몰한 영규대사(靈圭大師)의 충절을 기리는 비문에서 다음과 같이 말한다.

불법은 죽이지 않는 것이 가르침이라, 중국 고승들의 경우 등운봉을 제외하고 불법으로써 군사를 도왔다는 예를 들어본 적이 없다. 유독 이 땅의 서산대사 휘하의 뛰어난 제자들만이 국난에 몸을 던졌다. 그 연고를 가만히 추측건대 실로 까닭이 있으니 대개 신라의 국선, 고구려의 조의선인은 모두 단군이 남기신 가르침을 따랐던 무리들로, 씩씩함을 숭상하고 의로움을 다져 국가 유사시에는 굳세게 대처하였다. (이러한) 국교가 쇠퇴함에 이르러 그 유풍이 섬차 불문에 스며들었던 것이다.

---

22) (1893~1950?). 한국의 국학자. 호는 담원 또는 위당(爲堂)으로 일제하 대학 강단에서 국사와 국혼, 경세, 실학 등을 가르치던 학자이자 교육자였다. 저서에《조선사연구》,《양명학연론》,《담원국학산고》등이 있다.

(釋氏之法, 以不殺爲教, 震旦古德自鄧雲峰外, 未聞有以法助軍者
獨此土淸虛之徒, 高足名宿, 馳驅國難, 而徐推其故, 諒亦有由 蓋新
羅之國仙, 高句麗之皁衣仙人, 皆桓俶遺敎之聚, 尙驍健, 厲志義, 國
有事則庫犀以處之 迨國敎浸替, 其遺液餘潤, 沁漸叢林)[23]

    조선조 단학파가 중국의 전통도교와는 다른 견지에서 민족의식
및 자주적 역사의식을 가지고 있었다는 사실은 정인보가 지적한
바 조선조 불교가 중국불교와는 달리 국난에 직접 참여, 분투했던
역사적 현실과 동일한 문맥에서 이해되어야 할 것이다. 결국 그
원인을 추구해 보면 단학파든 불교든 그 배후의 이념으로는 신라
의 국선, 고구려의 조의선인 등으로 표상되는 민족고유의 신앙 혹
은 정신체계가 여전히 기능하여 한국도교, 한국불교의 특성을 구
현해 왔던 것이라고 말하지 않을 수 없다. 이 점은 본고의 '3.1 사
상적 지향' 부분의 말미에서 단학파의 삼교합일적 사상경향을 방
증하기 위해 예를 들었던 최치원 〈난랑비서〉의 취지와 관련하여
이해할 때 더욱 설득력을 얻게 될 것이다.

4. 결론

    본고에서는 이상과 같이《온성세고》를 중심으로 조선조 단학파

---

23) 정인보(鄭寅普),《담원문록(薝園文錄)》(延世大學校出版部, 1967), pp. 769.

의 이념적 성격을 밝히고자 시도하였다. 그것은 중국 도교와의 변별적인 차원에서 한국 도교의 본질에 대한 이해가 미진하다는 문제의식에서 비롯된 것이었다. 그리하여《온성세고》의 지향을 사상, 문예, 정치 방면으로 나누어 고찰해 보았을 때 궁극적으로 이들이 한 가지 이념 및 의식으로 귀납되고 있음을 인지할 수 있었는데 그것은 다름 아닌 민족의식 및 자주적 역사의식이었고, 이러한 의식의 근저에는 민족 고유의 신앙 혹은 정신체계가 유존(猶存)하고 있음을 확인할 수 있었다.

따라서 종래 한국도교상의 인물에 대한 평가에서 거의 기계적으로 적용되었던 이른바 '현실불우론(現實不遇論)'에 의한 편면적(片面的)인 개괄은 이제 시정되어야 할 것이다. 다시 말해서 한국 도교의 현실주의는 중국도교와는 다른 차원에서 적극적으로 의미 부여 되어야 할 것이다.

끝으로 본고는 주로《온성세고》를 대상으로 조선조 단학파의 성격을 규정하고자 하였기 때문에 아무래도 논리 비약의 위험을 무릅쓰지 않을 수 없었다. 이 점에 대해서는 후속(後續)될 논고에서 자료와 논증상 충실한 보완이 뒤따를 것을 기약하면서 논의를 맺고자 한다.

야담집(野談集)에 나타난 온양 정씨의 초상

노자키 아츠히코(野崎充彦, 일본 오사카 시립대학 문학부 교수)

1. 서론

필자는 이제까지 한민족(韓民族)의 셀프이미지(self-image)의 형성과정에 관심을 가지고, 예를 들면, 단군(檀君)과 같은 시조설화(始祖神話)의 시대적 변천이라든가, 야담·야사(野談·野史)에 나오는 인물 설화의 내용 등을 주된 연구 테마로 삼아 왔다. 본고도 그 연장선상에 있으며 야담·야사에 등장하는 온양 정씨가 배출한 저명한 사대부들, 그중에서도 특히 북창 정렴을 중심으로 조선 왕조에 있어서의 온양 정씨의 이미지 분석을 시도해 보고자 한다.

주지하는 바와 같이 《어우야담(於于野談)》(유몽인(柳夢寅))이라든가 《천예록(天倪錄)》(임방(任埅))처럼 편저자가 확실한 야담집(野談集)도 적지 않으나, 현재까지 온양 정씨 가문 출신자가 쓴 야담집은 발견되지 않았다. 그런 의미에서는, 야담이나 야사 속에서 온양 정씨라는 특정 가문의 이미지를 추출한다는 것은, 엄밀한 뜻에서는 셀프 이미지에 해당하지 않을 것이다. 그러나 후술하는 바와 같이 야담집 소재의 온양 정씨 관련의 설화에는 온양 정씨 출신, 또는 그와 관련 있는 인물로부터 전해졌다고 하는 이야기, 그리고 야담류(野談類)의 편집자가 온양 정씨와 친했던 경우도 있었기 때문에 직접 및 간접적으로 온양 정씨의 셀프 이미지가 투영되어 있음에는 틀림없다.

본디 대부분의 인물이나 가문에 대한 이미지는 집안 사람들만에 의해 성립되는 것이 아니고 타자(他者)로부터의 평가와 하나가 되어 비로소 성립한다는 것을 생각해 볼 때, 야담·야사류에서 얻을 수 있는 온양 정씨 상(像)은 해당 가문의 특질을 이해하는데 큰 도움이 될 것이다. 여기서는 이와 같은 자타 쌍방의 견해에 의한 온양 정씨의 이미지 형성과 그것이 지니는 의미에 주목해 보고자 한다.

또한 자료는 《한국문헌설화전집(韓國文獻說話全集)》과 《한국야담자료집성(韓國野談資料集成)》 등을 중심으로 사용하였다(단, 《어우야담》에 관해서는 1977년에 경문사에서 간행된 활자인쇄본을 참고로 하였다). 야담·야사에 관한 자료는 이 밖에도 많이 있으나여기서는 그 모든 자료에 대해 언급할 여유가 없다. 따라서 사료적 한계에 유의해 가면서 대략적인 경향을 파악하는 데 그 목적을두기로 하겠다.

이하 정렴을 중심으로 야담·야사류에 등장하는 온양 정씨의 초상에 대해 시대적으로 살펴보며 그 특질을 고찰해 보고자 한다.

2. 정순붕(鄭順朋) – 강악(剛惡)과 유악(柔惡)의 사이에서

정순붕(1484~1548)은 기묘사화(己卯士禍) 때 일단 정계에서 밀려났으나, 명종 즉위 직후, 문정왕후(文定王后)의 수렴청정(垂簾聽政)에 가담, 윤원형(尹元衡)·이기(李芑) 등과 함께 을사사화(乙巳士禍)의 원흉으로서 많은 정적(政敵)을 죽여 없애고 스스로는 우의정에까지 올랐다. 이로 인해 훗날 을사(乙巳) '삼흉(三凶)'이라고까지 불리었던 정순붕은 야담의 세계에서도 특이한 에피소드를 남기고 있다.

을사사화 때 죽음으로 몰아넣은 정적(政敵) 유인숙(柳仁淑)의 노비들을 손에 넣은 순붕은 그중에서 총명하고 예쁜 비녀(婢女) 갑이(甲伊)가 마음에 들어 그녀를 가까이에 두기로 한다. 갑이도 순붕에게 충성을 다했으므로 순붕은 더욱더 그녀를 총애하게 되는데, 마침내 순붕은 원인불명의 병으로 앓다가 목숨을 잃게 된다. 그것은 갑이가 몰래 순붕의 베개 속에 숨겨둔 죽은 사람의 뼈 때문에 일어난 일이었다. 관가에 잡혀 간 갑이는 스스럼없이 "이제야 옛 주인님의 원수를 갚을 수가 있게 되었습니다" 하며 본심을 털어놓고 순순히 죽음을 맞이했다.

이것은 《어우야담》을 비롯해서 《기문총화(記聞叢話)》, 《대동기문(大東記聞)》등 많은 야담류에 나와 있어 널리 알려진 이야기이다. 이 설화의 변형으로 순붕이 죽은 후, 갑이가 더 일찍 복수를 할 생각이었으나 북창 정렴의 '신안(神眼)'이 두려워, 북창이 죽기를 기다린 후에 실행에 옮기게 되었다고 말하는 대목이 《매옹한록(梅翁閑錄)》에 나온다. 그러나 이것은 북창의 신비적인 능력을 강조하기 위한 픽션이라고 봐야 할 것이다. 왜냐하면 순붕은 1548년, 북창은 그 다음 해인 1549년에 사망했기 때문에, 북창이 죽기를 기다렸다가 순붕의 모살(謀殺)을 꾀했다는 것은 불가능하기 때문이다.

한편, 이 순붕 모살 사건은 아주 적절하게 이수광(李睟光)이 《지봉유설(芝峰類說)》권(卷)15 〈인물부(人物部)〉 열녀항(烈女項)에 기술한 바와 같이, 이야기의 주인공은 어디까지나 옛 주인의 한(恨)을 풀어 준 비녀(婢女) 갑이(甲伊)지, 정순붕은 구성인물에 불과하다. 따라서 이 설화에서는 순붕의 육성은 하나도 들을 수가 없으며 그의 인간상에 관한 정보는 거의 없는 것이나 마찬가지다. 그런 뜻에서 이것은 유명한 이야기이기는 하지만, 을사 '삼흉'의 한 사람으로서라면 모르되, 인간 정순붕에 대한 묘사라는 관점에서 본다면, 극히 단면적이고 평판(平板)한 이야기라고 하지 않을 수 없겠다.

그 점, 《조야집요(朝野輯要)》나 《축수편(逐睡編)》 그리고 《동야집사(東野輯史)》《역대류편(歷代類編)》71)에서 볼 수 있는 정순붕 상(像)은 약간 이질적이다. 여기에서는 아버지의 행동을 탓하는 북창 정렴에 대해 순붕이 "어째서 모르겠느냐. 그러나 지금은 자칫 잘못하면 일가(一家) 전체가 망할지 모르는 상황. 불행히도 이와 같은 천하 대란의 시대를 만나 난들 어찌할 바를 모르겠구나"라고 울면서 대답하는 것이다. 이 장면에는 정변(政變)의 한가운데에서 일의 잘잘못을 알고 있으면서도 가문을 지키기 위해 고뇌하는 온양 정씨의 장(長)인 정순붕의 심정이 잘 나타나 있는 것을 알 수 있다.

《축수편》이나 《동야집사》에서는 이 이야기에 이어 "악인(惡人)에는 두 종류가 있으매, 원래부터 흉악하여 스스로가 좋아서 악행을 하는 것은 악(惡)이 강(剛)한 것이요. 악(惡)이라고 알고 있으면서도 주위의 상황 때문에 결과적으로 악행을 범하게 되는 것은 악(惡)이 유(柔)한 것이라 하는데 정순붕은 후자에 속한다"라고 하는 '비평'이 붙어 있다. 이 말은, 순붕은 원래 악인은 아니나, 당시의 정치 상황상 어쩔 수 없이 악(惡)에 가담하였다고 하는 것으로써 일종의 '동정론(同情論)' 또는 '책임전가론(責任轉嫁論)'이라고 해석할 수 있겠다.

또한 《연려실기술(燃黎室記述)》 권11의 〈기묘록·유분록(己卯錄·幽憤錄)〉에는, 젊은 시절 서로 친하게 지내던 유인숙(柳仁淑)을 왜 죽음으로 몰아넣었느냐고 이연경(李延慶)에게 추궁당한 정순붕이 대답을 얼버무리고 가버렸는데, 그때 옆에 있던 유정재(柳貞在)가 '호랑이 앞에서 춤을 추는'격의 위험한 말은 하지 말라고 하자, 이(李)가 "순붕이 유인숙을 죽인 것은 자손들을 위해서 한 일이기 때문에 죽여도 아무 이익 없는 나 같은 사람에게 손을 댈 리 없다"고 했는데 실제로 그의 말대로였다는 일화가 나온다. 이 이야기도《축수편》정도는 아니지만 역시 정순붕의 '악행'은 자신 의 가문을 지키기 위해서였다는 점에서는 공통된 것이라 할 수 있겠다.

이와 같은 경향은 북창의 동생 중 한 사람인 정현(鄭礥)의 인물 묘사에도 나타나 있다. 을사사화의 막후 인물 역할을 담당한 사람 은 순붕보다도 오히려 정현이라고 하는 해석은《명종실록(明宗實 錄)》에서도 볼 수 있으며 순붕과 현(礥)이 공모하여 북창을 죽였 다고 하는 말까지 있다.《동패(東稗)》나《청구야담(靑邱野談)》에서 는 이것을 이어 받아 북창의 형제들 중에서 정현 한 사람만이 '요 악(妖惡)'했으며, 순붕의 악행도 모두 정현이 시킨 것이라 하였고, 나아가서는 "우리 집안을 망하게 하는 자는 바로 현(礥)이다"라고 북창이 호소, 그의 정체가 사실은 '호정(狐精: 여우의 정령)'이라는 것을 밝혀낸다는 설화적 발전까지 보여 주고 있다. 이것도 후술하 게 될 북창에 관한 이인설화(異人說話)의 한 가지라고 볼 수도 있 겠으나, 순붕 상(像)과의 관련 면에서 말한다면 역시 '책임전가론' 의 역할을 맡고 있다고 볼 수 있을 것이다.

유위전변(有爲轉變)이 격심한 정계에서 숭잭을 맡고 있던 인물 의 평가에 훼예포폄(毁譽褒貶)은 항상 따라다니기 마련이기에 정 순붕의 이야기는 그 일례에 불과하다. 그의 실상(實像) 및 역사적 평가에 대해서는 본고의 목적으로 하는 바가 아니며, 여기에서의

관심은 어디까지나 야담 속에 나오는 온양 정씨의 초상에 대해서
이나, 그와 같은 '악명 높은' 사대부조차도 서로 다른 평가를 받고
있다는 점은 매우 흥미롭다. 아마 이 순붕에의 책임전가론(동정
론)의 배경에는 북창 정렴의 존재가 크게 영향을 미치고 있다고
생각된다. 즉, 그처럼 뛰어난 재능과 인격으로 잘 알려진 북창의
아버지가 원래부터 악인일 리가 없으며 악행을 저질렀다고 해도
당시의 정치 상황이 초래한 고육지책이었든지 아니면 사악한 자
식 하나에게 속았기 때문에 자신의 출처진퇴(出處進退)를 잘못하
였다는 설이다. 순붕 동정론에는 반드시 북창과 현(礥) 형제가 등
장하는 것을 보더라도 그 점은 분명하다. 그럼 여기에서 북창 정
렴에 대해서 검토해 보기로 하겠다.

3. 북창 정렴 – 만능 천재에서 구제자(救濟者)로

　조선 왕조 시대 전체를 통해서 북창 정렴(1506~1549)은 온양
정씨 가문 최고의 슈퍼 스타임에 틀림없을 것이다. 그 점은 야담
집에 실린 많은 북창 설화의 수를 보더라도 알 수 있다. 여기에서
는 많이 있는 북창 설화의 모티브 발전에 초점을 맞추어 북창 상
(像)의 변천을 살펴보기로 하겠다.
　그에 앞서, 여기에서 야담집 소재 설화의 특징에 대해 한마디
한다면 신선설화(神仙說話)이건 치부담(致富譚) 또는 요색담(妖色

譚)이건, 요컨대 어떤 점에서인가 보통 사람과는 다른 인물들에 대해서 쓰여진 것이라 할 수 있겠다. 그런 의미에서 모든 야담은 '이인설화(異人說話)'라 할 수 있으며, 거의 모든 이야기에서 주인 공에게는 반드시 이상적(異常的)인 캐릭터가 부여되어 있다. 북창 설화 또한 예외가 아니다. 이하, 그의 이능(異能)의 변천을 살펴가 면서 정렴 상(像)에 대해 고찰해 보기로 하겠다.

1) 기본상에 대해서

북창 정렴의 생전의 행적에 대해 알아보기 위해서는 성수익(成 壽益, 1528~1598)의 〈행실(行實)〉(《국조인물고(國朝人物考)》 소수 (所收))이나 《을사견문록(乙巳見聞錄)》,《해동잡록(海東雜錄)》 등 에 기재된 정렴전(鄭磏傳)이 간편하다. 거기에 쓰여져 있는 북창 의 주된 '이능(異能)'은 다음과 같다.

① 유·불·도(儒·佛·道)의 삼교(三敎)를 비롯하여 천문·지리· 의약·복서(卜筮)·율려(律呂)·한어(漢語)에 이르기까지 모두 배 우지 않고서도 잘했다(수(數)는 강절(康節)과 같고 의(醫)는 유·편(兪·扁)과 같다).
② 많은 병자들을 살렸다(의(醫)는 의(議)로다).
③ 뛰어난 시재(詩才, 중국에서의 시(詩)의 응수(應酬))
④ 중국인 도사(道士)에게 복기연형술(服氣鍊形術)에 대해 말 함으로써 상대를 놀라게 함.

⑤ 촉인(蜀人)과 함께 고금의 치란(治亂) 흥망(興亡)에 대해 논
함.

⑥ 타심통술(他心通術)을 회득(會得)하고 있었다.

(이상은 〈행실〉)

⑦ 부(父) 순붕의 잘못을 간언했음에도 불구하고 들어 주지 않
자 마음 아파한 나머지 요절하고 말았다.

(《을사견문록》 등)

이러한 것들은 북창 설화의 기본형이라고 할 수 있는 요소이며,
①이 총론이고 ②부터 ⑥은 각론, 또는 구체적인 예라고 할 수 있
겠다.

〈행실〉과 같이 비교적 사실에 의거한 기술이 된 경우라도 이미
북창의 이인적(異人的)인 면이 특별했었다는 것을 알 수 있는데,
야담집과 같은 설화의 세계에서는 이런 경향이 더욱 심화되어 간
다.

2) 기본 이미지의 강화

북창 설화의 변천은 기본형 모티브의 구체화 또는 강화로부터
시작된다. 예를 들어 ①의 율려(律呂)에 대해서는, 《어우야담》이
나 《계산담수(鷄山談藪)》에 그의 음악적 재능에 관한 일화가 기록
되어 있으며, 외국어에 대해서도 《어우야담》이나 《해동이적(海東
異蹟)》, 《금계필담》 등에서는 한어(漢語)는 물론 유구어(流球語)를

비롯한 각 나라말을 자유롭게 구사했었으며,《계서잡록》에 이르러서는 '조수지음(鳥獸之音: 새와 짐승의 소리)'마저도 이해할 수 있었다고 확대 해석되어 있다.

③의 시재(詩才)에 대해서는 약간 견해의 차이가 있는 것 같다. 《어우야담》에는 북창이 국화(菊花)를 읊은 한시(漢詩, 十九廿九皆是九, 九月九日無定時, 多少世人皆不識, 滿階惟有菊花知)[1]와 동생 정작(鄭碏)이 그에 화답한 시(世人最重重陽節, 未必重陽引興長, 若對黃花傾白酒, 九秋何日不重陽)[2]가 있었는데, 당시 조정의 명에 의해서 조선시(朝鮮詩)를 편찬하던 대제학(大提學) 유근(柳根)이 정작(鄭碏)만을 채용하고 북창의 작품은 '무율(無律)'(한시(漢詩)의 음률에 어울리지 않는다)이라 하여 채용하지 않았다고 하는 이야기가 나온다. 물론 유몽인(柳夢寅)은 북창이야말로 음률에 정통한 인물이며 유근 따위가 도저히 따라올 수 없다고 반론하고 있으나, 이에 대해서는 두 가지 가능성을 추측할 수 있다. 한 가지는 유근이 판단한 바와 같이 시인으로서의 북창은 어쩌면 범용(凡庸)한 사람이었는지 모른다. 또 한 가지는 북창에게 시재(詩才)가 없었던 것은 아니나, 다른 이능(異能)에 비하면 특히 뛰어났었다고 볼

---

1) 十九廿九皆是九(19, 29 모두가 9이니), 九月九日無定時(9월9일 중양절(重陽節)은 정해 놓은 때가 없어라), 多少世人皆不識(많거나 적거나 세인들은 모두 모르니), 滿階惟有菊花知(섬돌 가득 채운 국화만이 알리라).

2) 世人最重重陽節(세인들은 중양절을 가장 귀중히 여기나), 未必重陽引興長(반드시 중양절이 아니라도 흥을 낼 수 있으니), 若對黃花傾白酒(만약 황국화를 앞에 놓고 백주를 기울인다면), 九秋何日不重陽(가을 어느 날이 중양절 아닌 날이 있으리오).

수 없으며 그 결과, 그의 작품에 대해 낮은 평가가 내려지지 않았나 하는 것이다(기본 모티브 ③의 중국에서의 시(詩)의 응수(應酬)도 북창의 어학력(語學力)에 대한 평가에 역점이 두어졌다고 봐야 할 것이다). 필자는 한시(漢詩) 전문가가 아니기 때문에 북창의 작품에 대해서 평가하기를 삼가겠으며, 이에 대해서는 전문가들의 판단을 기다리기로 하겠다.

한편, '수(數)는 강절(康節)과 같다'고 했으며 ⑤처럼 역사의 추이까지 통찰할 수 있었다고 하는 모티브는 예견 능력으로 발전하게 된다.《지봉유설》기예부(技藝部)〈방술(方術)〉에는 아버지 순붕이 그의 간언을 받아들이지 않자, 북창이 "이 일은 30년 후에는 필시 패할 것이로다"라고 하여, 후에 순붕의 관직이 박탈당할 것을 예언했으며(《역대유편(歷代類編)》도 같음),《어우야담》에는 술잔의 크기가 바뀔 때 임진왜란이 일어난다고 예언한 것이 그 한 예이다.

⑥의 타심통술(他心通術) 또한 이와 관련이 있을 것이다. 이것은《어우야담》이나《계산담수》에서는 '천리안(千里眼)' 일화로서, 그리고《천예록》제2화에서는 하나의 일화로서 발전되었다. 이와 같이 모티브의 강화로부터 독립된 일화로의 발전은 연단술(鍊丹術) 관계에서도 마찬가지인 듯《어우야담》에는 겨드랑이 밑에 끼운 쇳조각이 금방 불로 달군 것처럼 뜨거워졌다는 일화가 보인다.

또한 더 나아가서는《어우야담》·《계산담수》에서는, 임종을 맞이한 북창이 '기(氣)'를 체내에 순환시켜, 공중으로 승천하는가 싶

더니, 방 안에는 그의 유해만이 남아 있었다고 하는 '해화(解化)' 설화로의 전개를 보여주고 있다. 이러한 이야기들은 《해동전도록(海東傳道錄)》에도 그 이름이 기록되어 있으며 해동선파(海東仙派)의 중요 인물로서 잘 알려진 북창에게 어울리는 일화적 변용(變容)이라 할 수 있겠다.

또한 북창이 명당을 가리는 풍수적 능력도 갖추고 있었다고 하는 이야기가 구수훈(具樹勳)의 《이순록(二旬錄)》에 나온다. 이것은 후에 온양 정씨가 가문 단절의 위기에 처할 것이라고 예견한 북창이, 그 위기를 구해 주는 제수(弟嫂) 구씨(具氏)에게 명당을 알려 줌으로써 감사의 뜻을 표했다는 이야기인데, 풍수 설화와 앞서 말한 천리안 설화가 합쳐진 것이라 볼 수 있을 것이다.

이 밖에도 북창 설화의 모티브 변용에 대한 사례를 열거할 수 있겠으나, 그것에 대해서는 할애하고, 다음은 북창 설화 최대의 특징인 '구제자로서의 북창 상(像)'을 살펴보기로 하겠다.

3) 구제자로서의 북창 상(像)

야담집에 실려 있는 인물 설화의 변천 과정에는 몇 가지 유형이 있는데, 북창 설화의 경우, 특히 눈에 띄는 특징 중의 하나로 '구세사'로서의 북창 상(像)을 들 수 있다. 예를 들어 《어우야담》에는 고질병으로 고생하고 있는 병자에게 북창이 손으로 비벼서 입김으로 따뜻하게 한 '관초(管草)'를 주었더니 병이 씻은 듯이 나았다는 일화가 나오는데, 이것은 앞서의 "많은 병자를 살렸다"라는 기본형 ②모티브가 발전한 것이라고 생각된다. 혜민서(惠民署)의 교수(敎授)까지 지냈으며 민중을 위한 의료 활동에 헌신했던 북창에게 어울리는 일화라 할 수 있겠다. 실제로 그의 의술에 대한 평가가 높아, 용태(容態)가 악화한 인종(仁宗)의 진찰까지도 맡았을 정도이다.

온양 정씨와 의술과의 관련이라 하면, 무엇보다도 정작(鄭碏)의 《동의보감(東醫寶鑑)》 편찬에의 참여가 떠오를 것이다. 이 밖에도 북창의 사위인 김윤신(金潤身)도 의술에 정통했었다고 《해동명신록(海東名臣錄)》 정렴의 조(條) 말미에 기록되어 있어, 가학(家學)으로서의 의학이 정착되었던 양상을 엿볼 수 있다.

이와 같은 '치유하는 사람'으로서의 북창의 이미지가, 나아가서는 여러 가지 설화로 발전해 나가게 되었다. 그 대표적인 것이 '연수(延壽)' 설화이다. 이것은 무거운 병에 걸린 친구의 아버지로부터 자식을 살려달라는 부탁을 받은 북창이, 서울의 남산에 있는 북두·남두신(北斗·南斗神)에게 빌면 수명을 연장할 수 있다고 가르쳐 주는 이야기로서, 《금계필담(錦溪筆談)》이라든가 《계서야담(溪西野談)》·《계서잡록(溪西雜錄)》 등에 기록되어 있는데 '천기(天機)'를 누설했다는 벌을 받아 북창이 단명에 그쳤다는 결말로 끝이 맺어 있다.

북창의 요절에 대해서 《을사견문록》 등에서는 아버지 순붕의 행동에 너무 심통해 한 결과 요절하였다고 되어 있던 것이, 여기에서는 친구를 구하기 위해 자신을 희생하였다. 즉 효자에서 구제자로 바뀌어 있는 것이다. 이와 같은 북창 상(像)의 구제자로서의 변신은 복수를 하기 위해 사람의 자식으로 변한 요사(妖蛇)를 알아채고 일가(一家)를 해(害)에서 구해 내었다는 요물퇴치담(妖物退治譚,《청구야담》〈정북창망기소재액(鄭北窓望氣消災厄)〉)이라든가 여행 중에 '역졸지귀(驛卒之鬼)'에 속아 유귀(幽鬼)가 되어버린 조대(措大)를 구해 준 이야기(《금계필담》) 등에서도 찾아볼 수 있다.

천부적인 재질이 뛰어났고 또, 해동선파(海東仙派)의 한 사람으로서 큰 역할을 한 북창이긴 하지만, 그런 점만으로 이렇게 자주 야담의 세계에 등장하지는 않았을 것이다. 이와 같은 '천재·효자 → 구제자'로서의 변모가 있었기에 이렇게 다채로운 북창 설화가 생겨나지는 않았을까.

한편,《금계필담》을 보면 인종의 〈유서(遺書)〉라고 하는 글에 북창을 우의정에 정해 놓았었다는 이야기가 나온다. 이것은 성수익(成壽益)이 〈행실〉 말미에서 "만약 북창을 조정에서 중용하여 그의 뜻을 이루게 했더라면 분명 고인(古人)들께도 부끄럼이 없었던들(그만큼 훌륭한 정치를 했을 것이다), 그에게 적합한 관위(官位)와 수명이 주어지지 못한 것이 아쉽구나"라고 한탄한 것처럼, 북창의 관계(官界)에 있어서의 불우함과 단명을 아쉬워하는 심정에서 생긴 것임에는 틀림이 없으나, 혹은, 이것 또한 '구제자'로서의 북창 상(像)과 겹치는 것일지도 모르겠다. 왜냐하면 '군자불기(君子不器)'라고《논어(論語)》위정편(爲政篇)에 쓰여 있는 것처럼

의술이나 방술은 개개인의 환자나 약자를 구하는 것이나, 위정자
는 천하·국가까지도 구제할 수가 있기 때문이다. 이것이야말로
어디까지나 유자(儒者)임을 본분으로 생각했던 북창에게 어울리
는 일화라는 생각이 든다.

4. 정작(鄭碏)·정현(鄭礥) 형제 및 정초(鄭礎)에 대해서

1) 정작 – 북창의 그림자 밑에서

고옥(古玉) 정작(1533~1603년)의 행적에 대해서는 박세채(朴世
采, 1621~1695년)에 의해 쓰여진 묘비문이 《국조인물고》에 수록
되어 있다. 이것은 정작의 외증손인 최방언(崔邦彦)과 성지선(成
至善)의 의뢰에 의해 쓰여진 것인데, 정작의 사람 됨됨이에 대해
서 아는 데는 최적의 자료이다. 먼저 이것으로 고옥의 기본 이미
지를 헤아려보고자 한다.

> ① 천생이 과욕(寡慾: 욕심이 적음)하여 '초연출진지취(超然出塵
> 之趣: 초연히 세상 티끌을 멀리하는 뜻)'가 있었으나 그의 언행은
> 조금도 도리에 어긋나지 않아 사람들은 모두 그를 존경했다.
> ② 어릴 적부터 형인 북창이나 박지화(朴枝華)를 따라 '금단수
> 련지법(金丹修練之法)'을 시도하였다.
> ③ 중년이 되어서 상처(喪妻)하였으나 그 후 만년에 이르기까

지 재혼하지 않고 '단욕(斷欲)'하였다

④ 목소리가 좋았고 시가(詩歌)에 뛰어났었으며 서(書, 초서와 예서(草隸))도 잘했다.

⑤ 진시(進試: 진사시험)에 합격한 한편, 의방(醫方)이나 **풍감** (風鑑, 관상술의 한 가지) 등의 제술(諸術)에도 뛰어났었으므로 조정은 그에게 혜민서(惠民署)의 교수(敎授) 등의 관직을 부여하였다.

⑥ 그의 교우 범위는 넓었으나 결코 타인의 과실을 입에 담지 않았고, 특히 성혼(成渾)이나 이의건(李義健)과 친교가 두터웠다.

⑦ 만년에 이르러서는 술을 좋아하여 취하면 고가방음(高歌放吟: 큰 소리로 노래를 부름)하였으나 그 음조(音調)는 맑고 결코 흐트러지는 일이 없었다.

⑧ 나이 70이 되도록 병 한 번 걸리지 않고 서거하자, 사람들은 이것을 불가사의하게 생각했다.

이상이 주된 것들이다.

북창과의 관련된 점이라면 먼저 ②의 금단수련(金丹修練)이 눈에 띈다. 이깃은 《해동이적》이나 《금계필담》·《역대유편》 등에서도 찾아볼 수 있는데, 형제간의 수련법(修練法) 전수라는 사실을 반영한 것일 것이다. 《미수기언(眉叟記言)》에서는 "백일무영(白日無影)"이라고까지 쓰여 있으나 이 또한 금단수련을 과장한 말이 아닌가 생각된다. ⑧의 병도 들지 않고 조용한 죽음을 맞이하였다는 모티브에도 수련법(修練法)의 영향을 느낄 수가 있으나, 북창과 같이 "천화(遷化)"라고 쓰여진 부분은 찾아볼 수 없다.

⑤에서 일컫는 의방(醫方)에 뛰어나 혜민서 교수까지 되었다는 점도 북창과 공통된 점이다. 주지하는 바와 같이 고옥의 《동의보감》 편찬 작업 참여를 비롯하여 조선 의학계에 많은 공헌을 하였다는 것은 말할 나위도 없으나, 북창과 같이 '구제자'로서의 위치를 획득하기까지는 이르지 못했다. 《학산한언(鶴山閑言)》에서는 옛부터 예지 능력을 지닌 자에 대해 기록한 조(條)에서, 조선에서는 고옥을 그 예로 들었다. 여기에서 고옥은 "나는 술수를 배운 것이 아니다. 저절로 이것을 알게 되었다"라고 하며 천생(天生)의 것인 듯 쓰여 있으나, 이것도 북창의 천리안 등을 비롯한 여러 가지 술수를 "배우지 않고도 정통하게 되었다"는 모습을 방불케 하는 대목이다.

한편 시문(詩文)에 관한 면에서는 북창보다 훨씬 능력이 뛰어났었다. 《어우야담》에는, 어린 고옥이 집안 어른을 따라 강각(江閣)에서 놀고 있을 때, 부(賦)를 지으라고 하자 즉석에서 한편의 시(詩)를 읊었다고 하여 그의 뛰어난 시재를 칭찬하고 있다. 권응인(權應仁, ?~1562년)의 《송계잡록(松溪雜錄)》上(《대동야승(大東野乘)》권56 소수(所收))에서도 고옥의 송별시(送別詩) "故人千里有行色, 老子一春無好懷"를 인용하여 '만당지체(晚唐之体)'를 얻은 것이라고 평가하고 있다. 이 밖에도 《지봉유설》권13〈문장부육

(文章部六)〉에서도 후술하게 될 정지승(鄭之升)과 함께 그의 시(詩)가 언급되어 있어 그의 시재(詩才)에 대한 평가가 확고한 것이었던 것을 알 수가 있다.

이처럼 시문(詩文)의 세계에서는 형 북창보다도 높은 평가를 받은 고옥이었으나 연령적으로 어렸던 탓도 있어서 아버지 순붕이나 차형(次兄) 현(礥)과의 심한 갈등에는 직면하지 않고 비켜갈 수 있었던 반면에, 북창처럼 다예다재(多藝多才)했음에도 불구하고 그의 인물상의 음영은 북창에 비해 훨씬 엷은 듯이 느껴진다. 다시 말하자면, 그랬었기 때문에 기본 이미지 ⑥에서 언급된 바와 같이 결코 타인의 과실을 입에 담지 아니하고 폭 넓은 교제를 즐겼으며 상처(喪妻)를 한 후에도 만년에 이르기까지 고규(孤閨: 홀로 삶)를 지켰고, 술에 취해서는 시를 읊으며 친구들을 찾아다녔다는 행복한 노후를 누릴 수가 있었을 것이다.

앞서의 《청구야담》의 요사퇴치담(妖蛇退治譚)에서처럼 북창에 뒤지지 않는 재능을 지녔으면서도 어디까지나 형 북창의 보충적인 역할에 머물러 있었던 사실이 상징하고 있듯이, 야담류에 있어서의 고옥의 이미지는 역시 북창의 강한 영향력하에 있었다고 볼 수 있겠다.

2) 정현 – '악역(惡役)'과 시인의 동거

정현에 관해서는 무엇보다도 을사사화의 막후 인물로서의 이미지가 강하나, 그 점에 대해서는 이미 정순붕의 대목에서 언급한 바와 같다. 따라서 여기에서는 그 외의 정현 상(像)에 주목해 보기로 하겠다.

《어우야담》〈문예(文藝)〉부(部)에는 현(礥)이 해주(海州) 목사(牧使)가 되어 갔을 때 부용당(芙蓉堂)에 걸렸던 시(詩)의 액자를 떼어 불태워버린 후에 자작한시(自作漢詩)를 그 자리에 걸었다는 일화가 나온다. 그 시는 당시 사람들 사이에서 널리 회자했었으나, 그의 거만함을 미워하는 자들도 있었다고 한다. 이 일화만으로는 정현의 시가 얼마나 뛰어난 것이었는지 판단할 수 없으나, 이윽고 임진왜란이 일어나 해주에 침입해 온 왜병들이 부용당의 시액(詩額)을 파괴했을 때, 김성일(金誠一)의 것과 정현의 액자에만은 손을 대지 않았다. 이유는, 김성일의 경우, 그의 시가 뛰어나서가 아니라 그가 통신사로 일본에 잘 알려져 있었기 때문이었고, 정현의 경우는 시 그 자체가 훌륭했었기 때문이었다고 쓰여져 있는 것을 보면 정현의 시재가 높이 평가되고 있었다는 것은 분명하다.

또한 《어우야담》〈과거(科擧)〉의 부(部)에는, 같이 과거를 보러 간 박충간(朴忠侃, ?~1601년)이 이전에 과거공부를 하고 있을 때, 정현이 지은 시를 언제까지나 외우고 있어 과거 시험 답안에도 쓸 수 있을 정도였는데, 정작 본인은 까맣게 잊고 있었더라는 이야기가 나오는데, 이 또한 정현의 뛰어난 시재(詩才)를 뒷받침해 주는 것이라 볼 수 있겠다.

이러한 자료들에 의해서, 을사사화에서 '악역'을 맡았던 정현상(像)과는 다르게, 뛰어난 시재를 이어 받은 온양 정씨 가문의 한 사람으로서의 정현 상(像)도 확립되어짐으로써, 정순붕과 마찬가지로 야담 세계에 있어서의 인물상(人物像)이 다면적인 평가를 반영하고 있다는 것을 알 수 있다.

또한 오세창(吳世昌)이 1917년에 간행한 《근역서화징(槿域書畵徵)》 권3에서는, 정현을 서인(書人: 서예가)으로 평가하였으며, 거기에 인용된 《만죽헌유고(萬竹軒遺稿)》[3]에 의하면, 해주의 부용당에 걸린 액자도 그 자신의 손에 의한 것이라고 한다. 부언하면, 《근역서화징》에는 동생 정작(鄭碏)도 같은 서예가로 자리매김되어 있는 데 대해, 정렴은 화인(畵人: 화가)으로 평가되어 있다(같은 책, 권3). 북창이 그린 그림이 현존해 있는지에 대해서는 필자는 모르겠으나, 거기에 인용된 자제시(自題詩) "山逕無人鳥不廻, 孤村暗淡冷雲堆, 院僧踏破瑠璃界, 江上敲氷汲水來"[4] (《북창화장(北窓畵帳)》)를 보면 그의 그림이 대충 어떤 것이었는지 추측이 간다.

어찌되었든, 아버지 순붕이나 을사사화를 에워 싼 정치 상황에 있어서는 각자가 출처진퇴(出處進退)를 달리했던 삼형제이긴 하지만, 서화(書畵)나 시문(詩文)의 세계에서는 모두 그 재능을 평가 받았다고 하는 점은, 그 후의 온양 정씨 가문의 문명(文名)을 높이는 데 크게 공헌하였다고 여거진다.

---

3) 정현(鄭礥)의 문집.
4) 山逕無人鳥不廻(산길은 사람 없고 새도 날아들지 않으니), 孤村暗淡冷雲堆(외로운 마을은 암담하고 차가운 구름 쌓였네), 院僧踏破瑠璃界(절의 중은 유리처럼 언 강을 걸어가), 江上敲氷汲水來(강 위에서 얼음을 두드려 물을 길어 오네).

3) 정초 – 단맥(丹脈)의 'Missing Ring'으로서

북창의 당형(堂兄, 순붕의 형 수붕(壽朋)의 아들)인 계헌(桂軒, 또는 계향당(桂香堂)) 정초(1495~1539년)는 호보(号譜)에 의하면 중종(中宗) 임오년(壬午年, 1522년)에 진사(進士), 이어서 무자년(戊子年, 1528년)에 문과(文科)에 급제하여 교리(敎理: 조선시대 홍문관의 정5품 벼슬)에까지 올랐으나, 그 후, 병을 이유로 사직한 후 금단술(金丹術) 습득에 노력하였다고 한다. 그의 이인적(異人的)인 면은 북창 · 고옥과 함께 '일가삼선(一家三仙)'이라고 불리었을 정도라 하니 보통 조예가 깊었던 것이 아니라고 짐작은 가지만, 유감스럽게도 정초에 관한 문헌적 자료가 드물어 이 이상은 자세하게 알 수가 없다.

《해동이적》에서는 북창 조(條)의 말미에, 정초가 세속을 떠나 수련술(修鍊術)에 힘쓰고 있을 때, 그의 방에 천선(天仙)이 내려와서 "桂香方馥郁, 仙馭自天來"[5]라는 시를 주었다는 사적(事跡)이 기록되어 있다. 이것은 그가 관위(官位)를 그만 둔 후의 일이라는 기술에 따르면, 아마 정초의 나이 30대 후반경의 일이 된다. 이때 그보다 10살가량 아래였던 북창은 20대 후반이었으며, 1533년생인 고옥은 아직 삼척동자에 불과한 나이였다. 북창이 아무리 조숙한 천재라 하더라도, 이 시기에 내단수련(內丹修鍊)의 오의(奧義)를 깨우쳤다고는 보기 어려우며, 오히려 정초가 먼저 깨우친

---

5) 桂香方馥郁(계수나무 향기 그윽하더니), 仙馭自天來(하늘에서 신선이 내려오네).

후, 북창 등에게 영향을 미쳤다고 보는 것이 자연스럽지는 않을까.

해동선파(海東仙派)의 계보가 기록된《해동전도록(海東傳道錄)》에는 김시습(金時習) → 정희량(鄭希良) → 중 대주(僧 大珠) → 정렴(鄭礦)이라는 전수(傳授) 관계로 나와 있으나, 거기에는 적지 않은 Missing Ring이 있어, 확실치 않은 점이 많다. 정초는 그 불분명한 틈을 메꾸는 귀중한 단서의 하나라고 볼 수 있을 것이다. 그런 의미에서, 야담의 세계에는 별로 등장하지 않고, 별로 인상적이지 못한 인물이기는 하지만, 온양 정씨 가문의 이미지 형성에 있어서의 정초의 존재는 결코 경시할 수 없는 것이라고 생각된다.

5. 정지승(鄭之升)·정두경(鄭斗卿) – 문인(文人)으로서의 온양 정씨

정초와는 대조적으로, 북창에 이어서, 야담세계에 자주 등장하는 인물이 정지승과 그의 손자인 정두경이다. 두 사람 모두 문인으로서의 평가가 높아, 그들에 의해서 온양 정씨의 문명(文名)이 결정되었다고 볼 수 있다.

1) 정지승 – 정열 시인과 신선의 모습

총계당(叢桂堂) 정지승(1550~1589년)은 북창의 동생인 정첨(鄭礒)의 아들로, 후에 정현(鄭礥)의 양자(養子)가 된 인물이다.《어우야담》에는, 다음과 같은 정지승의 젊은 날의 에피소드가 나와 있다. 지승이 어떤 '사창녀(私娼女)'와 깊은 관계가 되었을 때, 부모가 면학(勉學)에 방해가 되는 것을 걱정하여 관복을 빼앗고 밀실에 가두어버렸다. 이때 여자가 보낸 편지를 친구가 몰래 전해주자, 지승은 "梨花風雨掩重門, 靑鳥飛來見淚痕, 一死何能忘此別, 九泉猶作斷腸魂"[6]이라는 열렬한 마음을 담은 시를 써서 답했다고 한다.《어우야담》에서는 이 이야기에 이어서 훗날 지승이 장인(丈人)을 따라 멀리 출타했을 때 임기응변으로 시재(詩才)를 발휘했다는 일화를 소개하며, "其發言成詩, 才氣蕩溢如此"(그 뱉은 말이 시가 되니, 재기가 끓어 넘침이 이와 같았다.)라고 찬탄하고 있다.

또한,《어우야담》의 저자인 유몽인(1559~1623년)은 젊을 때, 외구(外舅: 장인)의 집에서 정지승과 만나, 정사룡(鄭士龍)의 금강산에 관한 작품평을 들은 적이 있는데, 후에도 그의 평가가 아주 적확(的確)하였었다는 것을 실감, "진정으로 함께 시(詩)에 대해 논할 수 있는 사람"이라고 회고하고 있는 것을 보면, 그의 정지승의 시재(詩才)에 대한 평가가 일관된 것이었다는 것을 알 수 있다. 지승의 시에 대해서는, 이수광(1563~1628년)의《지봉유설》권13의〈문예부(文藝部)〉에서도 다루어져 있으므로 그의 시재에 대해서는 당시부터 일정한 평가가 있었다는 것은 분명하다.

---

6) 梨花風雨掩重門(배꽃 비바람에 중문을 닫으니), 靑鳥飛來見淚痕(푸른새 날아와 눈물 흔적 보이네), 一死何能忘此別(한번 죽어 어찌 이 이별 잊으리오), 九泉猶作斷腸魂(구천에서 외려 애끊는 혼이 되리라).

한편,《어우야담》에는 약간 독특한 지승의 일면을 전해 주는 일조(一條)가 있다. 그것은 생애를 통해서 산수(山水)를 사랑했던 지승이 용담(龍潭)의 회계동(會稽洞)에 살고 있었을 때의 일인데, 그가 정사(精舍)로 쓰고 있던 총계당(叢桂堂)에는 '고광(高廣)'이 4, 5척이나 되는 큰 거북이가 살고 있어, 아들 회(晦)가 평소 타고 놀았었다고 한다. 야담류에서는 정지승이 수련술을 익혔다는 기술은 찾아볼 수 없으나, 어쩌면 북창이 발(發)하는 온양 정씨와 단학(丹學)과의 깊은 관계가 낳은 일화인지도 모르겠다.《해동이적보(海東異蹟補)》〈이남(李楠)〉의 조(條)에는 왜란을 피해서 산속으로 피신하기는 했으나, 식량이 떨어져 아사 직전에 이른 정지승 일가의 궁상(窮狀)을, 멀리 떨어져 있던 이남이 감지하여, 자식을 보내서 구해 주었다는 이야기가 나온다. 이 일화에서도 알 수 있듯이, 지승 자신에게는 신선적인 소질보다는 뛰어난 시인으로서의 이미지가 강했던 것이 아닌가 추측된다.

《어우야담》에는, 앞서 논한 지승의 시재에 관한 조(條)의 말미에, 이렇게 문재(文才)를 지니고 있었으면서도 세상에 널리 알려지지 못한 채, 요절한 데 대해서 아쉬워하고 있으나, 여기에도 뛰어난 재능을 지니고 일찍 세상을 떠난 북창 상(像)이 겹쳐 있다고 볼 수 있다.

2) 정두경 – 강의(剛毅)한 문인

정지승의 손자인 동명(東冥) 정두경(1597~1673년)은 어렸을 적부터 비범한 재주를 타고나 사람들을 놀라게 하였는데, 14세 때 별시(別試) 초선(初選)에 급제하여 일약 세상에 그 이름이 알려졌다. 인조 병인년(1626년), 천사(天使: 중국 사신)인 강일광(姜日廣) 등이 조선을 방문했을 때, 북저(北渚) 김류(金瑬)의 명에 의해 백의종사(白衣從事: 벼슬 없이 공무를 봄)하여, 시재를 충분히 발휘함으로써 그의 이름은 더욱 높아졌다. 아직 이렇다 할 관위도 지니지 않은 젊은이가 천사(天使)를 모신다는 것은 "국조(國朝)에 드문 일"이라 하여 당시의 이름 높은 문인 계곡(谿谷) 장유(張維, 1587~1638년)도 격찬하였으며 시도 보내 왔다는 이야기가 정두경의 〈언행록(言行錄)〉에 기록되어 있다.

《기문총화》라든가 《매옹한록》·《동야집사東野輯史》 등에서는, 이것에 이어서, 두경이 천사(天使)의 응대를 마치고 돌아오는 길에 원두표(元斗杓)[7]를 찾아갔으나 만나지 못하자, 그곳에서 가지고 있던 비단 옷을 팔아 술로 바꾸어 먹고는 "長安俠客出關西, 楊柳靑靑黃鳥啼, 笑脫錦袍留酒肆, 能令公等醉如泥"[8]라는 절구(絶句)를 남기고 떠났다는 풍류담(風流譚)이 쓰여 있다.

어렸을 적부터 백사(白沙) 이항복(李恒福, 1556~1618년)에게 학

---

7) (1593~1664). 인조 반정에 참여한 공신으로 효종 때 우의정, 좌의정을 지냈다. 기운이 장사이고 반정 때 창의문을 도끼로 깨뜨려 '도끼정승'이라는 별명이 있었다.

8) 원래 시제목은 〈취별자문휴휴(醉別子文休休: 벗 이상질과 조휴를 술에 취해 이별하며)〉. 長安俠客出關西(장안의 협객 관서로 나가니), 楊柳靑靑黃鳥啼(버들잎 짙푸른데 꾀꼬리 우네), 笑脫錦袍留酒肆(웃으며 비단 도포 벗어 술집에 맡기니), 能令公等醉如泥(공들은 흠뻑 술에 취할 수 있으리).

문을 배웠으며, 성인이 되어서는 차운로(車雲輅)9)가 시부(詩賦)의 재능을 '사마장경(司馬長卿)10)과 비교할 정도로 뛰어났었다는 정두경은 (이상 〈언행록〉에 의함), 자신의 시문(詩文)의 재질에 대한 자부심 또한 상당한 것이었던 듯, 밤중에 시작(詩作)에 몰두하고 있을 때 아직 시가 완성되지 않았는데 새벽닭이 울자, 화가 나서 그 닭을 죽여버렸다(《계서야담》·《계산담수》)라든가, 정언(正言)이라는 직위를 넘어 시원(試院)의 교고(校考) 답안 평가에 간섭했다하여 책망을 듣게 되자, 상대방의 수염을 잡아당기면서 그의 문재(文才)의 빈약함을 오히려 탓하였다는 일화(《호곡시화(壺谷詩話)》·《계산담수》) 등에, 그런 점이 잘 나타나 있다고 볼 수 있겠다.

그러나 두경은 단순히 자신의 문재를 자랑하는 거만한 경박재자(輕薄才子)는 아니었다. 병자호란 때는 구국책(救國策)을 상주(上奏)하였으며, 분노한 나머지 풍계서(諷戒書)를 저술하는 등, 경골인(硬骨人)이기도 하였다. 정두경은 또, 민회빈(愍懷嬪) 강씨(姜氏, 소현세자(昭顯世子)의 빈(嬪))의 원사(冤死: 억울한 죽음)에 대해 상주하였다가 효종의 노여움을 사서 사사(賜死)된 김홍욱(金弘郁)11)을 위해 당당하게 논진(論陣: 논하여 진술함)을 펼친 것으로

9) (1559~?). 형 차천로(車天輅)와 함께 조선 중기의 뛰어난 문인.
10) (BC179~117). 중국 전한(前漢)의 대시인 사마상여(司馬相如). 자는 장경(長卿). 〈자허부(子虛賦)〉, 〈상림부(上林賦)〉 등으로 유명함.
11) (1602~1654). 조선 효종 때의 문신. 1654년 민회빈 강씨의 억울함을 풀어줄 것을 상소했다가 하옥되어 친국을 받던 중 맞아 죽었다. 죽기 전 "언론을 가지고 살인해 망하지 않은 나라가 있었던가?"라는 말을 남겼다. 1718년 숙종 44년에 복권되고 이조판서에 추증되었다.

도 잘 알려져 있다. 이 사건의 경위에 대해서는 강빈(姜彬)의 〈언행록〉에 자세히 나와 있으며, 《계서야담》에는, 남의 이목에 개의치 않고 김홍욱의 장례에 조문을 간 두경의 모습이 나와 있다.

홍만종(洪萬宗)의 《해동이적》이라든가 권극중(權克中)의 《청하집(靑霞集)》에 서문을 쓴 것으로 보아도 알 수 있듯이, 정두경은 도교에도 깊은 관심을 가지고 있었으나, 야담세계에 등장하는 그의 초상에서는 그 같은 요소는 드물어, 거의 북창과는 대조적이라 볼 수 있다. 아마, 그 이유는 그의 탁월한 문재와 생명의 위험조차도 무릅쓰고 자신의 신념을 밀고 나간 용기 있는 언행이 무엇보다도 사람들에게 강한 인상을 심어 주었기 때문일 것이다. 또한 좋으나 나쁘나 시문세계에 있어서 일종의 '강한 개성'은 순붕(順朋)을 방불케 하는 것이 있어, 그런 의미에서는 정두경이야말로 온양 정씨 후예의 대표적인 인물 중의 한 사람이라고 할 수 있겠다.

6. 정돈시(鄭敦始)·정만석(鄭晚錫) — 이인(異人)의 후예로서

야담에 등장하는 온양 정씨의 마지막을 장식하는 사람이 정돈시(鄭敦始, 1756~1785년)와 정만석(鄭晚錫, 1758~1834년)이다. 정돈시는 판서를 지낸 정창성(鄭昌聖)의 아들이며, 북창으로부터 8대손에 해당하는 인물인데, 그의 생졸년대를 보면 알 수 있듯이 아주 단명했기 때문에 자세한 행적에 대해서는 확실치 못하나, "어려서부터 단학을 배우며 자랐다. 단방(斷房)하여 후자(後子)를 얻었다"라고 쓰여 있는《해동이적보》〈정돈시〉의 조(條)에서도, 역시 '가학(家學)'으로서의 단학을 이어 받은 온양 정씨의 후예다운 인물이었다는 것을 엿볼 수가 있다.

정만석은 북창의 동생인 정첨(鄭䃡)의 6대손이며, 아버지는 기안(基安). 1783년(正祖7년)의 증광(增廣) 문과(文科)에 병과(丙科)로 급제한 후, 자여도찰방(自如道察訪)을 거쳐 1794년에는 암행어사를 지내 이름을 날렸다. 그 후, 홍경래(洪景來)의 난(亂) 때,《관서신미록(關西辛未錄)》이란 기록을 남긴 사람으로도 알려져 있으나, 야담의 세계에도 역시 이 두 가지와 관련 있는 이야기가 쓰여 있다.

《한국야담자료집성》권12에 실려 있는《제명미상본(題名未詳本)》제35회〈정어사도징기편(鄭御史道懲欺騙)〉에는, 대구에 부임한 만석이, 사기도박꾼들에게 속아 돈을 잃어 곤경에 처한 청년을 살려 주었다는 이야기가 나온다. 주지하는 바와 같이, 야담집에는 박문수(朴文秀)를 비롯하여, 암행어사가 곤경에 처한 민중을 구해 주는 이야기가 정형화되어 있어, 이 정만석의 이야기도 그 계열에 속하는 것이나, 온양 정씨 일가의 측면에서 본다면 북창과 마찬가지로 구제자로서의 초상에 포함시킬 수 있을 것이다.

〈정만석봉김진사파적(鄭晩錫逢金進士破賊)〉(《대동기문(大東奇聞)》소수(所收))은 만석이 여행 도중에 만난 김진사(金進士)로부터 받은 '파적지계(破賊之計)'로 홍경래의 난을 진압할 수 있었다는 이야기인데, 여기서의 정만석은 조연적인 역할에 불과하다. 이인(異人)의 가까이에 있으면서 그들의 이능(異能)에 접할 수 있었던 조연이라고 하면, 〈요왜구마의명견(料倭寇麻衣明見)〉(《청구야담》 소수(所收))에서 남사고와 마의노인(麻衣老人)의 예언을 옆에서 듣고 있던 김윤신(金潤身)이 떠오른다. 이규경(李圭景)은 〈목리변증설(木履辨證說)〉(《오주연문장전산고(五洲衍文長箋散稿)》 권22)에서 이 김윤신이 북창의 사위라고 적고 있는데, 이것이 맞다면, 이 두 사람 즉 정만석과 김윤신은 모두 이인(異人)설화의 조연으로서 역할을 했다고 볼 수 있다. 과연, 이것은 우연일까? 아마, 그렇지 않을 것이다. 이제까지 살펴왔듯이, 북창을 비롯한 수많은 이재(異才: 특이한 천재)를 배출한 온양 정씨와 관계가 깊은 김윤신과 그 후예로서의 정만석이 함께 '이인(異人)'과 친한 존재로서 인식되어졌었기 때문에 이와 같은 이야기의 조연 역할이 주어졌던 것이 아닌가 하고 필자는 추측한다.

7. 맺는 말

　이상으로 소략하나마 야담집에 그려진 온양 정씨의 초상을 더 들어가며 분석을 시도해 보았다. 이 작업을 통해, 중심이 되는 것은 역시 북창 정렴의 존재라는 것이 확실해졌다. 그가 발하는 강렬한 광망(光芒)은, 쉴 새 없이 부침을 거듭하는 정계에서 고투(苦鬪)하던 정순붕, 드물게 문재를 타고났으면서도, 국난 속에서 사대부로서의 신념을 굳게 지킨 정두경, 암행어사로 이름을 날린 정만석 등, 많은 문중의 인물상에 보다 깊은 음영을 드리우고 있다.

이와 같은 북창 정렴을 중심으로 전개해 온 야담집에 있어서의 온양 정씨의 초상은, 조선 왕조 시대의 셀프 이미지 형성 과정의 한 전형으로서, 또, 어디까지나 사대부를 중심으로 이어져 내려온 조선 단학파의 모습을 보여 주는 것으로서 귀중한 사례라고 할 수 있을 것이다.

본고가 야담과 같은 설화 자료를 대상으로 하며, 굳이 자세한 모티브 분석을 하지 않았던 것은, 무엇보다도, 이와 같은 조선 사대부 및 그들이 지녔던 조선도교의 특질에 초점을 맞추기 위해서였다. 물론, 조선의 내단파(內丹派)와 관련된 사람들이 온양 정씨뿐만이 아니라는 것은 말할 나위도 없으며, 앞으로 남겨진 과제는 많으나, 거기에 대해서는 다음 과제로 넘기기로 하겠다.

제2부 북창 정렴의 생애와 문학, 예술

북창 정렴 약전(略傳)

정재서(鄭在書, 이화여대 중문과 교수)

　　정북창은 조선 시기의 선도 인물 중에서 가장 대중적으로 잘 알려져 있으며 기이한 행적과 일화가 많기로 유명하다. 그뿐만 아니라 조선도교사에서 학술적으로 차지하는 비중도 크기 때문에 조선의 선도를 얘기하면 우선 떠올리게 되는 인물이 바로 정북창인 것이다. 정북창은 본명이 렴(磏), 별호가 북창(北窓)으로 조선 중종(中宗) 원년(1506) 온양(溫陽) 정씨 집안에서 태어났다. 후일 부친인 정순붕(鄭順朋)이 우의정, 중부(仲父)인 정백붕(鄭百朋)이 형조판서의 지위에까지 올랐으니 전형적인 사대부 가문 출신인 셈이다.

　　그러나 그는 벼슬길에는 본래부터 관심이 없어서 대과(大科)에 응시하지 아니하였고 주위의 추천에 의해 마지못해 관상감(觀象監)·혜민서(惠民署)·장악원(掌樂院) 등의 관리를 지냈는데 이는 그가 천문(天文)·의약(醫藥)·음률(音律) 등에 정통했기 때문이었다. 그는 포천(抱川) 현감을 끝으로 더 이상 관직에 있지 않고 양주(楊州) 괘라리(掛蘿里)에 은거, 수련에 전념하다가 세상을 뜨니 향년 44세, 때는 명종(明宗) 4년(1549)이었다. 짧은 생애에 높지 않은 벼슬, 그의 공적인 삶은 결코 화려하다 할 수 없지만 그의 내면의 삶, 도인으로서의 삶은 그가 후세 사람들에게 미친 영향을 생각할 때 너무나도 길고 풍성한 의미의 일생이었다고 하지 않을 수 없다.

전설에 의하면 정북창은 "나면서 말을 할 줄 알았다(生而能言)"고 하니 어렸을 때부터 뛰어난 자질의 소유자였던 것 같다. 그가 선도를 공부하게 된 과정은 《해동전도록(海東傳道錄)》에 의하면 김시습(金時習)에서 중 대주(大珠)로 이어진 조선 도교의 도맥을 계승함으로써라고 한다. 그가 산사(山寺)의 고승들과 교유(交遊)하기를 즐겨했던 것을 보면 그의 선도 수행에는 불문(佛門)과의 관계가 적지 않았음이 엿보인다. 그러나 무엇보다도 그가 소시부터 수련에 마음을 두게 된 것은 온양 정씨의 가학(家學) 배경 때문이었을 것이다. 당시 온양 정씨 문중에서는 정북창뿐만 아니라 그보다 9세 연장인 종형 계향당(桂香堂) 정초(鄭礎) 역시 선도 인물로서 높은 명망을 지니고 있어서 선도 수행은 정북창 개인의 취향이 아니라 가학의 한 경향이었음을 알 수 있다.

어린 시절부터 총명한 자실로 수련에 몰두했던 정북창이 일찍이 그 신통력으로 도계(道界)에서 두각을 나타냈을 것임은 쉽사리 추측할 수 있다. 한때 그는 산사에 들어가 선가(禪家)의 육통법(六通法)을 연마, 사흘 만에 산 아래 100리 바깥의 일을 가만히 앉아서 모두 아는 경지에 이르렀다고 한다. 이와 관련된 일화 중의 하나로 다음과 같은 이야기가 있다.

정씨 집안에서 종을 시골로 심부름 보냈는데 귀가할 때가 훨씬 지났는데도 오질 않아 걱정하다 못해 정북창에게 어찌된 일인지 알아보라고 했다 한다. 그때 정북창이 잠시 명상에 잠겼다가 말하기를, 그 종이 아무 고개(남태령이라고도 함)를 넘어오다가 양반 행차에 불경한 짓을 해서 붙들려 맞고 있는 중이라고 하였다. 한참 후 종이 도착하여 사실을 확인한 즉 과연 정북창이 말한 바와 같아서 온 집안이 탄복했다는 이야기이다.

정북창은 또한 새·짐승의 말을 알아듣기로 유명하였다. 어느 날 잔칫집엘 갔다가 새소리를 듣고 그 집 술이 무덤가에서 거둔 밀로 빚은 것임을 간파한 일, 그리고 이로 인해 고을 원님에게 붙들려갔다가 고을 원님이 사생아라는 내력을 역시 새 소리에 의해 알아낸 일 등은 민간에 널리 유행하였던 설화이다.

정북창은 예언 능력도 뛰어났다. 그는 6형제 중 장남이었는데 유독 셋째인 십죽헌(十竹軒) 정첨(鄭礏)의 부인인 구씨(具氏)를 존중함이 유별났다. 사람들이 그 이유를 물으니 "우리 집안은 모두 제수씨의 자손이 될 것이니 내가 어찌 존중하지 않을 수 있겠는가?"라고 대답하였다. 과연 손자 대에 이르러 형제들이 무후(無後: 후손이 없음)하게 되자 십죽헌의 자손이 출계(出系)하여 대를 이었다.

정북창은 음률에도 조예가 깊었는데 특히 휘파람 불기, 즉 소법

(嘯法)에 뛰어났다. 소법은 선도 수행에서 깊은 내단의 공력을 바탕으로 발휘될 수 있는 것으로 중국의 경우 일찍이 위진(魏晉) 시기의 선인 손등(孫登)이 이 방면의 대가로 손꼽혔었다. 언젠가 정북창의 부친인 정순붕(鄭順朋)이 강원감사로 있을 때 금강산엘 놀러갔었는데 갑자기 계곡을 진동하는 큰 휘파람 소리가 들려 시중들던 산사의 중들이 놀라 용의 울음소리인가 여겼는데 알고 보니 정북창이 낸 소성(嘯聲)이었다는 일화가 있다.

정북창의 이런 신이한 행적은 당시 조선 국내뿐만 아니라 국외에서도 주목의 대상이 되었다. 일찍이 부친 정순붕이 명나라에 사신으로 갔을 때 그가 어린 나이로 수행하였다. 북경에 도착하자 유구국(琉球國)의 사신이 찾아와 "고국에서 점을 치니 진인(眞人)을 만나리라 했는데 당신이 바로 그분"이라며 가르침을 청하였다. 이때 소문을 듣고 사신으로 왔던 각국 사람들이 객관(客館)으로 찾아왔는데 정북창이 각 나라의 말로 응대하니 모두들 경탄하고 천인(天人)이라 칭하였다.

정북창은 짧은 생애 동안 그의 도력(道力)과 관련한 수많은 일화를 남겼지만 만년에는 세상에 조금도 뜻을 두지 않고 고고한 은일군자(隱逸君子)로서의 삶을 지켰다. 그의 풍채는 마치 구름을 탄 학처럼 탈속한 모습이었나고 한다. 아울러 그의 고결한 인품, 심오한 학문에 대해서는 당시에도 칭송이 자자하여 인종(仁宗)이 세자 때에 그의 명성을 듣고 즉위하면 화담(花潭) 서경덕(徐敬德)과 더불어 정승을 시켜야 할 인물로 손꼽았다고 한다. 그러나 인종이 즉위 후 급서(急逝)하는 바람에 성사되지 않았다는 일화가 전한다. 그는 44세 되던 해 세상에 오래 있지 않을 뜻을 굳힌 듯 주위에 미리 이승을 떠날 날짜를 말하고 스스로 만사(輓詞)를 지었다. 그 내용은 다음과 같다.

一生讀破萬卷書,	평생에 만 권의 책을 읽었고,
一日飮盡千鍾酒.	하루에 천 잔의 술을 마셨다네.
高談伏義以上事,	복희씨 이전의 일만 얘기하고,
俗說從來不掛口.	속된 얘기는 입에 담지도 않았지.
顏回三十稱亞聖,	안회는 삼십에도 성인에 버금갔거늘,
先生之壽何其久.	선생의 삶은 어찌 그리 길었던고.

이 시는 그의 도인으로서의 삶의 요약이라고 해도 과언이 아니다. 44세의 수명을 어찌 그리 길었느냐고 자문(自問)하는 그의 마음 계제는 이미 삶과 죽음의 경계를 초월하여 절대의 시공간을 노닐고 있는 경지인 것이다. 그가 조용히 좌화(坐化)한 날 부근의 주민들이 그가 구름을 타고 승천하는 모습을 목격하였다는 백일비승(白日飛昇)의 설화가 후일담처럼 전한다.

지금까지 길게 서술한 정북창을 둘러싼 갖가지 설화들은 정북창을 신통력을 지닌 선인으로서 장식하고도 남음이 있다. 그러나 정북창은 분명히 역사적으로 실존했던 인물이었고 따라서 그가 남긴 저작물을 통해 객관적, 학문적으로 분석, 평가되어야 하는 도교 학자로서의 면모도 지니고 있다. 이제 그의 학문세계, 그리고 그것에 대한 후세인들의 평가에 관해 알아보기로 하자.

정북창이 계승하고 있는 선도의 맥에 대해서는 앞에서 잠깐 얘기한 바 있다.《해동전도록》에 의하면 그는 최치원(崔致遠)으로부터 이어지는 내단학(內丹學)을 조선에 들어와 크게 성취시킨 인물인 것이다. 그러나 그의 학문세계는 도교만으로 이루어진 것이 아니다. 사대부 집안에서 태어났기 때문에 그에게 있어 유교는 기본적인 소양이라고 할 수 있다. 그가 남긴 〈가훈(家訓)〉에서 초학자는《소학(小學)》과《근사록(近思錄)》을 반드시 학습해야 한다고 역설한 것은 그가 유교를 생활원리로서 중시했기 때문이다. 그는 유교와 더불어 불교도 멀리 하지 않았는데 자주 산사에 가서 수련을 하거나 불승(佛僧)들과 교유한 사실이 그의 시문(詩文)에 나타난다.

그는 유학자로서는 그보다 선배인 서화담(徐花潭)을 존경하였고 도인으로서는 수암(守庵) 박지화(朴枝華)[1]와 친하게 사귀었다. 박지화 역시 당시 도계의 저명한 인물로 후일 수선(水仙)으로 추앙받았다. 그는 정북창 사후 정북창의 막내동생 고옥(古玉) 정작

---

1) (1513~1592). 조선 단학파의 두인. 서경덕의 제자. 일찍이 명산에 놀며 솔잎을 먹고 곡기를 끊었다. 유불선에 조예가 깊고 특히 예학에 정통했다. 80세 때 임진왜란을 피해 포천 백운산으로 갔다 자신은 늙어서 더 이상 갈 수 없으니 피난하던 친구에게 훗날 이곳에서 다시 만나자고 하며 두보(杜甫)의 시구(詩句: 해오라기는 원래 물에서 자니, 무슨 일로 슬픔이 남아 있겠는가? 白鷗元水宿 何事有餘哀)를 써서 나뭇가지에 걸어놓고 계곡의 물속으로 투신해 죽었다. 세상에서는 그가 시해법(尸解法)으로 수선(水仙)이 되었다고 여겼다.

(鄭磏)의 사상 형성에 많은 영향을 미치게 된다. 결국 학문내용, 교유관계 등을 종합해 볼 때 정북창은 유·불·도 삼교합일(三教合一)의 입장에 섰던 도인이었음을 알 수 있다. 후세인들의 정북창의 학문에 대한 평가는 대체로 이 점에 주목하여 그를 삼교에 박통(博通)한 인물로 자주 표현하는데 한학(漢學) 사대가(四大家) 중의 일인이었던 계곡(谿谷) 장유(張維)2)의 다음과 같은 언급을 들어보자.

북창은 태어날 때부터 신령스러워 널리 삼교에 통달하였는데 수련은 도교와 비슷하고 깨달음은 불교와 흡사하나 윤리와 행실은 우리 유교를 근본으로 하였다.
(北窓生而靈異, 博通三敎, 其修攝似道, 解悟類禪, 而倫常行誼一本吾儒.)

그러나 정북창은 삼교에 널리 통달하였지만 궁극적으로는 진인의 경지를 추구하였던 수련인이었다. 그의 선도 이론은 그가 남긴 저작《용호비결(龍虎秘訣)》을 통해 파악해 볼 수 있다.《용호비결》은 당시 수련인들이 중국 도서(道書)에만 의존해 어렵게 공부하던 실정에서 탈피하여 한국 선도의 입장에서 새롭고 쉽게 쓰여진 도서로서 정북창의 한국 선도에 대한 자부심의 표명이라 할 수 있

---

2) (1587~1638). 조선 인조 때의 문신, 예조판서, 이조판서를 지냈고 김장생의 문인으로 천문, 지리, 의학, 병서, 문장 등에 능통했다.

다. 정북창이 소시에 중국에 갔을 때 한 중국 도사를 만났는데 그가 조선의 선도를 깔보자 정북창이 청산유수로 선도 이론을 설파하여 그를 굴복시켰다는 일화 역시 정북창이 평소 한국 선도에 대해 주체적인 의식을 지니고 있었다는 사실을 뒷받침한다.

아무튼《용호비결》은 현존하는 한국 최초의 도서이자 중국 이외의 지역에서 창작된 최초의 도서로서 큰 의미를 지닌다. 정북창은 이 책의 첫 머리에서 우선 단경(丹經)의 왕이라 칭하는《참동계(參同契)》의 난삽함을 비판하고 초학자를 위하여 쉽게 선도에 입문할 수 있는 수련법을 제시한다. 그리고 이어서 폐기(閉氣)·태식(胎息)·주천화후(周天火候) 등 각 수련 법식에 따른 수련의 효과, 즉 신체적 징후 및 정신적 경지에 대해 명쾌히 해설하고 있다.

이러한《용호비결》이 한국 도교사에서 차지하는 지위는 매우 높다. 우선《용호비결》은 정북창 당대뿐만 아니라 후세 선도 수행자들의 기본 텍스트가 되었다. 이능화(李能和: 1869~1943)는《조선도교사(朝鮮道敎史)》에서 정북창을 비롯한 조선의 선도 수행자들을 단학파(丹學派)라고 불렀는데《용호비결》은 바로 이 조선 단학파의 교과서였던 것이다. 다음으로《용호비결》은 조선의 의학 사상 특히 허준(許浚)의《동의보감(東醫寶鑑)》의 원리 형성에 큰 영향을 미쳤다.《동의보감》은 우리가 흔히 알고 있듯이 허준만의 독창적인 작품이 아니다.《동의보감》의 기획에는 당대의 여러 학자들이 관계했는데 정북창의 막내 아우 정작이 유의(儒醫)로서 참여하여 결정적인 이론을 제공하였다.《용호비결》에서 전개된 정기신론(精氣神論)이 《동의보감》의 독특한 도교의학체계를 구성한 것이다.

이 밖에도 정북창은 각 방면에 걸친 그의 탁월한 도력으로 인하여 후대에 이르러 점술·풍수학(風水學)의 대가, 의술의 달인(達人) 등으로 평가되기도 하며 근세에는 신종교 측에 의해 말세를 예언한 도통자로서 추앙되기도 한다. 아울러 온양 정씨 일문에서는 정북창과 그의 종형 정초(鄭礎) 이후에도 정작(鄭碏)·정지승(鄭之升)·정회(鄭晦)·정돈시(鄭敦始)·정두경(鄭斗卿) 등 조선도교사상 저명한 선도 인물들이 연속 배출되어 이른바 '한국의 대표적 선골가계(仙骨家系)'를 형성하였는데 이는 사실상 정북창이 그의 일문에 미친 영향으로 보아도 좋을 것이다.

오늘날 전해지는 정북창의 대표적 저작으로는 이능화의 《조선도교사》에 부록된 《용호비결》을 비롯, 온양 정씨 문집인 《온성세고(溫城世稿)》에 실린 45수(首)의 시와 〈가훈〉이 있다. 그의 묘소는 생시에 그가 집안의 장지로 친히 잡아두었던 경기도 양주시 산북동(山北洞) 산록에 있는데 이 산은 온양 정씨의 선영(先塋)으로 현재까지 500여 년간 잘 관리되어오고 있다. 그리고 경기도 남양주시 괘라리(掛羅里)에는 그가 은거, 수련했던 장소가 지금도 '정씨골'이라는 명칭으로 흔적을 남기고 있으며 충북 청주시(淸州市) 문의면(文義面)에는 그를 배향했던 노봉서원(魯峰書院)의 유지(遺址)가 있다.

북창 정렴의 생애와 시(詩)세계

이경수(李庚秀, 강원대 국문과 교수)

1. 서론

북창(北窓) 정렴(鄭磏, 1505~1549)은 중종, 명종 연간에 우의정까지 지낸 정순붕(鄭順朋, 1484~1548)의 아들로 태어났으나 의술(醫術)로 유명했으며 탈속(脫俗)한 행적으로 인하여 동생 정작(鄭碏, 1533~1603)과 더불어 이인(異人)으로 지칭된 인물이다. 이들 형제의 특이한 행적은 후세의 야사에 자주 언급될 정도로 유명하였으며 허목(許穆)[1]은 정렴, 정작 두 형제를 〈청사열전(淸士列傳)〉에 넣어 기술하였고 정렴의 생애는《해동명신전(海東名臣傳)》에도 수록되어 있다.

북창의 시는 1578년 경 성수익(成壽益, 1528~1598)이 송인수

---

[1] (1595~1682). 조선 후기 남인의 영수로 정계와 사상계를 이끈 인물. 부친이 서경덕의 제자 수암 박지화에게 수업하였다. 눈을 덮을 정도로 눈썹이 길어서 호를 미수(眉叟)라 함.

(宋麟壽)[2], 성제원(成悌元)[3]의 시와 함께 편찬한《삼현주옥(三賢珠玉)》이라는 3인의 시집과 1630년 경 정렴, 정작 두 형제의 시를 모아 간행한《북창고옥양선생시집(北窓古玉兩先生詩集)》이란 시집에 의해 70여 편이 전해지고 있는데[4]《기아(箕雅)》[5]와《대동시선(大東詩選)》[6]에도 4수의 시가 실려 시인으로서의 북창의 이름이 세상에 알려져 왔다.

아버지 정순붕이 사림(士林)의 일원으로서 기묘사화 때 실각했다가 다시 정계에 진출하여 을사사화를 일으킨 장본인의 한 사람이 되는 등 가문이 처한 정치적 상황 속에서 북창은 의술을 비롯한 잡예(雜藝)와 불교 및 도교 등에 몸을 감춘 특이한 생애를

2) (1487~1547). 호는 규암(圭庵). 본관은 은진(恩津)으로 성리학에 뛰어났다. 을사사화 때 윤원형의 미움을 받아 사약을 받고 죽었다.

3) (1506~1559). 호는 동주(東洲), 소선(笑仙)으로 성리학과 지리, 의학, 복서에 능했다.

4) 성수익 편(成壽益 編),《삼현주옥(三賢珠玉)》목판본 3권 1책 서울대학교 도서관 고도서. 상·중·하 3권에 각각 송인수(宋麟壽)의〈규암시문(圭庵詩文)〉, 성제원(成悌元)의〈동주시문(東洲詩文)〉, 정렴(鄭磏)의〈북창시문(北窓詩文)〉이 실려 있음. 권 하가〈북창선생(北窓先生)〉으로 되어 있고 그 권두에 송기수(宋麒壽)와 성수익(成壽益)이 쓴 북창 선생의〈행실(行實)〉 2편이 있다. 이하 이를〈북창선생행실(北窓先生行實)〉이라 칭함. 권말에 허엽(許曄)의 발문(跋文)이 있는데 발문 중의 내용으로 보아 1578년 경 성수익이 편찬한 것임을 알 수 있다.《북창고옥양선생시집(北窓古玉兩先生詩集)》은 군위현감(軍威縣監) 채형후(蔡亨後)가 간행하여 장유(張維)의 서문(1630년)을 받은 것이 있고 1785년 후손 정창순(鄭昌順)이 다른 형제와 후손의 시를 첨부하여 다시 간행한 것이 있다. 여기서는 정창순이 편찬한 3권 1책의 규장각본을 대본으로 하였다.

5) 조선 후기 남용익(南龍翼, 1628~1692)이 엮은 시선집(詩選集). 14권 7책.

6) 우리나라 역대인물 40명의 시를 모아 수록한 책. 1918년 장지연이 권순구 등과 함께 편찬한 역대 한시선집. 12권.

보낸 인물이다. 이러한 생애 속에서 남긴 그의 시들은 사림의 후예로서 겪었던 불우한 일생의 행적을 반영한 것으로서 세인의 주목을 끈다.

본고에서는 잡예와 방술(方術)에 몰두함으로써 갈등에 찬 현실을 벗어나려 했던 북창의 생애를 살펴본 다음 그러한 생애에서 나온 그의 시세계를 탈속(脫俗)을 지향하는 의식(意識)과 거기에서 오는 고독(孤獨)이 담긴 시들 및 세상을 피한 자신을 스스로 풍자하고 희롱한 시 등으로 나누어 살펴보고자 한다.

2. 잡예(雜藝)와 둔세(遁世)의 생애

북창은 아버지 정순붕이 우의정, 백부(伯父) 정백붕(鄭百朋)이 형조판서에 이른 현달(顯達)한 가문의 장남이었지만 잡예에 능하고 초탈(超脫)한 행적으로 인하여 여러 가지 일화를 남기면서 세상에는 이언(異人)으로 알려졌다. 북창의 생애는 의술(醫術)을 비롯한 각종 잡예에 몸을 숨기고 둔세(遁世)했다는 점, 유교를 기본이념으로 하면서도 불교와 도교에 매우 조예가 깊었다는 점, 아버지 정순붕이 을사사화를 일으켜 사림(士林)의 지탄을 받았지만 그는 오히려 이를 만류하여 청사(淸士)로 평가되었다는 점 등으로 특징지을 수 있다. 이러한 북창의 생애는《삼현주옥》의 권두에 실린 송기수(宋麒壽)[7]와 성수익의 〈북창선생행실〉이나《북창고옥양선생시집》에 수록된 〈서문〉 및 〈부록〉 그리고 허목의 〈청사열전〉 등을 통해서 다음과 같이 추론해 볼 수 있다.

우선 북창은 의술을 비롯한 여러 가지 잡예에 매우 능하였는데 여러 기록에서 이러한 면모를 공통적으로 지적하고 있지만 대부분 송기수의 다음과 같은 기록을 토대로 부연, 과장한 것들이다.

천문, 지리, 의약(醫藥), 복서(卜筮), 역산(曆算), 음률(音律) 등의 모든 잡예에 통하지 않음이 없었으며 중국어도 스스로 해득(解得)하여 늙은 역관과 다를 바 없었다. 선가(仙家)의 방술(方術)이나 불경도 모두 통달하였으며 참선(參禪)의 방법이나 방외(方外)의 연단술(鍊丹術)도 시험해 보지 않음이 없었다.[8]

북창은 천문, 지리를 비롯하여 의술과 음악, 역학(曆學), 점복(占卜), 외국어 등의 잡다한 기예(技藝)에 뛰어났으며 불교와 도교의 방술(方術)에도 조예가 깊었다는 것이다. 그리고 성수익의 기록에 의하면 북창은 중종 32년(1537) 사마시에 급제한 후 장악원(掌樂院) 주부(主簿)로 임명되었는데 음률(音律)을 알고 거문고에 정통하였으므로 가곡의 장단을 직접 가르쳤다고 하며 천문(天文)과

----

7) (1507~1581). 조선 중기의 문신으로 홍문관 수찬, 도승지, 대사헌, 이조판서 등을 지냄. 퇴계 이황과 절친하였고 저서《추파집(秋坡集)》이 있다.

8) 송기수(宋麒壽), 〈북창선생행실(北窓先生行實)〉,《삼현주옥(三賢珠玉)》. "天文地理 醫藥 卜筮 曆算 音律 諸術 無不通解 亦能自解華語 與老譯無異 至如 仙方 佛經亦皆洞曉 禪學捷徑 方外進化工夫 無不歷試"

의약(醫藥)에 대한 조예로 인하여 관상감(觀象監)과 혜민서(惠民署)의 교수(敎授)를 겸하였다고 한다.

북창은 특히 의술로 유명했는데 1544년에는 인종의 병환에 약을 짓기 위하여 내의원 제조의 추천으로 입진(入診: 궁궐에 들어가 진료함)하기도 하였으며, 고질병이 있는 사람들이 그의 처방으로 소생한 경우가 매우 많았다고 한다. 자신의 경험을 토대로 처방을 기록한《정북창방(鄭北窓方)》이라는 저술이 있었는데 양예수(楊禮壽)의《의림촬요(醫林撮要)》에 인용될 정도로 인정을 받았으며 동생 정작도 의술에 조예가 있어《동의보감》편찬에 참여하는 등 형제가 의술로 유명하였다.《조선왕조실록》에서도

옛날에는 조사(朝士: 조정의 선비) 가운데도 의술에 능한 자가 있었으니, 정작의 형 정렴은 의술에 정통하여 인묘(仁廟: 인종)를 진찰하였다. 그런데 지금 의술은 단지 찌꺼기만을 훔쳤을 뿐이다(《조선왕조실록》, 선조 38년 11월 3일).

라 하여 정렴을 의술이 뛰어난 사대부로 지칭하였다.

그는 외국어에도 뛰어난 재능이 있어 1539년 아버지를 따라 명나라에 갔을 때 중국인과는 중국어로 통하고 여타 외국인들을 만나면 그 나라 말로 대화를 했다는 등의 일화들이 전할 정도이다.

이후 포천 현감으로 나갔으나 임기 전에 사직하고 1549년 44세로 세상을 떠날 때까지 10여 년 간 서울 근교에서 은거 생활을 하

였는데, 양주의 괘라리(掛蘿里), 광주(廣州)의 청계사(淸溪寺), 과천의 관악산 등에 칩거하여 자신의 병을 다스리면서 벼슬길에 뜻을 두지 않았다고 한다. 그는 "청리(淸羸)"라는 병을 앓고 있었는데 자신의 독특한 이론에 의한 처방과 수련법(修練法)으로 요양, 치료했으며 이러한 그의 행적은 선술(仙術)로도 유명한 인물이 되게 했다.

북창은 유교뿐만 아니라 도교와 불교에도 조예가 깊었다는 점을 여러 기록들이 언급하고 있는데 위에 인용한 송기수의 기록 외에 장유(張維), 윤신지(尹新之)[9] 등의 기록에서도 유, 불, 도 3교에 통달한 것을 그의 생애의 중요한 특징으로 거론하고 있다. 북창은 도가(道家)의 수련법에도 관심을 가져 수암(守菴) 박지화(朴技華)와 함께 동생 정작을 데리고 금강산에 들어가 "금단수련법(金丹修練法)"을 행하였다고도 한다.[10] 이러한 행적으로 동생 정작과 함께 형제가 모두 도술(道術)에 조예가 있는 "도인(道人)"처럼 지칭되었는데 윤신지는 북창이 세상에서 "진인(眞人)"이라고 호칭된다고 다음과 같이 말하였다.

"우리나라에 진인이 없는가? 북창이 진인이다"라고 말하며 선배들이 (북창을) 숭상했다. …소자(小子)가 어렸을 때 이미 들

9) (1582~1657). 선조의 부마 해숭위(海崇尉). 시문, 서화에 능하여 현도위(賢都尉)로 불리웠다.
10) 박세채(朴世采), 〈정작묘표(鄭碏墓表)〉, 《한국역대인물전집성》 5(민창문화사, 1990).

기를 우리나라에 진인 정북창이 있다고 하였으니…11)

허목은 "풍신이 구름 속의 학 같다(風神如雲鶴)"고 하여 북창이
도인다운 풍모가 있음을 지적한 바 있으며 여러 기록들이 그의 도
인다운 풍모와 일화를 거론하면서 신이(神異)한 능력이 있는 인
물로 신비화시키는 경향까지 보이고 있다. 아버지를 따라 명나라
에 갔을 때 한 중국의 도사(道士)를 만나서는《황정경(黃庭經)》,
《참동계(參同契)》,《음부경(陰府經)》 등을 인용하여 선술(仙術)의
단계를 설명함으로써 도사가 할 말을 잃고 물러나게 하였다는 일
화가 있으며, 유구국(流球國) 사람이 그의 풍모를 보고 "진인(眞
人)"을 만났다고 하면서 가르침을 청하였는데 유구국의 말로써 가
르쳐 주었으므로 배운 적이 없는 외국의 말을 저절로 할 줄 아는
신통력이 있다고 하여 사신의 거처에 있던 여러 사람들이 "천인
(天人)"이라고 놀라워했다는 일화도 있다. 이러한 일화들은 그의
신통력(神通力)을 지적하는 대표적인 사례로서 그의 시집에 수록
된 전기(傳記)를 비롯하여 허목의 〈청사열전〉과 기타의 야사들에
인용되어 전하고 있다. 그리고 또 많이 인용되는 다른 일화로서
북창이 용인(龍仁)의 한 산사(山寺)에 거처하면서 며칠 동안 불교
의 "심통지공부(心通之工夫)"를 시험해 본 적이 있는데 산 아래 백

---

11) 윤신지(尹新之), 〈북창고옥양선생시집서(北窓古玉兩先生詩集序)〉,《북창고옥
　　양선생시집(北窓古玉兩先生詩集)》. "東國無眞人 北窓是眞人云先輩論之尙矣
　　…… 小子生焉兒時已聞 東國有眞人鄭北窓 …… ."

리 내의 마을에서 일어난 사소한 일들까지 직접 본 것처럼 알아 맞혔다는 것도 있다.[12)]

특히 이러한 능력이 누구에게 배워서 된 것이 아니라 스스로 깨우쳐 터득한 것이란 점에서 신통력이 있는 인물로 신비화되었는데, 장유는 "북창은 나면서부터 영이(靈異)하고 삼교(三敎)에 박통(博通)하였으며 그 여러 가지 기예(技藝)는 각각 오묘(奧妙)한 경지에 이르렀는데 그러나 배우지 않고 얻은 것이다"[13)]이라고 하였다. 그리고 윤신지는 "작게는 백 리 밖의 일을 알 수 있고 크게는 능히 만 리 밖의 말을 통하니, 육통(六通)을 스스로 돈오(頓悟)하고 화후(火候)의 공(功)을 이루지 않고 어찌 능히 이같으리오?"[14)] 라고 하여 북창을 불도(佛道)와 도가(道家)에서의 신통력을 얻은 인물로서 기술하였다.

이와 같이 북창은 병을 칭하고 은둔하여 방술(方術) 등에 심취하면서 만년의 10년간을 지내다가 스스로 〈자만(自挽)〉의 시를 짓고 자리에 앉은 채 세상을 떠났다고 하는데 그래서 그의 죽음에 대하여 허목은 "좌화(坐化)"라 하였고 장유는 "해화(解化)", 윤신지

---

12) 송기수(宋麒壽), 〈북창선생행실(北窓先生行實)〉, 《삼현주옥(三賢珠玉)》.

13) 장유(張維), 〈북창고옥양선생시집서(北窓古玉兩先生詩集序)〉, 《북창고옥양생시집(北窓古玉兩先生詩集)》. "北窓生而靈異 博通三敎其技衆藝 各臻奧妙 然皆非學而得也"

14) 윤신지(尹新之), 〈북창고옥양선생시집서(北窓古玉兩先生詩集序)〉, 《북창고옥양선생시집(北窓古玉兩先生詩集)》. "小而能知百里外事 大而能通萬里外語 自非頓悟六通 功成火候 惡能與此夫" 화후(火候)는 내단(內丹) 수련으로 얻어진 체내의 따뜻한 기운. 육통(六通)은 불교에서 말하는 神足智證通, 天眼智證通, 天耳智證通, 他心智證通, 宿命智證通, 漏盡智證通 등의 6가지 신통력.

는 "선화(仙化)"라고 칭하여 도가 수련의 결과인 것처럼 신비하게
여겼다.

이러한 방술에 능한 신통력으로 그의 생애와 행적은 세인의 관
심을 끌었지만, 그러나 대부분의 기록들이 그가 근본적으로 유학
자임을 언급하는 것도 소홀히 하지 않고 있다. 송기수는 북창의
다음과 같은 말을 인용하여 그의 사상과 행실의 바탕이 유교에 있
음을 강조하였다.

(북창은) 항상 말하기를 "성인(聖人)의 학문은 인륜(人倫)을
중히 여기므로 그 오묘한 곳은 말하지 않았다. 선가(仙家)나 불
가(佛家)는 오로지 수심견성(修心見性)을 근본으로 하기 때문
에 위로 도달하는 곳(上達處)은 많지만 아래로 배우는 곳(下學
處)은 오로지 빠져 있다. 이것이 3교의 다른 것인데 선가나 불
가는 대동소이하다"고 하였다.15)

성수익이나 장유, 허목 등의 기록에도 그가 사상과 행실의 바탕
을 유교에 두고 있음을 강조하고 있으며 윤신지의 서문과 후손인
정광한(鄭光漢)16)의 묘기(墓記)는 이러한 점을 더욱 강조하고 있

---

15) 송기수(宋麒壽) 〈북창선생행실(北窓先生行實)〉, 《삼현주옥(三賢珠玉)》. "常曰
聖人之學 以人倫爲重 故不言其要妙處 仙佛則專以修心見性本 故上達處多而下
學處專闕 此三敎之所以異 而仙佛則大同小異云."

16) (1720~1780). 조선 후기의 문신. 정인경(鄭麟卿)의 증손으로 아버지는 형조
좌랑 정수연(鄭壽淵)이다. 도승지, 대사헌, 대사간, 경기도 관찰사, 예조판서
등 요직을 두루 거쳤다.

다. 허목은 위에 인용된 송기수의 것과 같은 내용을 역시 인용하고 나서 다음과 같은 북창의 말을 덧붙이고 있다.

> (북창이) 항상 탄식하며 말하기를 "말이 믿음을 얻지 못하고 행실이 알려지지 않으니 마음껏 노래하고(放歌) 스스로 희롱하며(自戲) 방외(方外)에 (몸을) 맡겨 노닐었지만, 일찍이 뭇 사람들과 다른 적이 없었다. 사람들과 더불어 거처함에 있어 하나도 공자의 가르침에서 벗어난 적이 없었다. 돈오(頓悟))를 행함이 선가(禪家)와 비슷했고 행적(行跡)이 노자(老子)와 비슷했으나 그 가르침은 한결같이 성인(聖人)을 조종(祖宗)으로 삼았다"고 하였다.[17]

여기서 "말이 믿음을 얻지 못하고 행실이 알려지지 않으니(言不見信 行不見知)"는 북창의 〈자술(自述)〉이라는 시의 한 구절을 따서 인용한 것인데, 북창은 자신의 언행이 세상에 인정되지 않았으므로 방외에 노닐면서 마음껏 노래하며 세상을 희롱하고 불가나 도가를 흉내내었지만 그의 사상과 행실의 근본은 유교에 있었다고 항상 스스로 말하였다는 것이다

이러한 인용들은 북창의 불교적 도가적 행적이 어디까지나 유

---

17) 허목(許穆), 〈청사열전(淸士列傳)〉,《미수기언(眉叟記言)》권11. "常歎之曰 言不見信 行不見知 放歌自戲 託娛遊方之外 而未嘗自異於衆人 其與人居 無一不出於孔子之術者 蓋其悟類禪 其跡類老子 其教人一以聖人爲宗云."

학자로서의 입장을 바탕으로 하면서 자신과 맞지 않는 현실에 대한 처신의 한 방편으로서 취해진 것임을 이해할 수 있게 한다. 북창은 둔세(遁世)의 한 방편으로서 의술을 비롯한 잡예나 불, 도의 방술적인 행적에 몸을 감추었던 것이며, 이는 기묘사화 이후의 당쟁 속에서 자신의 가문과 더불어 처했던 좌절과 불안에서 기인한 것이라고 할 것이다.

북창의 아버지 정순붕은 중종 때에 조광조(趙光祖), 박상(朴祥), 김정(金淨) 등과 함께 사유(師儒)로 선발되고 관직은 형조참의에까지 이르렀으나 기묘사화에 연루되어 파면(1520년), 삭탈관직(1521년)된 인물이다. 이후 실각해 있다가 김안로(金安老) 일당이 제거되고 기묘사화로 죄를 입은 사람들이 모두 풀려나면서 다시 등용되기 시작하는데 1539년에는 공조참판에 제수되어 북창을 데리고 명나라에 사신으로 다녀오기도 한다.

북창은 가문에 대한 정치적 탄압으로 인하여 30대 초까지의 청년 시절을 벼슬길에 나가지 못하고 불안하게 지내었는데 이러한 상황 속에서 잡예에 몰두하면서 당쟁의 환로(宦路)부터 몸을 피하여 있었던 것으로 생각된다. 1537년부터 장악원 주부를 시작으로 관직에 나가게 되지만 윤임(尹任) 등의 대북(大北) 일파와 윤원형(尹元亨) 등의 소북(小北) 일파가 세자 책봉 문제를 두고 암투를 벌이는 정치적 상황이 전개되는데 북창은 1539년경부터는 양주군에 은거하여 불교와 도교에 몸을 맡기며 벼슬길에의 뜻을 단념하게 된다. 아마도 아버지 정순붕이 명분이 없는 윤원형 일파에 가담하게 되는 정치적 상황에 대한 불만과 불안에서 기인한 둔세 (遁世)가 아닌가 생각된다.

　그후 1544년 인종이 즉위하여 윤임의 대북이 득세하게 되자 정 순붕은 의정부 우참찬에서 지중추부사로 체직되었는데 그럼에도 불구하고 은거해 있던 북창은 의술을 인정받아 인종의 병을 진찰 하기 위해 궁궐로 불려 들어가기도 한다. 1545년 인종이 죽고 명 종이 즉위하자 윤원형의 소북 일파는 을사사화를 일으켜 윤임 등 의 대북 일파를 제거하게 되는데, 정순붕은 윤임 등을 역모로 탄 핵하는 상소를 올림으로써 윤원형에게 아부하여 사화를 일으킨 장본인으로 사림의 지탄을 받게 된다.[18] 그러나 북창은 을사사화 가 일어날 때에 아버지 정순붕에게 극력으로 직간하며 만류하고 자 하였으므로 세속을 초탈한 청사(淸士)로서 널리 알려지게 되 고 사림의 호평을 받게 된다. 을사사화 때의 북창의 이러한 처신 은 송기수의 〈북창선생행실〉을 비롯하여《해동명신전》과《조선왕 조실록》등에 기록되어 있는데《조선왕조실록》에서는

　　그들(윤원형 일파 - 필자)의 계모가 지극히 교묘하였지만, 당 류(黨類)들이 서로 모순(矛盾)되었다. 이리하여 …… 정렴은 그 아비 순붕(順朋)을 간하다가 근심으로 병이 들었고, 이원록(李 元祿))은 그 숙부 이기(李芑)를 간하다가 노여움을 사서 귀양살

18) 〈정순붕상변(鄭順朋上變)〉〈을사전문록(乙巳專聞錄)〉,《국역 대동야승》3(민 족문화추진회, 1985), 416~419면.

이를 하였다.(《선조수정실록》10년 12월 1일)

　라 하여 북창이 사화를 일으키려는 아버지를 만류하다가 병까지 난 것처럼 기술했다. 그리고 송기수도 〈북창선생행실〉에서 을사사화가 처음 일어났을 때 북창이 아버지를 간하여 정순붕이 마음을 거의 돌렸으나 중론(衆論) 때문에 이루지 못하였으며 사화가 너무 확대되어 극단적인 지경에 이르자 정순붕도 후회하고 북창에게 상소를 올리게 하였는데 상소로 인하여 도리어 죄 없는 동생이 귀양을 가게 되자 북창은 세상을 피하여 수년간 종적을 감추었다고 기록하였다. 송기수는 을사사화 때 윤원형 일파에 가담하였는데 그의 종형(從兄) 송인수(宋麟壽, 1487~1547)가 사사(賜死)되자 "형을 모함한 공신"이라고 사림의 비난을 받은 인물이다. 송기수는 후일 이에 대하여 반성하고 윤원형을 삭탈관직시켜 귀양보내었으며, 을사사화로 쫓겨난 당대의 명사들을 다시 등용하는 등 정사를 바로잡았다고 한다.

　성수익이 북창의 시를 송인수의 시와 함께 수록하여 《삼현주옥》으로 엮고 북창에 대한 송기수의 〈북창선생행실〉을 권두에 수록한 것도 허엽(許曄)이 지적한 바처럼 을사사화로 인하여 송인수는 죽음을 당하고 북창은 "가문의 변으로 상처를 입은(致傷於家變)"[19] 당대의 명사(名士)라는 공통점에서 기인한 것으로 보인다.

---

19) 허엽(許曄), 〈삼현주옥발(三賢珠玉跋)〉, 《삼현주옥(三賢珠玉)》, "圭菴見陷於奸凶 北窓致傷於家變……."

북창은 가문이 처한 정치적 상황 속에서 "인륜(人倫)"이라고 하는 유가적 이념을 강조하면서 방외(方外)의 세계로 자신의 몸을 감출 수밖에 없었던 것으로 보인다. 기묘사화 이후 을사사화에 이르기까지 일련의 정변(政變) 속에서 사림의 유학자로서 처신하기 곤란하였던 북창은 의술을 비롯한 잡예와 불가, 도가의 참선과 방술을 방편으로 삼아 둔세하는 생애를 택하였던 것이다. 그러나 이러한 그의 처신에 대한 사림의 긍정적인 평가로 인하여 허목은 정렴, 정작 두 형제의 생애를 〈청사열전〉에 넣어 기술했으며, 문의현(文義縣)의 노봉서원(魯峯書院)에서는 송인수와 함께 그를 제향하였는데 효종 때에 사액(賜額)까지 받게 되었던 것이다.

3. 탈속(脫俗)과 고독의 시

북창은 벼슬길의 진출이 불가능했던 상황 속에서 과거를 포기하고 속세로부터 벗어나 은둔자적인 생활을 추구하는 자신의 심경을 여러 면의 시로써 표출해 내고 있다. 산중에 은거하여 시와 술 그리고 음악을 벗하며 유유자적하거나 불교의 참선(參禪)과 도가의 수련(修練)에 몰입해 보기도 하는 생활을 시로써 표현해 내고 있는데, 이러한 그의 시에는 현실을 벗어난 탈속(脫俗)의 심경과 아울러 현실에 영합하지 못하는 고독이 담겨 있다. 다음의 〈우음(偶吟)〉과 같은 시는 북창의 탈속한 생활이 잘 표현된 시이다.

일찍이 중화(中和)의 기운 타고 나,

늘 태고(太古)의 마음을 생각했네.

한가로이 몇 잔 술 기울이고,

고요히 줄 없는 거문고 타네.

덩굴 사이 달은 아름다운 손님이요,

솔바람은 참으로 좋은 지음(知音)일세.

시원한 북창 아래에,

그윽한 흥취 태고 시절과 같네.

早稟中和氣, 長懷太古心.

閑傾有限酒, 靜撫無絃琴.

蘿月是佳客, 松風眞好音.

脩然北窓下, 幽興古猶今.

〈偶吟〉《北窓古玉兩先生詩集》

중화(中和)의 기(氣)와 태고(太古)의 심(心)을 가지고 술과 거문고에 자신의 마음을 맡기고자 하는데 이러한 심경을 알아주는 벗과 지음은 달이나 솔바람과 같은 자연이라는 것이다. 하늘로부터 부여받은 중화의 기를 지키고, 태고 시절 고인(古人)의 때묻지 않은 심경을 추구하려는 자신의 의지를 표현한 시로서, 속된 현실에 영합하지 않고 내면(內面)의 고결(高潔)함을 지키려는 북창의 성향을 반영하고 있다. 외물(外物)에 의해 더럽혀짐이 없이 자연 속에서 자신의 천성(天性)을 지키려는 유가(儒家)의 심성수양(心性

修養)의 태도를 기반으로 하면서 탈속(脫俗)을 추구하려는 북창의 풍모(風貌)와 심경(心境)이 잘 드러나 있다.

불우(不遇)할 수밖에 없는 현실에 의해서 북창은 탈속의 세계 속에서도 고독을 느끼게 되고 종종 그것을 시로써 표현한다. 〈산중소견삼절(山中所見三絕)〉은 은거 생활 속에서 느낀 고독을 표현한 시인데 제수와 제2수를 인용하면 다음과 같다.

외로운 달 하늘 끝에 걸리고,

해 저물녘 가을바람 부네.

맑은 빛 사립문으로 흘러들어 오니,

멀리 한 조각 마음 아는지 맡겨 보네

孤月掛天末,　秋風薄暮時.

淸輝流入戶,　遙託片心知.

바위 곁의 한 떨기 국화,

싱싱하게 가을 향기 품고 있네.

풍상에도 끝내 태연자약하니,

누가 외로운 향기 위로해 줄까?

巖畔一叢菊,　鮮鮮抱晚香.

風霜終自若,　誰肯慰孤芳.

〈산중소견삼절(山中所見三絕)〉《삼현주옥(三賢珠玉)》

제1수는《북창고옥양선생시집》에〈산재야음(山齋夜吟)〉이란 제목으로 실려 있는데, 은거 생활을 하는 산속의 거처에서 어느 날 밤 느낀 감회를 읊은 것으로서 세상에서 자신을 알아주지 않는 데서 오는 외로움이 담겨져 있다. 바람이 부는 쓸쓸한 가을 저녁에 세상에서 알아주지 않는 자신의 마음을 맑은 빛을 띠고 있는 외로운 달이나 알아주기를 바란다고 하고 있다. 제2수에서는 바위 곁에 피어 있는 한 떨기 국화를 읊은 것인데 풍상(風霜) 속에서도 태연자약한 모습을 묘사하면서 그러한 국화의 외로운 마음을 누가 알아줄 것인가라고 되묻고 있다.

　"외로운 달(孤月)"이나 "외로운 향기(孤芳)" 등의 표현은 모두 작자 자신의 심경을 '이입(移入)'한 상징으로서 속세를 떠난 북창의 외로움을 적절히 표현해 내고 있다. 특히 제2수에서 "풍상(風霜)"이 당쟁을 상징하는 것이라고 본다면 "풍상" 속에서 태연자약한 국화의 모습은 환로(宦路)에의 미련을 끊고 초연하게 은둔자 생활을 하는 자신의 심경을 대변한 것이며, "외로운 향기"를 누가 위로해 줄 수 있을 것인가라고 반문한 것은 이러한 자신의 심경을 알아줄 사람이 없는 고독한 상황을 표현한 것이라고 할 수 있다.

　산사(山寺)에 거처하면서 불교적 세계에 침잠(沈潛)하여 현실에 대한 미련을 떨쳐 버리고자 하는 심경을 시로써 표현해 낸 것도 있다. 〈산거야좌(山居夜坐)〉는 세속의 공명(功名)과 부귀(富貴)에 대한 미련을 끊고 참선하는 북창의 모습이 담긴 시이다.

문장으로 세상을 놀라게 하는 일 쓸데없이 누(累)가 되고,

부귀로 번성해도 역시 쓸데없는 일.

산속의 창가 적막한 밤에,

분향하고 말없이 앉아 솔바람 소리 듣는 것이 어떠한지?

文章驚世徒爲累,　　　富貴薰天亦漫勞.

何似山窓岑寂夜,　　　焚香默坐聽松濤.

〈산거야좌(山居夜坐)〉

《북창고옥양선생시집(北窓古玉兩先生詩集)》

　문장을 잘해서 세상을 놀라게 하는 것도 오히려 세상에 누를 끼치는 일이며 부귀와 번영을 누리는 것도 헛수고에 불과한 것이라고 하면서 분향을 하고 말없이 솔바람 속에 들려오는 참된 소리에 귀를 기울이겠다는 것이다. 좌정(坐定) 속에서 진리를 깨달으려는 자세를 보여 주고 있는데 세속의 영욕에 대한 미련을 떨쳐 버린 탈속의 심경을 표현한 시이다.

　그러나 이러한 탈속의 생활 속에서 읊은 위의 시들에는 북창의 고뇌가 얽혀지고 있는 것이 사실이다. 잡예나 불, 도로써 둔세하였음에도 불구하고 현실의 정치적 상황에서 완전히 벗어날 수 없는 현달한 가문에 태어난 사림(士林)의 신분에서 오는 고뇌를 떨칠 수 없었기 때문일 것이다. 유학자적 의식을 바탕으로 한 방외인(方外人)의 처신이었기 때문에 탈속의 생활 속에서도 고뇌와 고독이 시로 표출되지 않을 수 없었던 것이다.

그러나 이런 고뇌의 흔적마저 드러내지 않고 탈속의 경지를 표현해 낸 시 몇 편이 《기아》와 《대동시선》에 북창의 대표작으로 수록되어 널리 알려졌는데 〈주과저자도(舟過楮子島)〉, 〈등와령망관악(登瓦嶺望冠岳)〉, 〈검단사설경(黔丹寺雪景)〉 등이 그것이다. 〈주과저자도〉는 박지화, 동생 정작 등과 함께 배를 타고 봉은사(奉恩寺)를 찾아가면서 읊은 시인데 다음과 같다.

옛 나루터에 외로운 안개 가로지르는데,
차가운 해 먼 산에 지네,
느지막하게 한 척 배로 찾아오니,
절은 노을 속에 아득히 있네.
孤煙橫古渡, 寒日下遙山.
一掉歸來晚, 招提杳靄間.

〈주과저자도(舟過楮子島)〉《대동시선(大同詩選)》권3)[20]

박지화와 어울려 선술(仙術)에 심취하던 무렵의 탈속한 생활이 반영된 시이다. 해질 무렵 강 위에서 배를 타고 바라본 안개와 낙조 그리고 노을 속 봉은사 모습 등이 한 폭의 그림처럼 그려져 있으며 삭자의 현실에 대한 고뇌 같은 것은 탈속의 풍경 속에서 승

---

20) 《기아(箕雅)》와 《대동시선(大同詩選)》에는 제목이 〈주과저자도(舟過楮子島)〉로 되어 있으나 《북창고옥양선생시집(北窓古玉兩先生詩集)》에는 〈휴박군실지화사제군경향봉은사주중작(携朴君實枝華舍弟君敬向奉恩寺舟中作)〉, 《삼현주옥(三賢珠玉)》에는 〈주과저자도향봉은사(舟過楮子島向奉恩寺)〉로 되어 있다.

화되고 있다. 시 속에서 해와 산, 절 등의 대상물은 높고(高) 멀게 (遠) 놓여져 있어 세속을 벗어난 고원(高遠)한 경지를 느끼게 하며, 안개와 노을에 몽롱하게 가려져 있게 함으로써 방외(方外)의 초연한 세계로 보이게 한다.

"외로운 안개(孤煙)"와 "한 척 배(一棹)"란 표현에서 작품의 바탕에 작가의 고독감이 깔려 있음을 읽을 수 있지만, 결구(結句)에 가서 작자의 시선을 멀리 노을 속에 선경(仙境)처럼 서 있는 봉은사로 옮김으로써 탈속의 고고(孤高)한 세계로 승화시키고 있다.

〈등와령망관악(登互嶺望冠岳)〉은 와령을 지나면서 북창이 은거한 바 있는 관악산을 바라보며 읊은 시인데 역시 탈속의 정취를 느끼게 한다.

> 황량한 시골 고목에 굶주린 솔개,
> 갈대 쓸쓸한 해 저문 날.
> 다리목에 말 세우고 돌아보니,
> 푸른 산은 저 멀리 흰 구름 사이에 있네.
> 荒村古木嘯飢鳶,　　蘆荻蕭蕭薄暮天.
> 立馬橋頭回首望,　　蒼山遙在白雲間.
> 〈등와령망관악(登互嶺望冠岳)〉《대동시선(大同詩選)》권3)

제1, 2구에서는 황량한 시골 마을의 해 저물녘 갈대밭의 매우 적막하고 쓸쓸한 풍경을 그려내고 있으며, 제3구에서는 이러한 풍경 속에 다리목에서 말을 멈춘 외로운 나그네의 모습이 한 폭의 그림처럼 그려지고 있다. 나그네는 작자 자신의 심경을 이입(移入)한 존재로서 이 작품 역시 현실에 영합하지 못하는 북창의 고독을 담고 있으나, 멀리 흰 구름 속에 서 있는 관악산의 모습을 바라보는 것으로 결구를 마무리함으로써 탈속의 세계로 시상이 전환되고 있다.

〈검단사설경(黔丹寺雪景)〉은 북창이 검단사에 머물면서 밤사이에 눈이 내린 풍경을 읊은 것인데 역시 탈속의 세계를 그려내고 있다.

산 오솔길 사람도 없고 새도 날아오지 않는데,
외로운 마을 어둑어둑 찬 눈만 쌓였네.
절 중은 유리 세계를 밟아 깨치고,
강 위의 얼음 두드려 물 길어 오네.
山逕無人鳥不回,　　孤村暗淡冷雲堆.
院僧踏破琉璃界,　　江上敲氷汲水來.
〈검단사설경(黔丹寺雪景)〉《대동시선(大同詩選)》권3)[21]

사람의 자취는 물론 새의 움직임노 없는 산 속 마을의 눈 내린

---

21)《북창고옥양선생시집(北窓古玉兩先生詩集)》에는 〈검단사설경 2수(黔丹寺雪景 二首)〉로 2수가 실려 있는데《삼현주옥(三賢珠玉)》에는 제2수가 〈재용검단사운차주(再用黔丹寺韻借酒)〉란 제목으로 별도로 수록되어 있다. 검단사는 경기도 파주군 탄현면의 오두산에 있는 절임.

후의 고요한 정경(情景)을 그려내고 있는데 "외로운 마을(孤村)"
이란 표현을 써서 역시 작자의 외로운 심경을 담고 있다. 제3구의
"유리 세계"는 속세를 초월한 불교적 세계를 상정하고 있는데 이
러한 적막(寂寞)의 세계를 깨는 물긷는 중의 존재를 삽입함으로
써 오히려 탈속한 세계가 갖는 정적(靜寂)은 더욱 강조되고 있다.

이상의 시에서 살펴본 바와 같이 북창은 당쟁으로 인한 좌절과
불안 속에 현실을 벗어나 찾은 은둔의 세계에서 느끼는 탈속의 심
경을 시로써 표현하였는데 그러나 떨칠 수 없는 현실로부터 소외
된 고독을 종종 시 속에 담았으나 이러한 고뇌들을 모두 초탈한
경지를 표현한 가편(佳篇)들을 여러 편 남기기도 했다.

4. 자신에 대한 풍자와 희롱의 시

북창은 자신이 벼슬길에 나아갈 수 없는 현실에 대하여 연연해
하지 않으면서 자신의 감정을 자유롭게 발산하는 시들을 짓기도
하였는데, 그러나 그러한 시 속에서 그는 현실에서 인정받지 못하
는 자신을 풍자하거나 희롱하기도 했다. 허목이 앞서 인용한 〈청
사열전〉에서 "마음껏 노래하고(放歌) 스스로 희롱하며(自戲) 방외
(方外)에 (몸을) 맡겨 노닐었지만"이라고 한 바처럼 북창은 현실
에 구애받지 않는 거리낌 없는 심정을 마음껏 노래하는 한편 아울
러 자기 자신을 풍자하고 희롱하는 내용을 시 속에 담기도 하였

다. 〈방가행시아(放歌行示兒)〉는 현실을 벗어났던 자신의 평생의 지향(志向)을 아주 잘 요약해서 표현하고 있다.

어떤 사람이 미치광이 같아라,

의관은 허리띠 끄르고 갓 끈도 매지 않았네.

위로는 하늘을 받치고 아래로 땅을 열며,

곁으로는 일월의 정령(精靈)을 뜨네.

아득한 바닷가에 붙어 사니,

초나라 죄수처럼 슬프게 읊조리네.

말을 믿어주지 아니하고, 나의 행실 알아주는 이 없으니,

북두성을 쥐고 가슴을 풀어헤치네.

탁한 세상과 더불어 부침(浮沈)을 하며,

술집에 이름을 감춘 지 40년이라네.

내일 아침엔 팔 들어 우주를 휘둘러 밀치고,

홍몽(鴻濛)과 더불어 이웃이 되리라.[22]

若有人兮倡狂,　　衣不帶兮冠不纓.

上托天兮下拓地,　　傍挹日月之精靈.

寄生溟海之澨兮,　　類楚囚之悲吟.

言不見信兮,　　行莫余知　　援北斗而被襟.

與濁世而浮沈兮,　　酒肆藏名兮四十春.

---

22) 《삼현주옥(三賢珠玉)》에는 제목이 〈시아(示兒)〉로 되어 있다. 초나라 죄수(楚囚)는 충언을 했다가 쫓겨난 초나라 시인 굴원(屈原)을 말함. 굴원은 울분을 〈이소(離騷)〉 등의 시로 승화시켰다.

明朝擧臂揮斥宇宙兮, 與鴻濛而爲憐.

〈방가행시아(放歌行示兒)〉

《북창고옥양선생시집(北窓古玉兩先生詩集)》

이 시는 40세에 이르기까지 사모관대(紗帽冠帶)를 한 조신(朝臣)의 길을 버린 것, 도가(道家)의 방술(方術)을 쫓은 것, 세상에 쓰이고 알려지지 못한 채 둔세(遁世)하여 초탈하게 지낸 것 등 북창의 평생의 지향(志向)과 행적을 스스로 요약하고 그 의미를 부여하는 내용으로 되어 있다. '천지(天地)', '일월(日月)', '북두(北斗)', '우주(宇宙)', '홍몽(鴻濛)' 등 방대한 공간적 배경을 나타내는 단어들을 사용하면서 초월적 세계의 사물들을 끌어다 비유하고, 자유로운 가행체(歌行體)의 형식을 사용함으로써 허목이 지적한 바처럼 '방가자희(放歌自戲)'하는 노래가 되었다.

그러나 세상에 영합하지 못하는 자신을 '창광(倡狂)', '초수(楚囚)' 등으로 비유하여 스스로 풍자하고 희롱하고 있음도 볼 수 있다. 현실에 구애받지 않고 초월적인 세계를 마음껏 노래하는 북창의 이와 같은 경향은 20대 시절에 읊은 〈자술(自述)〉에서도 발견할 수 있다.

청사검(靑蛇劍) 들어 세속의 인연을 끊고,

몇 번이나 학 타고 피리 불며 하늘에 올랐던가.

물외(物外)의 3천 겁을 이미 거쳤는데,

또 인간 세상에 20년 귀양 왔네.

팔꿈치 뒤의 단방(丹方)은 찾아도 없고,

뱃속의 황정경은 아득하기만 하네.

봉래산(蓬萊山) 반도(蟠桃) 익는 것도 잠깐 사이 일이고,

속세의 바다 넓고 넓은데 세월은 여러 번 바뀌어 가네.[23]

手把青蛇斷世緣,　　幾從笙鶴上蒼天.

曾經物外三千劫,　　又謫人間二十年.

肘後丹方探寂寂,　　腹中黃卷摠玄玄.

蓬丘挑熟須臾事,　　塵海茫茫歲屢遷.

〈자술(自述)〉《북창고옥양선생시집(北窓古玉兩先生詩集)》

　　도가(道家)의 선술(仙術)을 추구하며 현실에 얽매이지 않으려 했던 젊은 시절 북창의 포부를 신선 세계라는 공간적, 시간적 배경을 소재로 노래하고 있다. 윤신지는 《북창고옥양선생시집》의 서문에서 북창의 시(詩)에 대하여 "가슴 속의 것이 자연스럽게 흘러나왔다(自然流出胸中)"고 하였는데 가슴 속의 품은 생각을 거침없이 토로해 내는 이 시와 같은 경향을 지적한 것으로 보인다. 그럼에도 불구하고 현실에 용납되지 않는 자신을 "20년 귀양"으로 풍자하면서 신술(仙術)을 이루지 못하는 허무함에 대하여 스스로

---

23) 청사(青蛇)는 보검(寶劍)의 이름으로 칼을 지칭함. 반도(蟠桃)는 서왕모(西王母)의 반도원(蟠桃園)에서 열린 복숭아로 3천 년에 한 번 열매가 열림. 단방(丹方)은 연단(鍊丹)의 방술(方術).

희롱하는 태도를 시 속에 담고 있음을 볼 수 있다.

초탈한 세계를 추구하여도 끝내 벗어날 수 없는 현실과 그러한 현실 속의 무기력한 자신에 대해 풍자하고 희롱하는 태도를 북창은 몇 편의 시 속에 담아내고 있다.

〈우음(偶吟)〉은 어지러운 현실을 풍자하면서 그러한 현실에 대한 미련을 끊은 자신의 유유자적을 읊은 시인데 다음과 같다.

배불러 편안히 손 가는 대로 문지르며,

누워서 베개 베니 아무것도 들어오지 않네.

모름지기 뜬구름 사라지기만 바라며,

인간 세상 돌아보니 이미 흐드러진 나뭇가지들.

飽腹便便信手摩,　　頹然就枕入無何.

斯須一念浮雲滅,　　回首人間已爛柯.

〈우음(偶吟)〉《북창고옥양선생시집(北窓古玉兩先生詩集)》〉

여기서 "부운(浮雲)"이나 "난가(爛柯)24)"는 조정을 어지럽히는 간신들이나 치열한 당쟁의 전개를 상징하는 것으로 볼 수 있겠는데, 이처럼 현실의 정국(政局)을 풍자하면서 이러한 현실에 대하여 무념무상(無念無想)한 자신의 생활을 노래하고 있지만, 자신에 대한 희화(戲畫)적 태도가 담겨 있다. 〈영백로(詠白鷺)〉와 같은 시

---

24) 난가(爛柯)는 바둑이나 장기 따위의 오락에 정신이 팔려 시간 가는 줄을 모름을 이르는 말.

는 당쟁을 일으키는 위선적인 사림(士林)에 대한 풍자를 담은 것
인데 다음과 같다.

맑은 여울에 백로가 서 있으니,

희고 깨끗한 깃털 새롭기도 하네.

촌동(村童)은 세상사(世上事) 깨우치지 못하여,

망기인(忘機人)에 잘못 비유하네.

오로지 물고기 잡아먹으려는 생각뿐이니,

그 마음 어질지 못함이 한탄스럽구나.

白鷺立淸灘,　　皎潔毛羽新.

村童不曉事,　　錯比忘機人.

一念在窺魚,　　歎爾心匪仁.

〈영백로(詠白鷺)〉《북창고옥양선생시집(北窓古玉兩先生詩集)》

　맑은 물가에 서 있는 백로를 두고 읊은 시인데 깨끗한 자태로
아무런 생각 없이 한가롭게 유유자적하는 망기인(忘機人)으로 볼
것이 아니라 물고기를 잡아먹으려고 엿보는 어질지 못한 자임을
알아야 한다는 풍자적인 의미를 담은 희작(戲作)적 경향의 작품
이다. 여기서 풍자의 대상은 당쟁을 일으키는 위선적인 벼슬아치
들임은 물론인데 이 작품이 지어진 시기를 추정할 수 없어 구체적
인 사건과 인물을 연계하기가 곤란하지만, 기묘사화 이후 김안로
(金安老) 일파가 전횡하는 시대 상황을 반영한 것이 아닌가 생각

된다. 이러한 시를 읊은 북창의 입장에서 아버지 정순붕이 을사사화를 일으켜 수많은 사람들이 죽음을 당하는 정국이 전개되는 상황은 이루 말할 수 없는 고통을 주었을 것이다. 을사사화 이후 말년에 이르기까지의 생애에 있어서 북창의 회한(悔恨)과 고뇌(苦惱)에 찬 심경을 시로써 표현한 것이 〈송춘유감(送春有感)〉이다.

꿈 속에 한 봄이 서둘러 지나가니
시름에 오랫동안 찡그린 눈썹 언제나 펴질까?
반평생 유학자 노릇 잘못한 듯하고
10년 동안 단연(丹鉛)에 입술만 썩었네.

夢裏忽忽過一春   秋眉長蹙幾時伸
半生若被儒冠誤   十載丹鉛已腐脣
〈送春有感〉(《三賢珠玉》)

이 시는 벼슬을 버리고 은거 생활을 한 지 10년이 된 내용으로 보아 북창이 세상을 떠나던 해 봄에 지은 것으로 추정되는데 북창 자신의 평생에 대한 회한을 담고 있다. 유학자로서의 평생도 실패한 생애였으며 10년 간 은둔하여 선술(仙術)을 수련한 것도 소득이 없었다는 것이다. 현실의 정치적 상황 속에서는 사화(士禍)에 의해 가문이 변(變)을 겪게 되고, 벼슬을 버리고 은둔한 생활 곳에서는 병마의 고통으로 생애를 마치게 되는 자신의 일생에 대한 회한을 희화적으로 풍자하고 있다.

이러한 상황에서 임종을 맞게 되는 북창은 스스로 다음과 같은 〈자만(自挽)〉의 시를 짓고 세상을 떠나게 된다.

일생 동안 만 권의 책 읽고,

하루에 천 잔의 술을 마셨다네.

고담준론(高談峻論)으로 복희씨 윗대의 일만 말하고,

속된 말은 입에 대지도 않았다네.

안회(顔回)는 30세에 아성(亞聖)이 되었는데,

선생의 수(壽)는 어찌 그리 오래 누리는가?

一生讀破萬卷書,　　一日飯盡千鍾酒.

高談伏羲以上事,　　俗說從來不掛口.

顔回三十稱亞聖,　　先生之壽何其久.

　　　〈자만(自挽)〉《북창고옥양선생시집(北窓古玉兩先生詩集)》》

사림의 유학자 신분으로 태어나 정쟁(政爭)으로 어지러운 현실을 벗어나 자신의 고고(孤高)함을 지키려 했던 생애를 회고하면서 삶에 대한 더 이상의 미련을 끊어 버리고 떠나게 되는 심경을 표현하고 있다. 허목은 북창이 이 시를 짓고 그 자리에서 앉은 채로 "좌화(坐化)"하였다고 했으며, 북창의 이러한 임종을 두고 상유는 "해화(解化)"라 하였고 윤신지는 "선화(仙化)"라고 지칭한 바 있는데, 명종 4년(1549) 7월 16일로 을사사화가 일어난 후 4년이 되던 해였다.

이 〈자만(自挽)〉의 시는 불, 도의 선(禪)과 수련(修練)으로 현실을 벗어나 방외(方外)에 노닐었던 북창의 최후의 모습을 스스로 노래한 시로서 세인의 관심을 끌었는데 자신을 스스로 풍자하고 희롱하는 경향을 보여주는 특이한 작품이다. 이와 같이 북창은 영합할 수 없는 현실을 벗어나 방외의 세계에 둔세(遁世)하여 자신의 내면 세계를 지켜가면서도 사림으로서 끝까지 버리지 않은 자기 비판의 정신을 자신을 풍자하고 희롱하는 시들로 표현해 낸 것이다.

5. 결론

북창은 의술을 비롯한 각종 잡예(雜藝)에 능하였고 불교와 도교에도 조예가 깊어 신통력(神通力)이 있는 도인(道人)처럼 세상에 알려졌지만, 그의 생애를 요약하자면 유교를 바탕으로 한 사림의 후예가 영합할 수 없는 현실로부터 둔세(遁世)한 일생이었다고 할 것이다.

북창은 기묘사화 이후의 정치적 상황 속에서 자신의 가문이 처했던 좌절과 불안으로 인하여 잡예와 방술(方術)을 방편으로 세상을 피하고자 했으며, 김안로(金安老)의 실각과 아버지 정순붕(鄭順朋)의 정계 재진출로 3년간 벼슬길에 나갔지만, 대북과 소북의 대립 속에서 관직에 대한 미련을 끊고 불교와 도교에 의탁하여 만년까지 은둔자의 생애를 보내었다.

특히 정순붕이 윤원형(尹元衡)에 아부하여 을사사화를 일으킴으로써 사림(士林)의 지탄을 받았음에도 불구하고 북창은 아버지를 직간하며 만류했던 처신으로 인하여 오히려 사후에 청사(淸士)로 평가되었고, 문의현의 노봉서원(魯峯書院)에 제향까지 받게 되었다.

70여 편 남아 있는 북창의 시가 보여 주는 시세계의 한 특징으로 현실을 벗어난 은둔자의 생활에서 추구한 탈속(脫俗)의 심경(心境)을 표현한 것을 들 수 있는데, 그러나 여기에는 현실에 영합하지 못하는 북창의 고독(孤獨)이 함께 담겨 있음을 볼 수 있다. 불교나 도교로써 둔세하였음에도 불구하고 현달(顯達)한 가문의 사림(士林)의 후예로 태어난 북창의 시는 현실의 정치적 상황에서 완전히 벗어날 수 없었던 데서 오는 고뇌(苦惱)가 반영되어 있다.

그러나 《기아》와 《대동시선》에 북창의 대표작으로 수록되어 있는 〈주과저자도(舟過楮子島)〉, 〈등와령망관악(登瓦嶺望冠岳)〉, 〈검단사설경(黔丹寺雪景)〉 등처럼 이러한 고뇌를 승화시켜 탈속의 경지를 표현해 낸 가편(佳篇)들을 남기기도 하였다.

그리고 한편 북창은 현실에 속박되지 않으려는 자신의 거리낌없는 심정을 마음껏 노래하는 시들을 짓기도 하였는데, 거기에는 세상에서 인정받지 못하고 둔세(遁世)한 자기 자신을 풍자하고 희롱하는 내용이 담기기도 하였다. 〈방가행시아(放歌行示兒)〉,

〈송춘유감(送春有感)〉, 〈자만(自挽)〉 등과 같이 초탈(超脫)의 세계를 추구하여도 끝내 벗어날 수 없는 현실과 그러한 현실 속의 무의미한 자기 자신에 대한 회한(悔恨)과 반성을 풍자적, 희화(戱畫)적으로 표현한 시들을 짓기도 한 것이다.

영합할 수 없는 현실로부터 둔세(遁世)한 북창은 자신의 내면세계를 지키기 위하여 택하였던 탈속(脫俗)의 경지를 표현해 내는 시를 읊었지만, 한편 사림의 후예로서 결코 벗어날 수 없었던 현실에 대한 자신의 처신에서 오는 고뇌를 시 속에 담지 않을 수 없었다. 기묘사화에서 을사사화에 이르기까지의 치열한 당쟁으로 "가문의 변으로 상처를 입은(致傷於家變)" 북창이 사림이자 유학자로서의 양심에 따라 처신함에 있어 겪을 수밖에 없었던 고통을 반영하고 있는 작품이란 점에서 북창의 시는 그 의의가 있을 것이다.

북창 정렴의 소(嘯)와 도교음악

안동준(安東濬, 경상대 국어교육과교수)

1. 문제 제기

도교음악은 상층에서는 도관(道觀) 중심의 아악(雅樂)으로, 하층에서는 은사(隱士) 혹은 운유도사(雲遊道士) 중심의 속악(俗樂)으로 발전하여 풍격(風格)이 다른 두 음악이 상호 결합하여 나타나기도 하고 때로는 분리되어 전승·발전되는 특색이 있다.[1] 한국 도교음악에 대한 연구는 보허자(步虛子)를 중심으로 한 아악 부분에는 어느 정도 연구가 진척되었다고 하겠으나, 민간도교음악에 대해서는 연구자료와 그 성과가 열악한 실정이다. 다행히 조선조 대표적인 내단가(內丹家) 북창(北窓) 정렴(鄭磏, 1506~1549)의 행적을 조사하여 보면, 이에 대한 얼마간의 자료를 보충할 수 있을 것 같다. 아래에 인용한 자료는 류몽인(柳夢寅)의 《어우야담(於于

---

1) 포형강(蒲亨强), 《도교여중국전통음악(道敎與中國傳統音樂)》, 臺北: 文津出版社, 1993, 36~52쪽 참조.

野談)》에 실려 있다.

　북창 선생 정렴은 음률을 잘 알았다. 노끈으로 술병을 묶어
들고, 구리 젓가락 두 개를 가지고 하나는 그 속에다 꽂고 다른
하나로 술병을 쳐서 고아한 곡을 만들었는데, 오음육률(五音六
律)이 맞지 않음이 없었다. 그의 아버지 정순붕이 강원 감사가
되어 금강산으로 놀러가서 마하연 암자에 이르렀는데, 정렴이
따라갔다. 정순붕이 정렴을 보고 이르기를, "사람들이 네가 소
(嘯)를 잘한다고 하는데, 나는 아직 들어보지 못하였다. 이런 절
경에 왔으니 한 곡조를 하여라." 정렴이 대답하여 말하였다. "오
늘 고을 사람들이 이곳에 많이 나와 있으니, 청컨대 내일 비로
봉에 올라가서 불겠습니다." 다음날 정렴은 비를 무릅쓰고 일찍
가려는데, 중이 말리며, 오늘 비가 오는데 비로봉에 오를 수 없
다고 하였지만, 정렴은 오후 늦게야 날이 갠다고 말하며 마침내
지팡이를 짚고 올라갔다. 오후가 되자 과연 날이 개였다. 정순
붕이 따라가다가 산골짜기 사이에서 아주 날카로운 피리소리
를 들었는데 바위 골짜기가 모두 진동하였다. 중이 놀라 말하기
를, "산이 깊고 인적이 드문데 피리소리가 맑고 웅장하니 필시
신선이 아닌가 합니다." 정순붕은 말하지 않았으나 이를 알았
다. 가보니 과연 정렴의 소(嘯)였고, 피리소리가 아니었다. 비록
소문산(蘇門山)에서 있었던 손등(孫登)[2]과 완적(阮籍)[3]의 소
(嘯)라도 이보다 못할 것이다.[4]

이 기록의 신빙성에 대한 시비 여부는 미수(眉叟) 허목(許穆, 1595~1682)이 다음과 같이 언급한 바가 있는 것이 있어서 참고된다.

（북창) 선생의 풍신(風神)은 운학(雲鶴)과 같아서 육식을 즐기지 않고, 술을 좋아하여 두세 말을 마셔도 취하지 않았다. 또 소(嘯)를 잘하였다. 일찍이 금강산 꼭대기에서 소리를 지르니 소리가 바위 골짜기를 진동시켜 산승(山僧)이 놀라서 피리소리 인가 여겼는데 나중에 들으니 선생의 소(嘯)였다고 한다.[5]

---

2) (220~280년 추정). 호는 소문(蘇文)선생. 위(魏)나라의 은사(隱士)로 오랫동안 소문산에 은거했다. 박학다식하며 역경, 노자, 장자 등을 좋아했으며, 거문고에 능했다. 특히 휘파람소리를 잘냈다. 완적과 혜강 같은 인사들도 그에게 가르침을 받았다.

3) (210~263). 진(晉)나라 죽림칠현의 한 사람. 박학하고 노장을 즐겼으며, 휘파람을 잘 불고 거문고에 능했음. 소문산(蘇門山)에서 손등을 만나 몇 가지를 물었으나, 손등이 대답이 없어 물러 나오며, 길게 휘파람을 불면서 산 중턱에 이르자, 난봉(鸞鳳)의 울음소리 같은 것이 골짜기를 울리니 그것은 손등의 휘파람 소리였다 함. 태도가 거만한 사람을 만나면 눈의 흰자위로만 쳐다 보아 '백안시(白眼視)'란 말이 그로 인해 생겼다.

4) 류몽인,《어유야담》, 권2, 장서각본, "北窓先生鄭礦解音律 以繩繫酒壺 以兩銅箸 揷其一于壺中 持其一擊壺 作雅曲 無不中五音六律 其父順朋爲江原監司 遊金剛山 至摩訶衍菴 礦從之 順朋謂礦曰 人言汝善嘯 我未曾\聞 到此境可作一曲礦對曰 今日邑人多候此 請明日登毘盧峯上 吹之 翌日礦冒雨早往 僧止之曰 今有笛聲甚高 巖谷皆震 僧驚曰 山深境絶 有何笛聲淸壯 必神仙也 順朋黙識之 至則果有 笛聲甚高 巖谷皆震 僧驚曰 山深境絶 有何笛聲淸壯 必神仙也 順朋黙識之 至則果礦之嘯也 非笛也 雖孫登阮籍蘇門之嘯 不能過也."

5) 허목(許穆) 찬(撰), 〈북창선생행적(北窓先生行跡)〉,《북창고옥시집(北窓古玉詩集)》, "先生風神如雲鶴 性不喜肉 善飮酒數三斗不醉 又善嘯 嘗臨金剛絶頂出聲 聲振巖壑 山僧驚以爲笛聲 後聞之乃先生之嘯也."

여기서 정렴이 '소를 잘 한다(善嘯)'란 말을 주목할 필요가 있다. 그런데 정렴을 비롯한 당시 인물들이 이러한 '소'에 대해 자세한 설명을 남기지 않아서 육성(肉聲)인 휘파람을 형용한 것인지 아니면, 소엽(嘯葉;잎을 불다)의 소리를 가리키는지에 대해 논란의 여지가 있다. 그러나 '소'를 소엽이나 단순한 휘파람으로 이해할 수 없는 부분이 있음을 간과할 수 없다.[6] 도교적인 관점에서 '소'를 조망하면, 고대에 주소(呪嘯)가 있고, 위진(魏晉)시대에서 당(唐)과 송(宋)을 거치는 시기에 도교 제의음악(祭儀音樂)의 일종으로서 소가(嘯歌)가 존재하기 때문이다.

이 글은 정렴의 '소'를 도교음악의 관점에서 접근하여, 후대에 전승된 구음(口音)과 고려노래 선어(仙語)와의 관계를 살피면서 그 의의를 구명해 보고자 한다. 다음의 논의는 문헌자료를 기초로 하여 전개하기 때문에 실증적인 측면에 대해서 일정한 한계가 있다는 점을 미리 밝혀 둔다.

2. 고대 도교음악으로서의 소가(嘯歌)

앞서 예로 든 북창 정렴의 일화와 비슷한 이야기는 정명도(淨明

---

6) 소(嘯)에 대한 자세한 설명은 현전하는 《소지(嘯旨)》에 잘 나와 있다. 8세기 인물인 봉연(封演)의 《봉씨문견기(封氏聞見記)》권5에 의하면, 《소지(嘯旨)》는 "영태(永泰) 연간에 대리평사 손광이 《소지(嘯旨)》 1편을 저술하였다(永泰中 大理評事孫廣著嘯旨一篇)."고 기록하고 있어서, 765년에 그와 같은 시대 인물인 손광(孫廣)에 의해 저술된 것임을 알 수 있다.

道) 도사 장온(張氳)의 일화에서도 나타난다.

　　당 명황 개원 7년(719년)에 누차 소명할 것을 요구받아 (장온
이) 더 이상 거절하지 못하고 잠로전(湛露殿)에 나아가 알현하
였다. (당 현종이) 묻기를, "선생의 장소(長嘯)를 들어볼 수 있겠
는가?"고 하니, 이에 응하여 소리를 내니 그윽한 소리가 사람의
마음을 맑게 하였다.[7]

　소영(嘯詠)이라고 하면 한문 시가에 흔히 나타나는 문구인데 그
렇게 이해하여도 틀린 바는 아니다. 그러나 앞에서 든 정렴의 일
화가 소영(嘯詠)을 과장하여 표현하고 있다고 볼 수 없는 부분이
있다. 손광(孫廣)은《소지(嘯旨)》의 첫머리에서, 발성의 특징과 효
능 면에서 '소'와 언어의 차이점을 다음과 같이 지적한다.

　　대저 목구멍에서 기운이 격하게 나온 것은 탁하니, 이를 일러
말(言)이라 한다. 혀에서 기운이 격하게 나온 것은 맑으니, 이를
일러 '소'라 한다. 말의 탁함은 인간의 일을 소통시켜 성정(性
情)에 이를 수 있고, '소'의 맑음은 귀신을 감동시켜 불사의 경
지에 이를 수 있다.[8]

---

7)《역대진선체도통감(歷代眞仙體道通鑑)》권41, "明皇開元七年 屢召辭不獲 乃來
　　見於湛露殿 上聞曰先生長嘯 如何得聞 於是應聲而發則 幽韻蕭蕭淸人心耳."
8) 손광(孫廣),《소지(嘯旨)》〈병서(幷序)〉, "夫氣激於喉中而濁 謂之言 激於舌而淸
　　謂之嘯 言之濁可以通人事達性情 嘯之淸 可以感鬼神致不死."

도교의 관점에서 '소'의 효과를 설명하긴 했지만, 소리의 청탁(淸濁)에 관한 언급은 '소'의 의미를 이해하는 데 도움이 된다. 그것은 의사전달의 수단인 언어와 서로 비교해 볼 때, 발성기관의 부위나 형식으로 보아도 대체로 많은 차이가 있다. 뿐만 아니라 '소'는 무엇보다도 귀신을 감동시키고 불사의 경지에 이를 수 있는 도교 방술의 일종으로 간주한 점이 주목된다.[9] 다음은 '소'로써 명성을 떨친 도사들의 일화이다.

당 천보(742~756년) 말년에 진씨(陳氏) 성을 가진 아미산 도사가 장안에 놀러왔다. 장소(長嘯)를 잘하여 능히 천둥벽력 소리를 내었다. 시작할 때는 발성을 부드럽고 맑게 하다가 점차 거칠고 높게 하여 잠깐 사이에 하늘이 무너져 내리는 듯한 천둥소리를 내었는데, 갑자기 또 깜짝 놀랠 소리가 벽력같이 나서 주변 청중들이 파랗게 질리었다.[10]

조위백은 '소'를 잘 하였다. 온갖 새가 어지러이 우는 듯하고,

---

9) '소'에 대한 근대 이후의 연구로는 1957년에 발표한 청목정아(靑木正兒)의 〈嘯の歷史と字義の變遷〉(《靑木正兒全集》제8권, 東京: 春秋社, 1971)이란 논문이 있고, 그 이후 첨석창(詹石窗)의 〈存想與嘯法在女性修行中的應用〉(《도교여여성(道敎與女性)》, 上海古籍出版社, 1990)과 〈앙천장소(仰天長嘯)〉(《생명영광-도교전설여지혜(生命靈光-道敎傳說與智慧)》, 香港: 中華書局, 1993)란 글이 참고된다.

10) 《봉씨문견기(封氏聞見記)》권5, 〈장소(長嘯)〉, "天寶末 有峨眉山道士姓陳 來遊京邑 善長嘯 能作雷鼓霹靂之音 初則發聲調暢 稍加散越 須{與穹窿磕瀉 雷鼓之音 忽復震駴聲如霹靂 觀者莫不傾悚."

어떨 때는 바람이 울창한 숲을 들이치는 것 같고, 어떨 때는 북을 두드리는 소리 같았다. 어느 때 천시단(天市壇) 위에 올라가 수염을 떨치고 북향하여 장소(長嘯)하며 바람을 부르는데, 삽시간에 구름이 그 위에서 점점이 일어나고 거센 기운이 숲을 진동시키더니 짙은 안개가 홀연히 몰려드는 듯하고 가랑비가 자욱하게 내렸다.[11]

섭천소는 자가 노총(魯聰)인데 홍주(洪州) 건창(建昌) 사람이다. 어려서 서산(西山)의 허손·오맹 두 진군(眞君)을 섬기며 도술·벽곡·복기법을 배웠다. …(중략)… 섭천소가 천서(天書)를 엎드려 받아 그 책을 받들고 살피니 세상의 병적(兵籍)과 같았다. 그 책을 맡아 관리하며 (신장(神將)을) 부르면 곧 명을 받들었다. 그 후로 장소(長嘯)하면 골짜기에서 바람이 일어나고, 물을 뿜으면 들판에 비가 내리며, 발로 땅을 찍으면 벽력 소리가 우르릉하였으며, 손으로 허공을 그으면 번갯불이 번쩍거렸다. 이에 천하를 떠돌아다녔는데, 저자거리에서 미치광이처럼 항상 술냄새를 풀풀 풍겼다. …(중략)… (사람들이) 겨울철에 간혹 가물어서 눈 내리기를 부탁하였는데, 섭천소는 이에 홑옷에 맨발로 한낮에 서서 소영(嘯詠)하니 잠시 후 바람과 구름이 몰려

---

11) 《모산지(茅山志)》 권8, 〈계고편(稽古篇)〉, "趙威伯善嘯 如百鳥雜鳴 或如風激衆林 或如伐鼓之音 時登天市壇上 奮髥北向長嘯呼風 須臾雲翔其上 衝氣動林 或冥霧欻合 零雨其濛矣."

와 며칠 동안 눈이 내렸다.[12]

조위백은 전한(前漢) 시대 하북(河北) 출신의 인물이고, 섭천소
는 당 함통(咸通) 연간(860~873)의 인물이다. 이들 도사가 내는
소성(嘯聲)은 현실성이 결여되었다고 여겨질 만큼 '소'의 위력은
엄청나서 도교 방사의 방기(方技)의 일종으로 표현된다. 또한 '소'
에 능통한 인물들은 한결같이 도교 인사인 것이 특징이다. 봉연
(封演)은 그의《봉씨문견기(封氏聞見記)》권5에서 손광(孫廣)의 말
을 빌어 소지(嘯旨)의 내용이 도서(道書)에서 나왔다고 하는데,[13]
여기서 이르는 '도서'는 도교의 서적을 말한다. 섭천소의 일화처
럼 천서(天書)를 받아 호풍환우(呼風喚雨)의 법술로 '소'를 운용하
였다는 사실은 '소'가 도교의 법술로서 비전되고 있음을 알려준
다. 호풍환우는 도교 부록파의 비전 절기로서 일반적으로 내단수
련의 기초 위에서 행해지는 방술이며, 이런 유형의 '소'는 금소(禁
嘯) 또는 주소(呪嘯)라 한다.[14]

이러한 '소'의 역사는, 손광에 의하면 노자(老子)에서 서왕모를
거쳐 광성자(廣成子), 소부(嘯父), 무광(務光)으로 이어지다가 요

---

12)《속선전(續仙傳)》卷中, "葉千韶字魯聰 洪州建昌人 少事師西山許吳二眞君道術
辟穀服氣…(中略)…千韶拜受天書 捧其簿閱之 若人間兵籍也 吏掌其簿書 請召
卽應命 自後長嘯則風生林壑 噀水則雨流原野 捼地則雷鳴轆轆 手畫空則電光爍
爍乃遊行天下 若佯狂常醉朣朣於城市間…(中略)…冬中或旱祈雪 千韶乃單衣跣
足立於日中嘯詠 俄頃風雲會合 降雪連霄."
13) "廣云 其事出道書"
14) 첨석창(詹石窗)의 앞의 두 책을 참고하기 바람.

(堯)·순(舜)·우(禹)에서 끊어졌다가, 다시 진(晉)나라 때 손등(孫登)이 복원하여 완적(阮籍)에 이르러 인멸되었다고 한다.[15] 그러나 문헌을 살피면 '소'에 대한 기록이 일찍이 상고 전설 시대부터 나타나는데, 대표적인 인물이 서왕모이다. 서왕모는, "표범의 꼬리에 범의 이빨을 하고 있으며 '소'를 잘하였다(豹尾虎齒而善嘯)."고 《산해경(山海經)》〈서차삼경(西次三經)〉에서 언급하고 있다.

도교사에서도 '소'의 명인을 찾아보면, 전한시대의 유근(劉根)과 난파(欒巴), 후한시대 서등(徐登)과 그의 제자 조병(趙炳), 그리고 향허(向栩), 조위백(趙威伯), 마자연(馬自然)이 있고, 위진시대에는 손등, 완적, 혜강이 있으며,[16] 당나라 시대에서는 장온(張氳), 아미산 진(陳) 도사, 섭천소(葉千韶) 등이 있음을 알 수 있다. 그러나 그 이후 '소'의 명인은 중국 기록에 나타나지 않고 조선 중기 일화에서 드물게 발견된다. 그 대표적인 인물이 바로 앞서 언급한 북창 정렴이다.

---

15) 상고 소법(嘯法)으로는 정소(正嘯)와 필소(畢嘯)가 있는데, 손등이 복원한 것은 정소이고 필소는 요순 이후에 절전되었다. 《소지(嘯旨)》제14장과 제15장 참고.

16) 그런데 남경시 강녕현(江寧縣) 서선교(西善橋)에서 출토된 남조시대 전화(磚畵)가 현재 남경박물관에 보존되어 있는데, 여기에 그려진 완적의 그림을 보면, 엄지를 입에 대고 휘파람을 부는 것으로 보아 진정한 의미에서 위진시대 소법(嘯法)은 손등의 대에서 이미 끊어졌음을 알 수 있다.

3. 고려노래 선어(仙語)와 구음(口音)의 전통

중종조에 정렴은 장악원(掌樂院)에 있었는데,《국조인물고(國朝人物考)》에 의하면, 조정의 천거로 장악원 주부(主簿)를 제수 받았는데, 평소에 음률에 밝아서 장악원에서 가곡(歌曲)의 장단(長短)을 직접 가르쳤다고 한다.[17] 이 무렵《악장가사(樂章歌詞)》가 편찬되었는데, 주목할 사실은《악장가사》에서 고려노래의 여음구로 알려진 '뜻 없는 소리'가 후렴구에 대거 나타난다는 점이다. 그리고 1485년에 남긴 남효온의《송경록(松京錄)》[18]에서 〈자하동〉, 〈북전〉, 〈한림별곡〉, 〈청산별곡〉이 불리워졌다는 기록이 있다.[19] 이는 고려노래의 '뜻 없는 소리'가 조선 중기까지 실제로 전승되었을 가능성을 시사한다.

이 뜻 없는 소리의 정체가 무엇인지 현재까지 많은 논구(論究)가 있었는데, 정병욱은 이를 육보(肉譜)에 근거한 구음(口音)이라고 하였다.[20] 악기를 연주하는 데 필요한 교육용으로 만든 방편이라는 지적이다. 그러나 구음의 영역과 기악의 연주 부분이 일치하

---

17) "以朝廷薦除掌樂院主簿 雅曉音律 及爲是官 歌長短 親爲敎訓."

18)《추강집(秋江集)》권6.

19) 임주탁, 〈수용과 전승 양상을 통해 본 고려가요의 전반적인 양상〉,《진단학보》 83호, 1997.

20) 정병욱, 〈악기의 구음으로 본 별곡의 여음구〉,《고려시대의 가요문학》, 새문사, 1982.

지 않는 대목이 있다.[21] 그렇다면 육보와 구음은 일정한 거리가 있다고 보아야 할 것이다.

청산별곡의 여음인 '얄리얄리 얄랑셩'은 피리 구음으로 알려져 있다. 남효온의 〈송경록〉을 보면, 이정은(李貞恩)이 성거산에서 〈청산별곡〉 제1절을 금(琴)으로 연주하였다고 기록하였는데, 현악기인 금(琴)으로는 관악기인 피리 소리를 내지 못한다. 금(琴)으로 여음구를 연주하지 않았다면 논외이지만, 여음구까지 연주하였다면 그 대목은 물론 금(琴)의 육보(肉譜)가 아니며, 피리와 합주하지 않았다는 점에서 피리의 육보로도 보기 어렵다. 여기서 금(琴)의 연주에 피리 구음이 수반하였을 가능성을 찾을 수 있다.

도교 제의에서 '소'는 소가(嘯歌)의 형태로 옥(玉)이나 종(鍾)과 같은 악기와 함께 운용되는데, 도교 은사들 사이에서는 특히 금(琴)과 함께 운용되었다고 한다.[22] 금(琴)과 '소'는 상호 관계에 놓여 있어서 금을 연주하고 나서 소를 부르거나, 소를 부른 후에 금을 연주하기도 하며, 때로는 소와 금을 동시에 운용하기도 한다는 것이다. 따라서 이정은이 청산별곡을 금(琴)으로 연주하였다면 여음구의 뜻없는 소리는 금(琴)의 구음이 아닌 피리 구음이어야 이

---

21) 정병욱, 앞의 논문에서 《금합자보(琴合字譜)》와 〈사모곡〉의 구음을 서로 비교한 도표가 있는데, 〈사모곡〉의 구음인 '위/ 덩/더/둥/셩' 부분이 《금합자보》에서는, 이를 금(琴)의 구음으로 '쓰랭 도당/ 쓰랭 땅/ 덩/ 쓰랭 동/ 쓰랭 동'으로 대비시키고 있는 점이다.

22) 첨석창(詹石窗), 〈도교여중국전통음악적관계초탐(道教與中國傳統音樂的關係初探)〉, 《도교술수여문예(道教術數與文藝)》, 臺北; 文津出版社, 1998, 280쪽.

치가 맞다. 후렴부의 피리 구음은 소가(嘯歌)의 잔영일 가능성이 있는 것이다.

현존하는 구음의 전승자인 김수악[23]은 필자와의 대담(1998. 2. 16)에서 구음의 전통은 독자적으로 존재한다고 하였다. 김수악은 진주권번 시절에 유성준으로부터 소리를 배웠다고 하였는데, 악기 소리를 흉내내는 구음은 심청가, 춘향가 등에서도 나타나지만,[24] 판소리 명창인 유성준에게서는 구음을 들어 본 기억이 없었고, 전두영이란 선생으로부터 구음을 별도로 지도받았다고 한다. 먼저 소리를 익혀 목구성이 터진 후에 구음을 배우는 것이 정상적인 절차인데, 유성준이나 김소희처럼 소리꾼이 구음까지 겸하지

---

23) 현재 경남 진주시 판문동에 살고 있는데, 어려서부터 교방(敎坊)에 나가 가(歌)·무(舞)·악(樂)을 두루 익혀 구음에 능통할 뿐만 아니라 팔검무를 비롯한 전통 교방춤의 전수자이며 가야금의 명인이다. 필자가 조사할 당시 진주팔검무 부문에 인간문화재로 지정되어 있었다.

24) 판소리에서 구음이 등장하는 예는 드물지 않다. 귀곡성(鬼哭聲)을 내는데 신의 경지에 이르렀다고 하는 송흥록이 어느 해 심야에 진주 촉석루에서 춘향가 중 옥중가를 부르는데, 귀곡성을 발하는 대목의 절정에 이르러서는 음풍(陰風)이 돌면서 수십 대의 촛불이 일시에 꺼지고 허공에서 귀곡성이 은은하게 나는 듯하였다고 한다.(정노식(鄭魯湜), 《조선창극사(朝鮮唱劇史)》, 조선일보 출판부, 1940, 24쪽.) 그리고 박록주가 부른 춘향가의 '옥중가' 대목에서 정병욱은 바람소리, 도깨비소리, 밤새소리 등이 음산하고 소름이 오싹하는 것을 느끼게 한다고 하고, 그것을 '의성어(擬聲語)의 재생'이라고 한 지적에서,(정병욱, 《한국의 판소리》, 집문당, 1981, 94~96쪽.) 구음의 흔적을 읽을 수 있다. 특히 속목(細聲)을 섞어서 내는 귀곡성은 소름을 끼치게 한다고 이르는데, 이러한 더늠(부분창)은 송흥록과 박록주처럼 구음을 겸비한 소리꾼이 사라지자 현재는 거의 들어보기 힘들게 된 부분이기도 한 것이다. 그런데 판소리의 기원을 논의하는 과정에서 정병욱은 도사(道士)로 추정되는 대선생으로부터 판소리가 비롯되었을 가능성을 제시한 바가 있어 주목된다.(정병욱, 앞의 책, 116~117쪽.)

못하여 구음의 전통은 판소리와 다르며, 구음이 비록 악기 소리를 흉내낸다고 하지만 악기 소리가 미치지 못하는 음역까지 소리를 내기 때문에 육보(肉譜)의 전통과도 얼마간 다르다는 지적이다.

중종 20년 1525년 가을, 경주에서 출판된 성현(成俔)의《용재총화》권5에 있는 다음의 기록도 구음의 전통이 따로 있었음을 알려준다.

우리 이웃에 동계(東界)에서 온 함북간(咸北間)이란 사람이 있었다. 피리도 좀 불 줄 알고 농담과 광대놀이를 잘하였다. 매양 사람의 행동거지를 보면 문득 그가 하는 짓을 흉내내어 진가(眞假)를 분간하기 어려울 정도였다. 또한 입술을 오무려 호드기 소리를 낼 수 있었는데 소리가 아주 굉장하여 몇 리 밖에서도 들을 정도였다. 비파와 거문고 같은 소리에 이르기까지 입으로 '뚱따당' 하고 내는 소리가 모두 절주(節奏)에 맞아서 매번 궁궐에 불려가서 상을 많이 받았다.[25]

이 기록은 북창 정렴이 생존하던 시기에 나온 자료로서, '소'와 구음의 관계를 밝히는 데 시사하는 점이 있다. 입술을 오무려 내는 소리가 몇 리 밖에서 들을 정도의 위력이 있다는 점은 정렴의

---

25)《용재총화(慵齋叢話)》卷五, "吾隣有咸北間者, 自東界出來, 稍知吹笛, 善談諧倡優之戱. 每見人容止, 輒效所爲, 則眞贋莫辨. 又能\蹙口作笳角之聲, 聲甚宏壯, 倡徹數里, 至如琵琶琴瑟之聲, 鏗鏘發口咸中節奏, 每入內庭, 多受賞賜."

'소'와 같은 맥락에서 논의할 수 있다. 이른바 음공(音功)인 점에서 이를 '소'로 볼 수 있고, 단순히 비파와 거문고 소리를 흉내내는 입시늉과 구별이 된다.

정병욱의 주장대로 구음이 육보(肉譜)에 근거하였다면 가야금의 명인인 김수악은 가야금 구음에 정통해야 하지만, 김수악 계열의 구음은 통상 기본적인 음상(音相)은 젓대소리(嘯歌)이고, 춤사위를 할 때 흥을 돋구는 줄풍류로 사용되고 있다.

또한 김수악의 구음은 음색에 있어서도 구성진 무가(巫歌)의 구음과도 다르다. 구음의 발성법은 하단전에 힘을 주고 소리를 끌어올려 부르는 점에서 판소리의 발성법과 유사하지만, 구음은 쌓은 공력(功力)에 따라 차이가 난다고 김수악은 지적한다.

묘한 점은 구음의 공력이 깊은 사람이 소리를 내면, 소리를 지를수록 계속 더 크고 높은 소리를 낼 수 있지만, 공력이 깊지 못하면 계속하여 소리를 낼수록 소리가 점차 잦아드는 특징이 있다고 한다. 게다가 판소리가 인후(咽喉)를 거쳐서 나오는 탁성(濁聲)을 위주로 하는 것인 데 비하여, 김수악의 구음은 혀끝으로 맑고 높은 소리를 내어 《소지(嘯旨)》에서 언급된 '소'의 발성법과 통한다. 또한 고려노래 여음(餘音)을 악기의 구음(口音)으로 간주하여도, 구음이 유성무사(有聲無詞)의 생시(笙詩)의 전통을 이은 것이란 지적을 감안할 때,[26] 고려노래 여음이 '소리는 있고 가사가 없는'

---

26) 여증동,《한국문학역사》, 형설출판사, 1983, 108쪽.

유성무사(有聲無詞)의 노래인 것은 분명하다.

　이러한 피리소리 구음을 '소'의 변형된 형태로 볼 수가 있는 방증자료를 송대 전진교(全眞教)[27]의 초기 가사에서도 찾을 수 있다. 도교음악의 하나인 소가(嘯歌)가 고려노래 여음구와 일정한 관계를 맺고 있음을 추정할 수 있는 근거는 일부 도교 가사에서 고려노래의 여음구처럼 '뜻 없는 소리'가 더러 나타나기 때문이다. 그 몇 대목을 보이면 다음과 같다.

名利海 是非河	명리의 바다여 시비의 강이라
王風出了上高坡	미치광이 왕씨[28]가 높은 언덕에 올랐네
哩囉嘮 哩囉嘮	리라룽 리라룽
纔候十年功行滿	십년을 수행하여 공을 이루고 나니
白雲深處笑呵呵	흰 구름 깊은 곳에 한바탕 웃도다
哩囉嘮 哩囉嘮[29]	리라룽 리라룽
認得五般出舍郞	다섯 가지 출사랑을 알아차리면
黑白彰	흑백이 드러나거늘

---

27) 중국 도교종파의 하나로 금련정종이라고도 한다. 12세기 후반 도사 왕중양(王重陽)에 의해 개창됨. 타좌(打坐)를 수행법으로 하고, 성명(性命)을 단련하고 신기(神氣)를 좌창시키는 것의 중요성을 주장함. 왕중양온 신도에게 도덕경, 청정경, 반야심경, 효경 등을 읽는 것을 권장하고 유불선 3교의 일치를 주장했다.

28) 여기서 '왕풍(王風)'은 왕해풍(王害風)을 줄인 말이다. 왕해풍은 왕중양을 이르는데, '해풍'은 중국 섬서성의 사투리로서 미치광이란 뜻이다.

29) 《중양전진집(重陽全眞集)》 권7, 〈도련자(搗鍊子)〉 12수 중 제9수.

當中赤 間靑黃	응당 가운데는 붉고 중간은 푸르고 누르구나
哩囉囉嘮 哩囉哩 妙玄良	리라라룽 리라리 묘하고 묘하도다
玲瓏了 便玎璫[30]	옥구슬 빛나자 맑은 소리 울리네
聽分剖 這風哥	이 미치광이의 노래를 새겨들어 보소
尋常只恁 囉哩囉	이같이 심상한 것일 줄 라리라
囉哩嘮 哩嘮囉	라리룽 리룽라
交賢會得笑呵呵	현인을 만나 알고 한바탕 웃도다
囉哩嘮 哩嘮囉[31]	라리룽 리룽라

이런 유형 시가의 후렴구는 고려노래의 여음구와 유사한 대목을 드러내는데, 이에 대하여 원대(元代) 김원숙(金源璹)의 글을 눈여겨 볼 필요가 있다. 그는 왕중양의 제자 담처단(譚處端: 1123~1185)의 시가를 논하면서, "선어는 가사가 없고 마음으로 전하여 도가 발현하니 신단의 비결은 피리소리이다"[32]고 하였다. '리라룽 리라룽', '리라라룽 리라리', '라리라', '라리룽 리룽라' 등의 이어(俚語)로 이루어진 뜻없는 소리는 피리 소리를 흉내낸 것이라는 지적이고, 또 그것이 무사(無詞)의 선어(仙語)라는 사실이다.

30)《중양전진집(重陽全眞集)》권7, 〈오경출사랑(五更出舍郎)〉 7수 중 제7수.

31)《수운집(水雲集)》〈도련자(搗鍊子)〉 중 제2수.

32)《감수선원록(甘水仙源錄)》권1. 〈長眞子譚眞人仙跡碑銘〉, "仙語無詞 心傳道見 神丹之訣 洞簫之音."

물론 선어(仙語)의 사전적인 의미는 '신선의 말'이다. 그러나 당(唐) 원화(元和) 연간(806~820)의 인물인 장방(蔣防)은 선어(仙語)를 무사(無詞)라고 하였다.33) 적어도 도교에서의 선어는 가사를 중심으로 논의되는 것이 아니라 음률 중심의 노래, 그것도 가사가 없는 노래로 추정된다. 당인(唐寅, 1470~1523)의 〈소지후서(嘯旨後序)〉에 "지금 도사들 부주비자(符呪秘字) 또한 소리는 있으나 글자는 없다.(今黃冠師符呪秘字 亦有聲而無字)"라 하고, "지금의 '소' 또한 소리는 있되 글자가 없다(今嘯亦有聲而字無)"고 했다. 여기서 '소'는 휘파람을 부는 것처럼 일종의 가사가 없는 노래로 인식된다. 그 자체 도교 음공(音功)일 뿐 아니라 이를 통해 자유자재로 개인의 정서를 표현할 수 있는 특징이 있어서, 위진시대의 손등(孫登)이나 완적(阮籍)처럼 언론이 통제될 당시 이러한 가사가 없는 노래, 즉 '소'로서 개인의 뜻과 정서를 몰래 표현하였고, 문제되는 가사가 없기에 위정자들에게 탄압의 빌미를 제공하지 않아서 널리 애용되었던 것이다.34)

이를 바탕으로 고려노래 〈동동〉이 선어(仙語)를 본받아 지어졌다는 사실을 구음과 관련지어 도교음악의 차원에서 재론할 필요가 있다. 다음은 《고려사》 권71, 〈악지(樂志)〉에 실린 〈동동〉에 관

---

33) 장방(蔣防), 〈연주정복산료선생비명 병서(連州靜福山廖先生碑銘 幷序)〉, 《전당문(全唐文)》 권719. "仙書無文 仙語無詞以心傳心 天地不知."

34) 포형강(蒲亨强), 〈도교악신-서왕모고략(道敎樂神-西王母考略)〉, 四川大學宗敎硏究所 編, 《도교신선신앙연구(상)(道敎神仙信仰硏究(上))》(臺北: 中華道統出版社, 2000), 328~329쪽 참조.

한 기록이다.

〈동동〉 노래는 그 가사가 대부분 기도를 찬송하는 것으로, 선
어를 본받아 이루어졌는데 가사가 항간의 세속말이라 기록하
지 않는다.

(動動之戲 其歌詞多有頌禱之詞 蓋效仙語而爲之 然詞俚不載)

사(詞)가 이어(俚語)라서 기록하지 못한다는 그 대상은 선어이
다. 그 이유는 두 가지로 나뉘어 생각해 볼 수 있다. 하나는 노랫
말이 한문이 아니기 때문에 싣지 못한다는 것이고, 다른 하나는
도교음악에 근거한 당악(唐樂) 정재(呈才)를 향악 정재로 바꾸는
과정에서 구호(口號)의 전사(塡詞) 문제로 유성무사(有聲無詞: 소
리는 있으나 가사가 없음)가 발생하여 싣지 못한다는 것이다. 그러
나 '동동(動動)'이 창우(唱優)가 입타령하는 구음으로 인식되었다
면[35] 구호(口號)의 전사(塡詞) 문제로 발생한 유성무사를 선어라
하였을 가능성이 있다. 이 점에 대해 최진원은 일찍부터 〈동동〉의
선어가 도교적 성격이 짙은 팔관회에서 한시의 구호를 대체한 노
래로 불리워졌을 가능성을 시사하였다.[36] 선어가 도교적 색채의
한문가사가 아니라 이어(俚語)로 지어진 선가풍의 노래일 가능성

35) 《성호사설(星湖僿說)》 권4, 〈속악(俗樂)〉, "動動者 今唱優口作鼓聲 而爲舞節
者也 動動猶鼕鼕也."
36) 최진원, 〈동동고(動動攷) l 〉, 《대동문화연구》 8집, 성균관대 대동문화연구원,
1971.

을 제시한 것이다.

그러나 선어(仙語)를 도교적인 어떤 것이라 한다면, 적어도 도교적 풍류를 즐긴 고려 예종이 1110년에 도교사원인 복원관(福源觀)을 건립하고, 조선 중종 13년 1518년에 소격서(昭格署)가 혁파되는 기간에 고려노래가 전승되고 있었을 가능성도 검토되어야 한다.

《악학궤범》,《악장가사》등이 이 시기에 편찬되는 배경에는 그 당시까지 송 사악에 지대한 영향을 끼친 도교음악이 잔존했을 것으로 추정해 볼 여지가 있다. 특히 보허사가 당대(唐代) 이후 관습적으로 도교음악을 지칭하는 보통명사로 사용되어왔던 점과,[37] 또한 그것이 도교 재초(齋醮) 음악이라면 당연히 도관(道觀)에서 연주되어 그 명맥이 이어져 왔을 터이다.[38] 이에 정렴의 〈부벽루에서 말타고 음악을 연주하며 밤에 평양성을 들어가며自浮碧樓馬上奏樂夜入城)이란 시가 주목된다. 조선 중기에 도교음악에 관련된 자료를 제시하고 있기 때문이다.

長慶門前明月時, 장경문 앞에 밝은 달이 뜰 새,

---

37) 쌍소순(王小盾), 〈도교'보허무'(道敎 '步虛舞')〉, (장영명 편(張榮明 編),《도불유사상여중국전통문화(道佛儒思想與中國傳統文化)》, 上海人民出版社, 1994.), 69쪽.

38) 17세기 문헌으로 알려진《현금동문류기(玄琴東文類記)》의 기록에, "步虛詞 仙人名也 道觀所唱"이라고 하였다. 권오성, 〈步虛子와 道敎〉《한국음악연구》제22집, 한국국악학회, 1994)를 참고하기 바람.

嬌姬爭唱步虛詞, 앞 다투어 기생들이 보허사(步虛詞)를 부르
네,
洛中豪士風流甚, 한양 선비 풍류도 대단하여,
懶着金鞭故自遲,39)　　말 채찍 게을러 느릿느릿 나아가네.

　일반적으로 보허사(步虛詞)란 이름은 송나라의 사악(詞樂)에서
비롯된 것으로 영조 시대 이후부터 사용되었다고 한다.40) 그런데
성현(1439~1504)의《용재총화》권1을 보면, 일찍이〈동동〉에 보
허자(步虛子)가 사용되었다 한다. '樂奏步虛子'가 그 말인데, 이
대목은《악학궤범》권3에서는 '鄕樂奏其曲'에 해당한다. 조선 중
기 이후까지 전승된 송 사악(詞樂)은 보허자(步虛子)와 낙양춘(洛
陽春)으로 알려져 있다.41) 여기서 이르는 보허사(步虛詞)는 조선
중기의 것으로서, 임진란 이후 기록된 이수광(1563~1628)의《지
봉류설》권18〈기예부(技藝部)〉에서〈동동〉과 함께 언급한 향악
(鄕樂)인 보허자나 영조 시대 이후의 보허자와는 얼마간 다를 것
이나, 성현이 기록한 동동의 보허자(步虛子)는 학춤이 곁들여진
것으로 미루어 도교 춤인 보허무(步虛舞)를 흉내낸 것으로 추정
된다.
　일반적으로 도교문학에서 보허사는 도교 시체(詩體)의 하나로

---

39) 온성세고본(溫城世稿本)《북창시집(北窓詩集)》, 칠언절구(七言絶句).
40) 장사훈,《국악총론》, 세광음악출판사, 1985, 307쪽.
41) 장사훈,《한국음악사》, 세광음악출판사, 1986, 162~166쪽.

인식되기도 한다. 그러나 실제로는 도교 재초(齋醮)에 반드시 등장하는 대표적인 도교음악으로서,[42] 대개 가(歌)·무(舞)·악(樂)의 통합 형태로 공연되기 때문에, 노래가사의 측면에서는 보허사이고, 음악의 측면에서는 보허자(步虛子)이며, 노래를 부르면서 동시에 우보(禹步)를 밟는 경우에는 보허무(步虛舞)라 일컫는다. 특히 보허사의 온전한 형태로 알려진 보허무는 도교 금단도파(金丹道派)에서 비전되는 수련법의 하나이다.[43]

보허무와 달리 일반인에 공개된 보허자(步虛子)는 보허성(步虛聲), 화하송(華夏頌) 또는 화하찬(華夏讚)이라 하여 널리 유행되었다. 그러한 가운데 두광정의《태상황록재의(太上黃籙齋儀)》권1에, "화하찬은 옥궤명진경에서 나왔는데 지금은 18개 허성(虛聲)만 사용한다(華夏讚 出玉匱明眞經 今但用十八虛聲耳)고 하는[44] 기록을 눈여겨 볼 필요가 있다. 허성은 실자(實字)가 없다는 말이니, 곧 유성무사를 이른다.[45] 그리고 보허사(步虛詞)는 보허성으로 노

---

42) 당 오긍(吳兢)의《악부고제요해(樂府古題要解)》에 의하면, "步虛詞 道家曲也 備言衆仙縹緲輕擧之美"라 하였고,《塡詞名解》권1에서는, "步虛詞 乃道家法曲 仙家梵唱之屬"이라 하였다.

43) 왕소순(王小盾), 앞의 논문, 76쪽 참고.

44) 진국부(陳國符),《도장원류고(道藏源流攷)》, 臺北: 古亭書屋, 1975, 291쪽.

45) 참고로 송대 음악가 강기(姜夔, 1155~1221)는 1186년 호남성 장사(長沙)에서 악공(樂工)의 고서 더미에서 상조(商調) 예상곡(霓裳曲) 18수를 찾았는데, 모두 허보무사(虛譜無詞)였다고 한다.(주진석 외(周振錫 外),《도교음악(道敎音樂)》, 北京燕山出版社, 1994, 133쪽.) 이에 강기가 가사를 채워 넣어 오늘날 전하는데, 보허사와 함께 대표적인 도교음악으로 알려진 예상곡도 본래는 무사(無詞)였던 것이 아닌가 추측된다.

래한다. 보허성은 당 천보 연간에 궁정에서 크게 유행하여 연악 (燕樂)에 속하게 된다.[46] 그렇게 본다면 정렴의 시에서 언급된 보 허사는 연악에 크게 활용되었음으로 미루어 그 당시에 춤사위를 돋구는 구음으로 불리워지지 않았을까 고려해 볼 수 있는 것이 다.[47]

이를 근거로 다소의 추론이 허용된다면 고려노래 〈동동〉의 본 래 곡조가 보허자이고, 1572년에 나온 금합자보(琴合字譜) 에는 당악(唐樂) 계열 보허자의 피리 구음이 실려 있는 점으로 보아서, 앞에서 든 정렴의 시에 기생이 창(唱)하였다고 하는 보허사(步虛 詞)는 얼마간 도교적 색채를 띤 송 사악(詞樂)인 보허자의 곡조를 입시늉한 구음일 가능성이 있다. 한편,《시용향악보(時用鄕樂譜)》 의 〈나례가(儺禮歌)〉 등에서도 피리 구음이 나오는데, 피리 구음 을 소가(嘯歌)로 본다면, 평조(平調)로 된 이 노래는 귀신을 물리 치는 나례(儺禮)에 사용된 것인 점에서 벽사(辟邪)의 기능을 암시 하는 주소(呪嘯)의 흔적을 알려주는 자료로 여겨진다.

羅令公宅 儺禮日이   나(羅) 영감댁 나례일에

廣大도 金線이샤ᄉ이다   광대도 금빛 선을 둘렀습니다

궁에사 山ᄉ굿붓 겼더신ᄃ   그곳에야 산(山) 굿만 겪으신즉슨

---

46) 진국부(陳國符), 앞의 책, 295쪽.

47) 첨석창(詹石窓), 앞의 논문(1998), 281쪽에서는 이러한 보허성(步虛聲)을 가 사가 없는 노래, 즉 허성(虛聲)을 중심으로 한 '흥을 돋구는 가락(興聲樂)'의 일종으로 추정한다.

鬼衣도 金線이리라　　　귀신의 옷도 금선(金線)을 둘렀으리라

리라리런 나리라 리라리　리라리런 나리라 리라리

　그러나 무엇보다도《시용향악보》소재 고려노래인 〈군마대왕
(軍馬大王)〉, 〈구천(九天)〉, 〈별대왕(別大王)〉 등에는 순전히 유성
무사(有聲無詞)로 구성된 노래가 보이는데, 드러난 공통점이 피리
구음에다가 평조(平調)로 되어있다는 점이다. 그중 〈구천〉을 들면
다음과 같다.

　로리 리런나

　로라리라 로런나

　로라 리라 리로

　리런나노 리런나

　나리런 나로린나

　로라 리로 리런나

　이러한 피리 구음은 북장단에 맞출 수 있는 입타령이 아닌, 음
역이 높은 피리 구음인 점에서 단순히 무가(巫歌)로 보기에는 무
리가 있다. 앞의 논의 과정에서 선어(仙語)는 무사(無詞)라 하여
뜻 없는 소리로 이해한 점에 주목하면, 선어(仙語)의 잔영을 보이
고 있는 전진교 초기 가사가 정렴이 살던 시대에 조선에서 읽혀졌
고,[48] 또한 전진교 초기 가사가 남송 시대에서 원대에 걸쳐서 사

악(詞樂)에 영향을 미치고 있는 사실에 유추하여 고려 시대에도 충분히 도교계열 선어를 수용할 수 있었을 것으로 추측할 수 있고, 조선시대에 이르러 구음(口音)의 형태로 전승될 가능성이 있는 것이다.

앞서 예로 든 정렴의 '소'는 그러한 구음의 전승과 관련하여 중요한 의미를 지닌다. 조선 중기 대표적인 내단수련가인 정렴은 중종조에 장악원 주부(主簿)의 일을 맡고 있었다. 음률에 정통한 그가 장악원에 있었을 당시에 《악장가사》에 나타난 '뜻 없는 소리', 곧 구음을 모르고 있었다고 보는 것은 상식에 어긋난다.

그의 〈자부벽루마상주악야입성(自浮碧樓馬上奏樂夜入城)〉이란 시에서 대표적인 도교 제의음악인 보허사를 언급한 점으로 미루어 도교음악에 대한 전문적인 지식도 갖추었다고 하겠다. 그 보허사가 실제로 허성(虛聲)을 중심으로 한 구음일 가능성을 앞에서 살펴보았는데, 금강산에서 부른 그의 '소'가 이러한 도교음악적인 지식과 그의 선가적 내단수련을 바탕으로 피리 구음을 한 차원 높게 발전시킨 것으로 여겨진다.

최근에 발굴된 도교설화에서 '소'가 일반적인 휘파람과 차원이 다른 것으로 전해지고 있다는 사실이 이를 뒷받침한다. 다음 자료

48) 그 기록은 《마단양진인집(馬丹陽眞人集)》을 빌린다고 하는 〈기증송강(寄贈宋江)〉이라는 정작(鄭碏)의 시로 드러난다. 마단양은 왕중양의 제자 마옥(馬鈺)을 이르는데, 마옥을 비롯한 북종(北宗) 칠진(七眞)이 모두 사부(詞賦)에 능한 점으로 미루어 《마단양진인집》은 시가집 형태가 아닐까 여겨진다. 안동준, 〈조선 전기 선가와 선가시〉, 《부산한문학연구》 9집, 1995, 182쪽 참고.

는 양만고(楊萬古, 1574~1654)가 남긴 《감호집(鑑湖集)》에 실린 신선일화이다. 양만고는 조선조 선가인 양사언(楊士彦)의 큰아들이다.

　내가 열 아홉 때 지리산 불일암에 홀로 있었다. 적막한 가을밤에 등불을 켜고 문을 닫은 채 가사(袈裟)를 입고 불경을 읽고 있었는데, 한밤중에 어디선가 휘파람 소리가 높이 들리더니 멀리서 가까이 다가왔다. 유람객이 달밤에 내방하는 것인가 여겼으나 밤이 깊어 바로 문을 열어주지 않았다. 휘파람 소리가 문득 그치더니 세 번 문을 두드리는 소리가 들렸다. 황급히 일어나 달려나가 보니 푸른 도포를 입고 높은 관을 쓴 어른이 난간 앞 오른편에 서 있었고 그 왼편에 어린 미소년이 난간에 걸터앉아 있었다. 그 모습을 보자 자연히 경외하는 마음이 일어 마당에 달려 내려가 공손히 물었다. "시주는 어디서 오셨소? 밤이 깊었으니 방에 들어가 잠깐 쉬시지요." 서쪽에 서 있는 이가 말했다. "본래 반야봉에 사는데 지금 쌍계석문(雙溪石門)쪽으로 가고자 하오." 말을 마치자 휘파람을 높이 불었는데 천지사방의 봉우리와 골짝이 진동하여 새와 짐승이 모두 놀라 달아났다. 인간세상에서 입술로 부는 그런 것이 아니었다. 손등(孫登)도 미치지 못할진대 소자(蘇子)가 교룡(蛟龍)을 춤추게 했다는 피리 소리는 말할 것도 없다. 옛날에 동정호에서 피리를 불어 어룡(魚龍)을 놀라게 하고 갑자기 풍랑을 일으켰다는 말은 과장되지 않았다. 곡조를 느리게 하여 길게 빼는 소리는 한 식경(食頃)이 되어 그쳤다. 소리를 그치자 작은 아이가 먼저 일어나 갔다. 비록 덩치가 큰 어른이었지만 도리어 아이를 공경하여 앞서 그를 인도하였다. 아이가 그 스승이었던 것이다.[49]

이 이야기를 전하는 사람은 병인년(丙寅年) 1626년 가을에 양만고가 금강산에서 만난 법견(法堅)이란 중을 이른다.[50] 지리산 불일암에 있을 당시 '소'를 들은 경험을 양만고에게 이야기하고 있는데, 정렴 이후에 선가(仙家)에 나타난 '소'의 기록이라는 점에서 주목된다. 비록 지리산 선인의 '소'가 정렴의 '소', 또는 기존의 구음과 어떠한 관련을 지니는지는 앞으로 해명되어야 할 과제이지만, '소'의 전통이 끊어지지 않고 조선조 선가(仙家)들 사이에 은밀히 전수되고 있었다는 사실은 중요한 의미를 갖는다.

---

49) 《감호집(鑑湖集)》권4, 〈적소이선기(謫笑二仙記)〉, "吾年十九 獨居智異山佛日菴 秋深夜靜 懸燈閉戶 袈裟念誦 更漏將半 忽聞嘯聲甚高 自遠而近 意謂遊客乘月來訪 而猶以夜深不卽開窓 嘯聲遽止 而門有剝啄聲者三焉 忙起走出 則有着巍冠衣靑袍一長者立前軒之右 其左踞軒機者美小兒也 見其形貌 自然敬畏 趨庭敬問曰 檀越自何來乎 夜已深 願入房少歇云 則西立者答曰 本居般若峰 今向雙溪石門矣 言已 發嘯響亮 天地峰壑皆振 飛走俱驚 殆非人世間脣吻之吹者矣 固孫登之所不逮況蘇子舞蛟之簫乎 古稱黑龍洞庭之簫 魚龍驚起 風浪忽湧者 非虛誇也 延調而曼之 食頃而罷 罷卽起先小兒行 蓋彼雖長大而却敬小兒故先行導兒 兒其師也." 이신성, 〈鑑湖集 소재 신선전에 대하여〉(《고소설연구》제6집, 2000)의 부록에 소개된 원문을 재인용.

50) 이신성, 앞의 논문 참조.

4. 북창 소가(嘯歌)의 도교적 이해

당대(唐代) 손광이 남긴 《소지(嘯旨)》에 의하면, '소'는 일종의 연기(練氣)에 속하는 방법이다. 그 기본적인 공부는 혀의 운용과 운기(運氣)에 있다. 《소지(嘯旨)》 〈권여장(權興章)〉에는 12가지 소법(嘯法)이 소개되어 있는데, 외격(外激)·내격(內激)·함(含)·장(藏)·산(散)·월(越)·대침(大沈)·소침(小沈)·필(正)·질(叱)·오태(五太)·오소(五少) 등이 그것이다. 이러한 기교들은 혀의 운용 위치와 기(氣) 발산의 경중완급(輕重緩急)이란 측면에서 분류된 것이다. 그래서 '소'는 단순히 악기의 소리를 흉내내는 데 그치지 않고 독자적으로 성악의 한 부분을 차지한다.

성공수(成公綏, 231~273)의 〈소부(嘯賦)〉에서는 "진실로 자연의 지극한 소리는 관현악기로 흉내낼 바가 아니다. 이 때문에 기물(器物)에 가탁하여 소리를 내지 않고 물건을 빌어와서 행하지 않는다. 가까이 몸에서 취하고 마음을 부려서 기를 다스린다"[51]고 하였다. 그리고 손광은 《소시》 〈유운장(流雲章)〉에서는, "무릇 금(琴)은 남풍(南風)을 본받았고, 생황은 봉황의 울음소리를 본받았으며, 피리는 용의 울음소리를 본받았다. 대개 소리를 내는 것은 모두 상(象)이 있음이니 호랑이의 울음과 용의 울음 같은 등속은 또한 음성의 한 종류이다"[52]라고 하였다.

---

51) "良自然之至音 非絲竹之所擬 是故聲不假器 用不借物 近取諸身 役心御氣."
52) "夫琴象南風 笙象鳳嘯 笛象龍吟 凡音之發皆有象 故虎嘯龍吟之類 亦音聲之流."

성공수가 자연의 소리를 모방하는 데 악기의 한계를 지적하고 육성(肉聲)의 당위성을 역설한 반면, 손광은 악기가 자연의 소리를 모방하는 것인데, 그중 생황과 피리 소리는 모두 동물의 소리를 모방한 음성의 한 종류에 지나지 않는다고 하여, 음성의 한 종류이기도 한 '소' 역시 악기와 대등하게 자연의 소리를 모방할 수 있다는 육성의 필연성을 강조하였다.

《소지》에서 예를 든 것처럼, 용이 물속에서 노닐다가 곧바로 하늘로 날아오르는 듯한 유운소(流雲嘯), 호랑이가 계곡에서 포효하는 듯한 심계호소(深溪虎嘯), 끊어졌다 다시 이어지면서 간장을 조리게 하는 고류선소(高柳蟬嘯), 적막한 숲 속에서 귀뚜라미가 울면서 귀신이 몰려드는 듯한 공림야귀소(空林夜鬼嘯), 울창한 삼림 속에서 멀리 소리가 울려나가는 무협원소(巫峽猿嘯), 시원하면서 느긋하여 끊이지 않는 하홍곡소(下鴻鵠嘯), 화살을 맞은 솔개가 애처롭게 우는 듯한 고목연소(古木鳶嘯), 물속에서 용이 우는 듯한 용음소(龍吟嘯) 등, 이런 것들은 육성인 '소'로써 자연의 기이한 소리를 모방한 것이다.

그리고 적어도 당대(唐代)까지는 육성(肉聲)이 기악(器樂)보다 뛰어난 것으로 간주되었던 점도 간과할 수 없다. 《악부잡록(樂府雜錄)》에서는 "현악기는 관악기만 못하고 관악기는 육성만 못하다(絲不如竹 竹不如肉)"고 했다. 그 대표적인 사례로 영신(永新)이란 가인(歌人)의 일화를 들었다. 정명도 도사 홍애 선생이 현종에게 나아가 '소'를 선보일 무렵인 개원(開元) 년간에, 영신이란 가인이 맑고 높은 소리를 잘 내었다고 한다. 현종이 당시 피리의 명인 이모(李謨)를 불러 피리로써 영신의 노래 곡조를 따라가라고 시켰는데, 종국에는 피리의 관(管)이 파열되는 경지에 이르렀다고 한다. 《악부잡록》에서는 그 수련법을 다음과 같이 제시하였다.

> 노래를 잘하려면 반드시 먼저 그 기운을 고르게 해야 한다. 배꼽 아래에 서린 기운이 위로 올라와 목구멍에 이르렀을 때 소리를 내면 곧 높은 소리나 낮은 소리로 나뉘는 것이니, 그 기술을 얻으면 구름을 멈추게 하고 골짜기를 진동시키는 오묘한 경지에 이를 수 있다.[53]

이는 소법(嘯法)과 유관한 면이 있다. 《소지》〈동지장(動地章)〉에서는, "사람의 심지(心志)가 기로 발현되고 기가 격발되어 소리를 이룬다"[54]고 하였다. 소법은 기를 운용하여 소리를 내는 것이다. 그리고 위에서 언급된 가창의 방법은 조기(調氣)하여 기를 하단전에서 끌어올리는 점에서 도교의 연단 조식 방법과 원리상 일치된다.[55] 당대(唐代) 소리꾼의 수련법은 도교 기공수련의 한 방법이기도 하였던 것이다.

---

53) 《악부잡록(樂府雜錄)》, 〈가(歌)〉, "善歌 必先調其氣 氤氳自臍 出至喉 乃噫其詞 卽分抗墜之音 旣得其術 卽可致遏雲響谷之妙也."
54) "夫人心志而發乎氣 氣激於外而成於音."
55) 경희태 편(卿希泰 編), 《도교여중국전통문화(道敎與中國傳統文化)》, 福建人民出版社, 1990, 261쪽.

여기서 정렴의 내단수련 요체가 익히 알려진 바처럼 대체로 폐기(閉氣)와 태식(胎息) 수련에 근거함을 주목할 필요가 있다. 행기법(行氣法)이 폐기 수련법에 근거함을 참고하면,[56] 정렴의 폐기 수련은 행기법과 유관함을 짐작할 수 있고,[57] 그의 '소'가 바위 골짜기를 진동시키는 엄청난 위력을 가지고 있는 사정을 이해할 수 있기 때문이다.

손광은 그의 저술《소지》에서 죽림칠현의 한 사람인 완적(阮籍) 이후로 다시 '소'를 들을 수 없다고 하였지만, 앞서 본 바에 의하면 적어도 당대(唐代)까지는 도사들에 의하여 전승되다가 그후로 실전된 것으로 추정된다. 그런데 몇 백년 뒤에 정렴이 어떤 경로를 통하여 도교 음공(音功)을 복원, 계승하였는지는 의문으로 남는다. 하지만 손광의《소지(嘯旨)》에 등재된 고목연소(古木鳶嘯)를 분명히 인식하고 있었음이 그의 시를 통하여 보여준다. 다음 시는《온성세고》에 실려 있는 〈등와령망삼각산登瓦嶺望三角山〉 시이다.

荒村古木嘯飢鳶,　　　황촌의 마른 남긔 굶주린 솔개 울고,

---

56) 이양정(李養正),《도교개설(道教概說)》, 北京: 中華書局, 1989, 308~309쪽 참고.

57) 그리고 구처기(丘處機)의 금단증험(金丹證驗) 설에 의하면 금단 증험의 과정에서 일곱 번째 단계에서 "神智踴躍 自歌自舞 口發狂言 著讚詩詞"(《구조전서(邱祖全書)》, 〈팔절금단증험(八節金丹證驗)〉)의 경우를 들고 있는데, 내단 수련과정에서 소가(嘯歌)의 방법을 체득할 여지도 헤아려볼 수 있겠다.

蘆荻蕭蕭薄暮天,　　　물억새 서걱거리는데 땅거미 내린다,

立馬溪橋回首望,　　　골짝 다리에 말 멈추고 돌아다보니,

蒼山遙在白雲邊,　　　푸른 산은 아득히 흰 구름 곁에.

《어우야담》에 다음과 같은 일화가 있다. 류근(柳根)이 대제학으로 있을 때, 조정에서 동방의 시를 뽑는 자리에서 류근은 아우인 정작의 시를 취하고, 그 형인 정렴의 시를 버리면서 그 이유로 율(律)이 맞지 않기 때문이라고 하였다. 그러나 장악원(掌樂院) 주부(主簿)로 있었던 정렴이 율을 몰랐다고 하는 것은 억측이다.

위의 시는 칠언절구 평기식(平起式)이다. 평성으로 압운한 것까지는 좋으나, 제1구 제3자를 측성(仄聲)으로 배치하여 정격(正格)에 벗어났다. 그 점에 있어서 류근의 지적은 옳다. 그러나 칠언절구가 노래로서 널리 통용되는 시체인 점을 감안하고, 이 시를 소가(嘯歌)로 불렀을 가능성을 염두에 두면 사정이 다르다. 소지(嘯旨)에는 15종의 '소'가 있는데, 여덟 번째의 '소'의 이름이 〈고목연(古木鳶)〉이다. 고목연의 소법(嘯法)은 내격(內激)에서 시작하여 필(疋)과 질(叱)을 거쳐서 산(散)으로 끝나게 된다. 그리고 당인(唐寅)의 다음과 같은 말을 참고할 필요가 있다.

대개 기는 상악(上齶)에서 나와 상평성(上平聲)이 되고, 기가 혀 위에서 나오면 하평성이 된다. 상성, 거성, 입성은 상하가 없는 것으로 측입성이다. 상평성은 맑고 측성은 탁하다. 생각건대

'소'의 소리는 반드시 평성에서 나오지 측성에서 나오는 것은
아니다.[58]

이를 근거로 위 시를 보면, 내격은 혀끝을 윗니 안쪽에 대고 양
입술을 다문 채 한쪽을 보리싹만큼 열어서 기를 통하게 하고 소리
를 안으로 격발시키는 점에서 상평성(上平聲)이다. 산(散)은 혀의
위치는 내격과 같고 양 입술을 열어 기를 흩어지게 하는 점은 다
른데, 이 역시 상평성이다. 필(疋)과 질(叱)은 고저음을 자유로이
내는 발성법으로서 측성에 적합하다. 위의 시를 소가(嘯歌)로 부
른다면, '황촌(荒村)'은 내격에 해당하고, '고(古)'는 필(疋) 또는
질(叱)에 해당하여 제1구 제3자인 '고(古)'를 굳이 평성으로 처리
할 이유가 없다.

그리고 또 하나, 입성(入聲)이 위의 시에 자주 등장하고 있어 류
근의 귀를 거슬리게 하였을 것이다. 입성은 음영(吟詠)에 불필요
한 휴지를 강요한다. 통상 28자 정도의 칠언절구에 입성은 두세
개 정도는 허용이 되지만, 위의 시처럼 다섯 개-木·荻·薄·立
·白-는 지나치다. 그러나 《소지》의 〈고목연〉은 화살을 맞은 솔
개의 애처러운 울음을 형용한 것이다. 입성을 자주 활용한 것은
정렴이 〈고목연〉의 묘체를 염두에 두고 있음을 뜻한다. 차갑고 텅

---

58) 당인(唐寅), 〈소지후서(嘯旨後序)〉, "蓋氣自上齶出爲上平聲 氣自舌上出爲下平
聲 上去入聲無上下者 仄入聲 上平聲清而仄聲濁 竊想嘯之爲聲 必出於平 而不
出於仄矣."

빈 들녘에 그 솔개의 애원성이 끊어졌다가 다시 이어지고 이어졌다가 홀연 다시 끊어지면서 음산한 바람을 몰아오는 것이다.

여기서 정렴은 빗새소리를 내며 울먹이고 있다. 부정(父情)에 굶주려 단속적으로 일어나는 입성(入聲)에 의지하여 울먹이고 있는 것이다. 《소지》의 전고(典故)에 따르면 화살 맞은 솔개가 우는 것이 되어야 하지만, 정렴은 이를 굶주린 솔개가 운다는 말로 비틀었다.

'소'가 귀신을 감동시키고 불사의 경지에 이른다는 손광의 지적은 맞는 말이다. 그러나 정렴에게서는 불사의 경지는 득선(得仙)이 아니라 생사를 초탈하는 그 어떤 것임을 의미한다. 정렴은 '소'를 통해 귀신은 감동시켰는지 모르나 부친의 마음은 바꾸지 못했다. 제4구에서 다가서야 할 푸른 산이 아득히 흰 구름 곁에 있다는 것은, 불우한 시인 자신이 생사를 염두에 두고 이른 말이 아니다. 백운(白雲)의 '白'이 입성인 점에서 삶의 의지는 이미 끊어졌다고 보아도 무방할 것이다. 제2구에서 시인의 주변을 둘러싼 세계는 이미 막을 내리고 있었고, 제3구에서는 생사의 갈림길에서 지난 일들을 주마등처럼 되돌아보는 데 지나지 않는다.

도교의 창법(唱法)은 연기(練氣) 수련의 일종으로서, 모두 내기(內氣)를 기초로 하여 호흡을 고르고 심신이 조화를 이루고 난 뒤에 소리를 내는데, 정확한 발음이나 가사 전달에는 그다지 신경을 쓰지 않고 전체의 뜻을 챙겨 내면심리와 기운의 움직임에 따라 자유로이 불러 탈속(脫俗)의 경지에 이르는 것을 목적으로 삼는다.[59] 앞에서 북창 정렴의 시가 율(律)에 맞지 않는다는 유근의 지적은, 정렴의 시가 소가(嘯歌)와 같은 도교음악적인 배경을 깔고 있었다는 사실을 몰랐기 때문에 비롯된 것으로 여겨진다. 〈古木鳶〉은 일반적인 한시의 율격이나 수사법 차원에서 논의될 수 없는 것이며, 소법(嘯法)을 이해하지 않고는 이 시의 묘미를 제대로 음미하지 못한다. 그 지향하는 바와 차원이 엄연히 다른 것이다. 더욱이 이토록 처절한 시어를 정렴이 일반적인 율격에 맞추어 지을 수 없는 사정도 고려되어야 한다. 비록 그의 시가 탈속의 경지에 이르지 못하였다 할지라도, 〈古木鳶〉은 그의 '소'와 함께 언어의 차원을 넘어선 선어(仙語)로 해석되어져야 할 이유를 여기서 찾을 수 있다.

5. 남은 문제

이상의 논의에서 정렴의 '소'는 고려노래 여음 가운데 피리 구음을 발전시켜 재현한 것으로 정리할 수 있다. 여기서 이르는 '소'는 민간 도교음악에 있어서 주목되는 갈래인데, 이러한 결론이 문헌적 연구에 치중하여 실증적인 측면에서 여러 가지 논란이 예상된다. 요컨대 구음은 뜻 없는 소리로서 선어와 통하고, 구음의 음

---

59) 포형강(蒲亨强), 《정통도교과의음악연구(正統道敎科儀音樂硏究)》, 四川: 巴蜀書社, 2000, 224~225쪽 참고.

색은 소가(嘯歌)와 통한다고 볼 수 있지만, '소'와 구음, 그리고 선어를 함께 거론할 실증적인 자료가 충분하지 못하기 때문이다. 하지만 조선조 대표적인 내단가인 정렴을 통하여 중국에서 실전된 도교 음공(音功)인 소가(嘯歌)가 조선 중기에 재현되었다는 사실은, 비단 도교사적인 사건일 뿐만 아니라, 고려노래의 사상적 배경을 암시하는 한국음악사적인 문제도 함께 제기하고 있는 점에서 시사하는 바가 크다고 하지 않을 수 없다. 비록 소가(嘯歌)의 흔적을 초기 전진교 문헌에서 일부 찾을 수는 있지만, 문헌상으로 볼 때 소가(嘯歌)의 명인은 송대(宋代) 이후 중국 대륙 내에서도 실명으로 전해지지 않고 있다. 그래서 조선 중기에 나타난 북창의 소가(嘯歌)는 그 존재 사실 하나만으로도 절전된 도교 음공(音功)을 후대에, 중국이 아닌 조선에서 구현하였다는 점에서 도교음악사의 여백을 채우는 커다란 의의를 지닌다.

물론 정렴이 금강산에서 행한 '소'가 고려노래의 구음과는 얼마간 다른 점이 있는 것도 간과할 수 없다. 〈동동〉이나 〈쌍화점〉 등 고려노래의 전반적인 성격이 악무(樂舞)에 필요한 노래이고, 궁중의 연악(燕樂)으로 사용되었을 법한 구음이 오늘날에 이르렀어도 여전히 줄풍류로 사용되고 있다. 악무(樂舞)의 전통을 지니고 있는 구음은 그래서 정렴의 소가(嘯歌)와 대비된다. 따라서 고대 도교 비전(秘傳)의 음공(音功)인 '소'가 그 자체로 신선 방기(方技)이자 독립된 성악으로 분류할 수 있는 데 비하여, 현전하는 구음은 어느 정도 세속화 과정을 거친 악가(樂歌)라고 여겨진다.

끝으로 이 글에서는 조선 중기에 나타난 '소'의 발생 문제를 구체적으로 제시하지 못한 한계가 있다. 북창 정렴의 '소'가 자생적인 것인가 아니면 어떤 경로, 또는 어떤 계보를 통하여 계승되었는가 하는 점이다. 현재까지 드러난 자료를 통해 볼 때 자생의 가능성이 크다고 볼 수 있지만, 중국도교와의 교섭 관계나 조선조 내단수련가를 통한 계보적 전승의 가능성도 전혀 배제할 수 없는 것이다.

제3부 북창 정렴의 도교 사상

신출(新出)《단학지남(丹學指南)》과 북창 정렴의 양생사상(養生思想)

양은용(梁銀容, 원광대 동양종교학과 교수)

1. 서론

조선시대에 있어서 단학파(丹學派) 도맥은 청한자(淸寒子) 김시습(金時習, 1435~1493)에서부터 실질적인 상승(相承) 관계가 드러난다. 그가 연단(練丹)에 심취했음은 그의 문집인《매월당집(梅月堂集)》의 시기(詩記) 등의 글에 두루 산견되며, 특히 〈잡저(雜著)〉에는 양생사상(養生思想)이 체계적으로 실려 있다.[1] 그러한 청한자의 도맥은 득양자(得陽子) 한무외(韓無畏, 1517~1610) 가 쓴《해동전도록(海東傳道錄)》에서 후대로 전승된 계보가 밝혀져

---

[1] 졸고, 〈청한자(淸寒子) 김시습(金時習)의 단학수련(丹學修鍊)과 도교사상(道敎思想)〉 한국도교사상연구회편, 《도교(道敎)와 한국문화(韓國文化)》, 아세아문화사, 1988, 66쪽 이하, 초출(初出)은《매월당연구논총(梅月堂研究論叢)》(강원대학교, 1987) 참조.

있는데,[2] 여러 기록들을 통해 사실로 증명되고 있어서 흥미롭다. 특히《해동전도록》은 단학파 도맥이 비전되는 가운데 조선시대의 연단일사(練丹逸士)들에 의해 여러 가지 연단양생서(練丹陽生書)가 찬술되었다고 전하거니와, 그들이 명목에 그치지 않고 오늘날까지 전승되고 있어서,[3] 조선시대 정신사의 한 보고로 주목하게 된다.

본고[4]에서 다루려고 하는 북창(北窓) 정렴(鄭磏, 1506~1549)은 이러한 조선단학파의 비조인 청한자의 도맥이 확산되던 시기의 연단일사 중의 한 사람이다.《해동전도록》에 의하면, 그의 도맥은 청한자 김시습 - 허암(虛庵) 정희량(鄭希良, 1469~1510~?) - 승(僧) 대주(大珠) - 북창으로 이어지고 있다. 그리고 청한자가《내단요법(內丹要法)》과《옥함기(玉函記)》를 정희량에게 전했다고 기록하고 있다. 이것이 대주를 거쳐 북창에게 어떻게 전해졌는지 분

---

2) 이종은(李鍾殷) 역주,《해동전도록(海東傳道錄)·청학집(靑鶴集)》(보성문화사, 1986) 165쪽 이하 참조.

3) 한무외(韓無畏) 찬,《해동전도록》자체가 이규경(李圭景) 찬,《오주연문장전산고(五洲衍文長箋散稿)》의 인용문과 이능화(李能和) 집술,《조선도교사(朝鮮道教史)》의 재인용을 통해 알려져 오다가 1980년대에 이르러서야 규장각본에서 발굴되고, 이어 여러 이본의 존재가 확인되었다. 근래에 이르러 조선시대의 연단양생서(練丹養生書)가 다수 발굴되었는데,《해동전도록》에 기록된 곽재우(郭再祐) 찬,《복기조식진결(服氣調息眞訣)》이《양심요결(養心要訣)》로 전해지고 있는 것처럼(졸고, 〈망우당 곽재우의《양심요결》과 양생사상〉, 釋山韓鍾萬博士 화갑기념(華甲紀念)《한국사상사》, 원광대학교출판국, 1992, 609쪽 이하), 당대의 자료들이 적지 않게 전하고 있다.

4) 본고는 韓國道教思想研究會 제7차 학술회의(《韓國道教와 養生思想》, 94. 8. 17~18, 쌍방울 무주리조트)에서 연구 발표한 〈新出《丹學指南》과 北窓 鄭磏의 養生思想〉의 내용을 보정한 것이다.

명하지 않으나, 이 책에는 《용호결(龍虎訣)》이 '북창저(北窓著)'라 하여 부록되어 있어서, 도맥을 상승하고 수련해 가는 가운데 그가 연단 양생서를 찬술했을 것으로 보인다. 그러나 이 《용호결》은 북창의 시문집인 《북창고옥시집(北窓古玉詩集)》에 수록되어 있지 않을 뿐만 아니라, 행장이나 다른 기록에도 전혀 언급이 없다. 따라서 찬술의 진위 여부를 비롯하여 석연치 않은 부분이 없지 않았던 게 사실이다.

물론 행장이나 시문에 도가적인 요소가 짙게 나타나고 있으므로 그의 도교적 수련을 의심하는 경우는 없으나, 수련작법과 양생사상을 파악하는데 있어서 《용호결》이 필요불가결한 만큼, 이에 대한 서지적인 검토가 요청되는 상황이었다. 그런데 1994년 초에 이의 이본(異本)으로 보이는 《단학지남(丹學指南)》이 따로 전해지고 있음을 확인하게 되었다. 전라남도에서 수련하는 익명의 산인(山人)에게서 복사본을 구한 것인데 수련작법의 지남으로 전승되고 있어서 찬술의도가 살려지고 있다는 느낌을 받았다. 본고에서는 이의 해제(解題)를 겸하여 북창 양생사상의 일단을 살펴보기로 한다. 북창의 양생사상이라고는 하지만, 《단학지남》의 사료적 가치를 확인하는 데에 중점이 두어져 있으므로, 여기서는 이에 나타나는 특징을 금후의 본격적인 연구를 위해 서설적으로 언급하려는 것이다.

2. 북창의 가계(家系)와 단맥(丹脈)

1) 북창의 가계와 단학(丹學) 수용

북창은 자를 사결(士潔), 호를 북창 외에 청파(靑破)·청계도인 (淸溪道人)·양정도인(陽井道人) 등으로 사용하였다. 그의 가계를 전하는 기록은 《온성세고(溫城世稿)》[5],《온양정씨지평공파보(溫陽鄭氏持平公派譜)》,[6] 성수익(成壽益) 찬 〈정렴행실(鄭磏行實)〉,[7] 정광한(鄭光漢) 찬 〈북창선생묘기(北窓先生墓記)〉[8] 등 여러 가지가 있는데, 이들에 의해 그의 가계를 간략하게 도시하면〈표 1〉과 같다.

---

5) 정창순(鄭昌順)의 을사(乙巳, 1785) 발문(跋文)이 붙은 《북창고옥양선생시집 (北窓古玉兩先生詩集)》과 윤신지(尹新之)의 병무(丙戌, 1646) 서문(序文)이 붙은 《동명선생집(東溟先生集)》을 합편중간(合編重刊)한 것으로, 정락훈(鄭樂勛)의 정사(丁巳, 1977) 발문이 붙어 있다. 《북창고옥선생집》은 《북창선생집(北窓先生集)》(정렴)과 《고옥선생시집(古玉先生詩集)》(정작)과 함께 《금송당유고(琴松堂遺稿)》(정적) 《십죽헌유고(十竹軒遺稿)》(정첨) 《만죽헌유고(萬竹軒遺稿)》(정현) 《총계당유고(叢桂堂遺稿)》(정지승) 《무송당유고(撫松堂遺稿)》(정회)가 합록되어 있다. 이에 《동명선생집》(정두경)을 합하면 북창과 그 이후 가문 인물에 의한 8권의 시문집 총서이다.

6) 정락훈(鄭樂勛)의 대한민국정사(大韓民國丁巳, 1977) 서문이 붙은 북창가계 보이다. 전후 7편인데 갑(甲) 편에 상계 시조지십육계(上系 始祖至十六世), 을 (乙.)편에 계향당공(桂香堂公)(정초)파, 병정(丙丁)편에 만죽헌공(萬竹軒公)(정현)파, 무(戊)편에 북창공(北窓公)(정렴)파, 기(己)편에 십죽헌공(十竹軒公)(성첨)파, 경(庚)편에 진사공(進士公)(정자(鄭磁))파로 나뉘어 있어서 북창 형제들의 일세를 풍미한 모습이 엿보인다. 본고의 북창 일가 인물의 생몰연대는 이에 따랐다.

7) 《國朝人物考》中(서울대학교출판부, 1992) 727~728쪽 이하.

8) 《北窓古玉兩先生詩集》下(《溫城世稿》北窓古玉兩先生詩集 부록).

그런데 이러한 가계도를 통해서 우리는 북창가문에 단학인이 대대로 이어지고 있음을 살피게 된다. 《파보》에서는 당시인들이 북창과 함께 계향당(桂香堂) 초(礎, 1495~1539)·고옥(古玉) 정작(鄭碏, 1533~1603)을 일가삼선(一家三仙)으로 불렀음을 전한다.9) 또한 금송당(琴松堂) 적(磧, ?~1537~?)·십죽헌(十竹軒) 첨(礵, 1517~1561)·만죽헌(萬竹軒) 현(礥, 1526~?) 등의 아우, 총계당(叢桂堂) 지승(之升, 1550~1589)·무송당(撫松堂) 회(晦, 1568~?)·동명(東溟) 두경(斗卿, 1597~1673) 그리고 돈시(敦始, 1756~1785) 등의 후예들이 단학인으로 확인된다.

우선 이들 단학인에 대해 살펴보면, 북창의 종형인 계향당 초에게는 일가삼선으로 불리웠음에도 불구하고 시문들이 남아 있지 않으므로 구체적인 사항을 알 수 없으나, 5제인 고옥 작은 이미 단학인으로 널리 알려진 인물이다. 관이 교관(敎官)에 이르렀던 그는 허준(許浚, 1546~1615)이 선조의 명을 받아 《동의보감(東醫寶鑑)》(1613)을 찬술할 때 같이 참여하여 정기신(精氣神) 삼보(三寶)의 수양, 즉 내단적 양생술을 근본으로 한 치병관을 제공하고 있다.10)

---

9) 《溫陽鄭氏持平公派譜》의 鄭碏傳에 "(碏)與從弟北窓古玉二公 世稱一家三仙"이라 하였다. 이하의 일가 생몰연대도 주로 이 《파보》의 기록에 따른다.

10) 許浚 찬, 《東醫寶鑑》 〈內景篇〉 卷一. 이에 대한 연구에는 李鎭洙, 〈朝鮮養生思想의 成立에 관한 考察(其一)〉(한국도교사상연구회편, 《道敎와 韓國文化》, 아세아문화사, 1988, 225쪽 이하, 초출은 《石堂論叢》 9, 동아대학교 석당전통문화연구원, 1984), 坂出祥伸, 〈東醫寶鑑における養生術〉(同著, 《道敎と養生思想》, ペリカン社, 1992, 255쪽 이하, 초출은 〈韓國傳統醫學における養生說 – 《東醫寶鑑》を中心に〉-, 《關西大學文學論叢》 37~3, 1988) 등을 참조.

그에게는 《고옥선생시집(古玉先生詩集)》[11]이 있어 240여 수에 달하는 시문이 전하는데, 대부분이 신선사상 내지 도가양생술과 관련된 내용의 것들이다. 〈팔선정야음(八仙亭夜吟)〉·〈강선루(降仙樓)〉·〈억정양당(憶靜養堂)〉·〈삼청동(三淸洞)〉 등의 선적(仙蹟)에 대한 것, 〈백씨만(伯氏挽)〉·〈제풍악상인축(題楓嶽上人軸)〉·〈차북창형운(次北窓兄韻)〉 등의 북창(伯氏)연단설에 관한 것, 〈우제(偶題)〉·〈기한유천준겸걸단재이수(寄韓柳川浚謙乞丹材二首)〉·〈서벽상(書壁上)〉·〈독도서(讀道書)〉 등의 연단양생에 관한 것, 그리고 매월당 등의 선인이나 고경명(高敬命, 1533~1592)과 같은 당대 인사들과의 선적(仙的) 교유(交遊)를 담은 것도 있는데, 특히 수암 박지화(守菴 朴枝華, 1513~1592)에 관해서는 〈배수암박지화군실격암남사고경초방이언유(陪守菴朴枝華君實格菴南師古景初訪李彦愉)〉·〈정수암(呈守菴)〉·〈과수암구거(過守菴舊居))〉·〈배수암등우이후령(陪守菴登牛耳後嶺)〉·〈유회수암이수(有懷守菴二首)〉 등 여러 수가 남아 있다. 북창과 수암이 대주(大珠)의 단맥을 이었고, 고옥이 이들에게 금단대요(金丹大要), 즉 도교의 연단양생술을 배웠던 점을 고려하면,[12] 이러한 고옥의 교유관계도 북창연구에 주목할 사항으로 생각된다.

---

11) 《북창고옥양선생시집(北窓古玉兩先生詩集)》으로 묶어져 유행하는데, 《온성세고(溫城世稿)》 수록본에는 상당한 시문의 보유(補遺)편이 부록되어 있다.

12) 장유(張維) 찬, 〈북창고옥양선생시집서(北窓古玉兩先生詩集序)〉에는 "公少. 從伯氏及守菴朴枝華. 學通金丹大要."《온성세고(溫城世稿)》 소수(所收)의 《북창고옥양선생시집(北窓古玉兩先生詩集)》 1張左)라 하였다.

북창의 2제인 금송당 적에게는 시(詩) 6수와 부(賦) 1수가《금송당유고(琴松堂遺稿)》라는 이름으로 남아 있는데, 〈한계뢰월(寒溪瀨月)〉·〈연명파국도(淵明把菊圖)〉·〈등참성단(登塹城壇)〉·〈재궁잡영(齋宮雜詠)〉 등에 도가사상이 짙게 깔려 있다.[13] 3제인 십죽헌 첨(1517~1561)에게도《십죽헌유고(十竹軒遺稿)》가 엮어져 전한다. 겨우 시 5수에 불과하지만, 〈봉백씨청계도인(奉伯氏淸溪道人)〉에서는 단학인으로서의 북창의 모습이 잘 그려져 있을 뿐만 아니라, 그 역시 그러한 인생관을 공유하고 있었던 것으로 보인다.[14]

북창의 4제로 중부에게 양자간 만죽헌 현은《만죽헌유고(萬竹軒遺稿)》에 10수의 시가 전한다. 만죽헌 외에 세한당(歲寒堂)·소요산인(逍遙山人)·내욕거사(耐辱居士) 등의 호에서 단학인의 모습이 엿보이거니와, 〈등흘골성(登屹骨城)〉·〈강선루(降仙樓)〉 등의 시에 신선사상이 짙게 깔려 있다.[15] 북창의 3제 십죽헌 첨의 제2자인 총계당 지승은 문집인《총계당유고(叢桂堂遺稿)》가 엮어져 100여 수에 가까운 시문을 전하고 있다. 일찍이 용담(龍潭)의 회계산중(會稽山中)에 총계당이라는 초암을 지어 기거했던 관계로 총계당 외에 회계산인(會稽山人) 등으로 호하였는데, 우계 성혼(牛溪 成渾, 1535~1598)은 그의 학술이 정치하고 역량이 웅위(雄

---

13)《금송당유고(琴松堂遺稿)》(《온성세고(溫城世稿)》소수(所收)) 참조.
14)《십죽헌유고(十竹軒遺稿)》(《온성세고(溫城世稿)》소수) 참조.
15)《만죽헌유고(萬竹軒遺稿)》(《온성세고(溫城世稿)》소수) 참조.

威)함을 제갈공명에게 비하였다.16) 그의 시문에는 〈무주삼청각
(茂朱三淸閣)〉·〈강선루(降仙樓)〉·〈송성칙우유풍악(送成則優遊楓
嶽)〉·〈산거즉사(山居卽事)〉 등에서 신선과 장생(長生)을 찾고, 〈독
황정경(讀黃庭經)〉 등에서 연단양생술에 심취했던 생애의 단면을
드러내고 있다.

총계당 지승의 1자인 무송당 회(晦, 1568~1623)는《무송당유고
(撫松堂遺稿)》가 엮어져 30여 수의 시문을 전하고 있다. 〈송인유
금강(送人遊金剛)〉·〈한청평상국만대화옹(韓淸平相國挽代禾翁)〉
등에서는 신선과 연단양생서(丹書)를 논하고 있으며, 〈정양진인
가유별정자원(正陽眞人歌留別鄭紫元)〉, 〈송정평사자원(送鄭評事紫
元)〉에서는 종래 알려지지 않던 단학인 정양진인(正陽眞人) 정자
원(鄭紫元)에 대해 '화산진인(華山眞人)의 제자'라고 소개하고 있
는데, 당대의 인물로 서로 교유가 있었던 것으로 보여 주목을 끈
다.17)

무송당 회의 2자인 동명 두경(斗卿, 1597~1673)은 북창·고옥
이후 일가에서 문명(文名)이 가장 드러난 인물이다. 시문으로 일세
를 풍미한 만큼,《동명선생집(東溟先生集)》11권에는 무려 804수에
달하는 시문이 수록되어 있다. 이들에 신선사상 내지 연단양생술
적인 흐름이 농후하게 드리워져 있음은 말할 나위 없는데, 그중에
서도 〈영랑호(永郎湖)〉(권2)·〈금강산5수(金剛山五首)〉·〈정호정(呈

16)《총계당유고(叢桂堂遺稿)》, 〈서문(序文)〉《온성세고(溫城世稿)》소수) 참조.
17)《무송당유고(撫松堂遺稿)》(《온성세고(溫城世稿)》소수(所收)) 참조.

壺亭〉〉·〈춘일유중흥동10수(春日遊中興洞十首)〉·〈상시중대(上侍中臺)〉〉(권3) 등에는 선적(仙蹟) 등과 관련하여 신선을 노래하고 양생에 관한 견해를 피력하고, 〈성수재시망강정10수(成秀才時望江亭十首)〉〉(권3)·〈기청하자(寄靑霞子)〉〉(권4)에서는 권극중(權克中, 청하자靑霞子, ?~1614) 등과의 교유를 전하고 있으며, 〈독도서(讀道書)〉〉(권2)를 통해서는 도가서를 공부한 모습이 나타난다. 그리고 북창의 원손(遠孫)인 돈시(敦始, 1756~1785)는 문집은 전하지 않으나, 현묵자(玄默子) 홍만종(洪萬宗) 찬 《해동이적(海東異蹟)》(1666)의 순양자보(純陽子補)에 입전되어 있고,

정돈시는 북창·고옥의 후예인 판서 창성(昌聖)의 아들이다.

나이 어려서 이미 단가(丹家)를 배워서 (단(丹)을) 이루었는데,

방사(房事)를 끊고 후자(後子)를 세웠다.[18]

고 전한다.

이 밖에도 도가류의 호를 지닌 옥호자 성경(星卿, ?~?)[19]이나, 수련처와 관련 있는 호를 지닌 한벽당(寒碧堂) 시(時, 1569~

---

18) 홍만종(洪萬宗) 찬, 《해동이적(海東異蹟)》下, "鄭敦始. 北窓古玉之後裔. 判書昌聖子也. 年少已學丹家有成. 斷房立後子…"

19) 만죽헌(萬竹軒) 정현의 〈강선루사수(降仙樓四首)〉에 "會眞臺上玉壺峯"이라는 구절이 있는 것으로 보아, 옥호자는 이 신선대와 관련한 옥호봉에서 취한 호로 생각된다.(《온성세고(溫城世稿)》의 《만죽헌유고(萬竹軒遺稿)》 2장우(張右))

1629)[20]에게서도 같은 흐름이 엿보인다. 그리고 단학인인 총계당 지승(之升)-무송당(撫松堂) 회(晦)를 이은 형제간의 이름이 익경(翼卿, 1595~1652)·두경(斗卿)·성경(星卿)·인경(麟卿, 1607~1663)·용경(龍卿, 1609~?)·호경(虎卿, 1619~1667)으로 성수(星宿) 및 사신(四神)과 관련 있게 지어진 점이나, 인경(麟卿)을 이은 순양(純陽, 1634~1686)·정양(正陽, 1638~1689) 등의 이름이 중국 혁신도교의 비조인 여동빈[呂洞濱: 순양자(純陽子)]류(類)를 연상시키는 점 등은 주목되기에 충분하다.

어떻든 이와 같이 보면 일가 인물의 대부분이 단학 내지 도가류의 교양을 지녔던 것으로 사료된다. 즉 종형인 계향당에서부터 문집이 전하는 친아우들이 모두 신선사상이나 연단양생술 등 호도관(好道觀)을 지니고 있고, 이후 수세기에 걸쳐 일가에 면면히 계승된다. 실제로 문집은 전하지 않는 6대손 광한(光漢, 1720~1780)이 찬술하고 8대손 민시(民始, 1745~1800)가 전서한 〈북창선생묘기(北窓先生墓記)〉에서 북창의 신이한 능력을 밝히는 가운데 《도덕경》을 인용하여,

노자가 이른바 집안을 나서지 않고 천하를 안다는 것이 헛말이 아니다.[21]

---

20) 고옥(古玉) 정작의 〈한벽루(寒碧樓)〉라는 시에 "淸風眞絶景, 寒碧最名樓"라는 구절이 있는데, 한벽당의 호는 이에 인연하여 붙여졌을 것이다.(《온성세고(溫城世稿)》소수《古玉先生詩集》8張右)
21) "老子. 所謂不出戶. 而知天下者. 非虛語也."(《온성세고(溫城世稿)》소수《北窓

〈표 1〉 북창의 가계

*〈 〉:丹學人, (出·系):養子

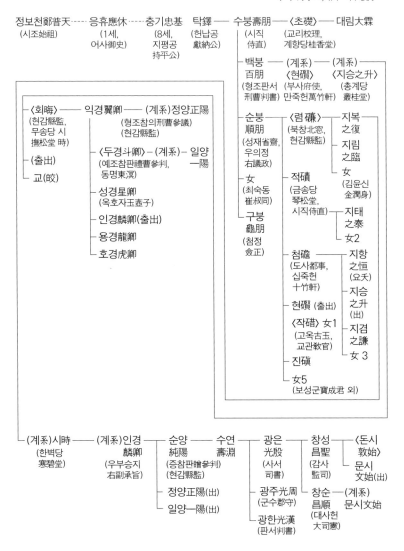

정보천鄭普天 ---- 응휴應休 ---- 충기忠基　　탁택鐸 ── 수붕壽朋 ── 〈초초礎〉── 대림大霖
(시조始祖)　　(1세, 어사御史)　(8세, 지평공持平公)　(헌납공獻納公)　(시직侍直)　(교리校理, 계향당桂香堂)

백붕百朋 ──(계系)──(계系)
(형조판서刑曹判書)　〈현적礥〉(부사府使, 만죽헌萬竹軒)　〈지승지승之升〉(총계당叢桂堂)

〈회회晦〉── 익경翼卿 ──(계系)정양正陽
(현감縣監, 무송당 시撫松堂 時)　(형조참의刑曹參議)　(현감縣監)

(출出)
교(皎)

순붕順朋　〈렴礴礷〉── 지복之復
(성재省齋, 우의정右議政)　(북창北窓, 현감縣監)　지림之臨
女(최숙동崔叔同)　女(김윤신金潤身)

〈두경斗卿〉──(계系)── 일양
(예조참판禮曹參判, 동명東溟)　一陽

성경星卿(옥호자玉壺子)

적적磧(금송당琴松堂, 시직侍直)── 지태之泰　女2

인경麟卿(출出)

구붕龜朋(첨정僉正)　첨적礏── 지항之恒(요夭)　지승之升(出)
용경龍卿　(도사도사都事, 십죽헌十竹軒)

호경虎卿　현적礥(출出)　지겸之謙　女3

〈작적磭〉女1(고옥古玉, 교관敎官)

진적磌

女5(보성군寶城君 외)

(계系)시時 ──(계系)인경麟卿── 순양純陽 ── 수연壽淵 ── 광은光殷 ── 창성昌聖 ──〈돈시敦始〉
(한벽당寒碧堂)　(우부승지右副承旨)　(증참판贈參判, 현감縣監)　(사서司書)　(감사監司)

문시文始(出)

정양正陽(出)　광주光周(군수郡守)　창순昌順(대사헌大司憲)──(계系)문시文始

일양一陽(出)　광한光漢(판서判書)

라 할 정도로 도가적 교양이 가풍으로 자리잡혀 있다. 근래에

古玉兩先生詩集》부록)

이르러 북창의 형제 및 후손들의 여러 문집을 《온성세고(溫城世稿)》라는 1책으로 재편집해 낸 것 역시 가세(家勢)가 번창하면서도 일관된 사상적 흐름이 있었기에 가능했을 것이다.

2) 북창의 단맥과 저술

북창의 가계에 단학을 전한 인물이 누구인가는 상고(詳考)를 요한다. 일가의 선대 관계자가 나타나지 않기 때문이다. 그러나 누대에 걸쳐 영달한 가문인 데다가 조부인 탁(鐸, 1452~1496)이 사간원헌납(司諫院獻納)으로 영의정이 추증되었고, 백부인 수붕(壽朋, 1474~1510)이 세자익위사시직(世子翊衛司侍直)이며 중부인 백붕(百朋, ?~1504~?)이 형조판서로 의정부 좌찬성이 추증되었으며, 부친인 순붕(順朋, 1484~1548)이 우의정, 계부인 구붕(龜朋, ?~?)이 첨정(僉正)이었던 점으로 보면, 집안에 다양한 서책을 구비하고 폭넓은 견문을 갖출 수 있는 환경이었음은 충분히 추측할 수 있다. 그런데 북창 당대에 이르러 종형인 계향당(桂香堂) 초(礎)가 '일가삼선(一家三仙)'으로 불렸다는 것은 단학수용과 관련지어 볼 만한 사실이다. 9년 위인 계향당이 단학인으로 양생사상(養生思想)을 갖추고 있었다면 북창에게도 대단한 영향이 미쳤을 것이기 때문이다. 《해동이적》에서 생질인 총계낭 시승에 대해 보(補)하면서,

정지승은 북창·고옥의 조카이다. 집안에 단가영적(丹家靈跡)

이 전해져 있었다. 일찍이 용담 제천대 아래에 은거하여…22)

　　라 한 것은, 북창 이후의 일이긴 하지만, 다만 총계당의 당대만에 한한 것이라고는 생각되지 않는다. 집안에 누대로 전승되는 가풍 속에서 북창형제가 한결같이 도가적 교양을 생활 속에 실천할 수 있었을 것이라는 말이다. 물론 북창의 시문(詩文) 기운데는 산승(山僧)들과 관련된 것이 많고, 그 자신 만년에는 속가에서 벗어나 은둔했던 점으로 보아,23)《해동전도록》에서 말하는 대주(大珠)화상으로부터 연단술을 전수24)했다는 것은 신빙성이 높아 보인다. 이 책에는 그가 숭앙하던 화담 서경덕이 승려인 청한자 김시습을 사사했던 바나, 허암 정희량이 승려와 친했던 점, 북창의 연하도우(年下道友)인 수암 박지화가 승려였던 사실 등, 북창 주변의 인물이 불교와 깊은 관련을 가지고 있음을 밝혀주고 있는데,25) 역시 이러한 사실을 방증해주는 바라 할 것이다.

22)《해동이적(海東異蹟)》上:"鄭之升. 北窓古玉之從子也. 家傳丹家靈跡. 嘗隱于龍潭祭天臺下…"
23)《북창선생시집(北窓先生詩集)》(《온성세고》소수)에 전하는 북창의 시문은 보유(補遺)편을 포함하여 50 여 수인데, 이 중에 산인(山人)·산사(山寺)를 주제로 세운 것이 10여 수에 이른다. 화담이나 수암 등 교유했던 사람들과 창화(唱和)한 시가 남아 있으며, 연단양생에 관련된 것이 많은 부분을 차지한다.
24)《해동전도록(海東傳道錄)》:"(金時習)以玉函記內丹之要. 授鄭希良…鄭公之學. 授僧大珠. 大珠佯狂. 狂乞於通都. 鄭㻇朴枝華得其旨. 俱成仙解去. 今無見也." 그러나《북창선생시집》에는 대주의 이름은 나타나지 않는다.
25) 이종은(李鍾殷) 역,《해동전도록(海東傳道錄)·청학집(靑鶴集)》, 177~178쪽의 학산(鶴山) 신돈복(辛敦復) 해설 부문을 참조.

결국 북창의 도교관 내지 양생사상은 먼저 그의 성장환경과의 관련 속에서 비추어볼 수밖에 없다. 그가 어떤 삶을 영위했던가에 초점이 모아지는 느낌인데, 손찬식(孫燦植) 교수는 그의 생애를 현실적인 불화의 도가적 극복으로 분석하고 있다.[26] 북창연구에 있어서 방향타를 제공하는 바인데, 다만 북창의 관점을 위에서 보아온 대로 일가에 확대시키면, 도가적 굴절이 아니라 보다 근원적이고 넓은 의미로 해석할 필요가 생긴다. 자칫 북창의 관점이 자괴감(自愧感)에서 출발한 자기안일(自己安逸)에 그치는 것으로 오해되어서는 안 되겠기 때문이다. 이 점 앞으로 연구가 진행되면서 밝혀질 사항이지만, 도가적 인생관이 현실 도피만이 아니라 차원을 달리한 현실참여라는 의미로 해석해 본다면, 북창에게 있어서 그것은 개인적인 기호라기보다는 일가의 학풍으로 보인다. 성수익(成壽益)[27]의 〈정렴행실〉에서 북창의 학업에 대해 논하면서,

공은 충허고명(沖虛高明)하고 상지(上智)의 자질이 있어, 유도석(儒道釋) 삼교에 엄관(淹貫)하지 않음이 없었고, 천문·지리·의약·복서(卜筮)·율려(律呂)·한어에 이르기까지 모두 배운 바 없이 능하였다. 실제로 그는 수(數)에서는 소옹[邵雍: 강절

---

26) 손찬식(孫燦植) 〈北窓 鄭𥖣의 現實的 不和와 道家的 克服〉《도교사상의 한국적 전개》(아세아문화사,1989), 149쪽 이하 참조.
27) (1528~1598). 조선 중기의 문신. 강원도 도사, 형조정랑, 호조정랑 등을 지냈다.

(康節)]과 같고, 의(醫)에서는 유편(兪扁)[28]과 같았다.[29]

고 적고 환자치료 등 그의 활동상을 구체적으로 전하고 있다. 후인들도 그의 자질을 '생이영이(生而靈異: 태어나면서 신령스러웠다)', '비학이득(非學而得: 배우지 않고서도 알았다)' 등 이와 유사하게 기술하고 있는데,[30] 그것이 삼교사상에 박통하고, 또 도가사상의 영향을 받아 역리론(易理論)을 수리철학(數理哲學)으로 전개한 소옹(邵雍, 1011~1077)이나 중국고대의 명의(名醫)로 도교에서 신의(神醫)로 받들리는 유부(兪跗)와 편작(扁鵲)에 비유된다는 것은 사료(3)에서 보는 것과 같은 가풍 아래서 가능한 일이다.

그러한 그가 32세 때(1537)에 이르러서야 아우인 금송당 적과 함께 사마시에 급제한 것은 그의 삶이 평탄하지 않았음을 의미한다. 즉 이는 정암(靜庵) 조광조(趙光祖, 1482~1519) 등과 교유한 부친 성재(省齋) 순붕이 기묘사화(1519)에서 화를 면하였으나 1521년 면직된 후 등용을 제한받다가 1537년에 복직된 것과 관련이 있다. 그후 북창은 늦어진 과거에는 뜻을 두지 않았으나, 천

---

28) 유부(兪跗)는 중국 황제(黃帝) 때의 명의이고, 편작(扁鵲)은 중국 주(周)나라 때의 명의임.

29) 《국조인물고(國朝人物考)》中, p.727: "公. 沖虛高明. 有上智之資. 儒道釋三敎. 無不淹貫. 至於天文地理醫藥卜筮漢語. 皆不學而能. 論其至於數如康節. 於醫如兪扁."

30) 장유(張維) 찬, 〈북창고옥양선생시집서(北窓古玉兩先生詩集序)〉《온성세고(溫城世稿)》외: "北窓. 生而靈異. 博通三敎.…以至方技衆藝. 各臻奧妙. 然皆非學而得也."

문·의약에 대한 능력을 인정받아 장악원 주부 겸 관상감, 그리고 혜민서 교수를 차례로 제수받고 있다. 그러나 포천현감을 지내기까지 10년도 채 못 되어 을사사화(1545)를 계기로 관직을 버리고는 다시 복귀하지 않는다. 이도 역시 부친과의 관계인데, 부친과 함께 백부 백붕에게 양자간 아우 만죽헌 현이 을사사화를 양성(釀成)하는 데 대하여 만류와 설득을 폈지만 뜻을 이루지 못한 채, 은둔의 길에 들어서고 있다.[31] 이때 이후가 건강이 쾌치 못하던 그에게 있어서 본격적인 단학수련기요, 양생사상을 전개했던 시기이다. 일가에 수용되어 있던 도가적 가풍을 여기서 드러내고 있는 것이다.

이러한 북창의 가계와 생애, 그리고 도가적인 삶의 모습은 우선 문집인《북창선생시집》에 의해야 하는데, 이에는 몇 가지 유행본이 있다. 이들은 찬술 과정의 단계성을 말해 주고 있으며, 대표적인 것으로 다음의 세 가지를 들 수 있다.

첫째 동국대학교 한국문학연구소(韓國文學硏究所) 영인의《북창고옥선생시집》[32]은 현묵자(玄默子) 홍만종(洪萬宗, 1643~1725)이 찬술하고 순양자(純陽子: 미상未詳)가 보완하였다. 계곡(谿谷) 장유(張維, 1587~1638) 등의 서(序)와 우암(尤菴) 송시열(宋時烈, 1607~1689)의 발(跋)이 붙어 있다. 북창의 시문은 17수에 불과한

---

31) 손찬식(孫燦植), 전게 논문, p.150 이하 참조.
32) 고려대소장 필사본(筆寫本),《한국문헌설화전집(韓國文獻說話全集)》3 소수의《해동이적(海東異蹟)》권 上.

데, 8대손 돈시(敦始)의 기록 등이 보충되고 있으므로 순양자는 훨씬 다음에 이들을 보(補)했음을 알 수 있다.

둘째 《온성세고(溫城世稿)》 수록의 영인 《북창고옥양선생시집 (北窓古玉兩先生詩集)》은 7대손 창순(昌順)이 간행한 것으로 북창 시문이 45수나 수록되어 있을 뿐 아니라 후인들에 의한 북창관 계기사가 다양하게 수집되어 있고 편집체제도 필사본을 확충시 켰다.

특히 이에는 가문의 《금송당유고(琴松堂遺稿)》·《만죽헌유고 (萬竹軒遺稿)》·《총계당시집(叢桂堂詩集)》·《무송당유고(撫松堂遺 稿)》 등이 부록되어 있는데, 이들은 모두 도가적인 색채를 띠고 있 다.

셋째 우문당(友文堂) 간본(활자본活字本)의 《북창고옥양선생시 집》은 석판본을 활자화하여 간행(1962)한 것으로, 같은 내용에 성 구용(成九鏞)의 서(序)와 후손 찬호(粲好)의 발이 붙어 있다. 이들 을 대비하면 〈표 2〉와 같다.

〈표 2〉 《북창고옥양선생시집》의 유행본 대비

《해동이적(海東異蹟)》 상권본(上卷本: 수고본手稿本)	《온성세고(溫城世稿)》본(本) (석판본(石版本))	우문당(友文堂)본(本) (활자본(活字本))
북창고옥선생시집서(北窓古玉先生詩集序) (장유張維, 윤신지尹新之, 이경석李景奭, 권극중權克中)	동(同) 권상(卷上)	북창선생시집중간서 (北窓先生詩集重刊序) 초간서(初刊序)(동)
북창선생행적(北窓先生行跡) (송인수宋仁壽, 허목許穆)	(없음)	(없음)

북창선생유훈(北窓先生遺訓)	(없음)	(없음)
야담(野談)	(없음)	(없음)
고옥선생유사(古玉先生遺事)	(없음)	(없음)
북창시집(北窓詩集) 방가행시아(放歌行市兒) 이하 17수	북창고옥양선생시(北窓古玉兩先生詩) 　영백로(詠白鷺) 이하 40수 북창선생시집보유(北窓先生詩集補遺) 　증노기(贈老妓) 이하 5수	(동)
고옥시집(古玉詩集) 　우제(偶題) 등 16수	고옥선생시집(古玉先生詩集) 　안흥지상(安興池上)…이하 125수 고옥선생시집보유(古玉先生詩集補遺) 　경술하(庚戌下)…이하 98수 북창고옥선생집부록(北窓古玉先生集附錄)(卷下) 부록(附錄) 북창선생행적(北窓先生行跡),	
북창고옥양선생시집발(北窓古玉兩先生詩集跋)(吳翻) 보(補)정지승(鄭之升)	야사(野史) 고옥선생유사(古玉先生遺事), 야사(野史) (동) 노봉서원선액치제문(魯峯書院宣額致祭文)(송인수) 북창선생묘기(北窓先生墓記) (정광한鄭光漢) 금송당유고(琴松堂遺稿) 한계뢰월(漢溪瀨月) 이하 6수 십죽헌유고(十竹軒遺稿) 풍금(風琴) 이하 4수 만죽헌유고(萬竹軒遺稿) 등흘골성(登屹骨城) 이하 7수 총계당시집서(叢桂堂詩集序) (조위한趙緯韓, 윤신지, 김상헌金尙憲) 총계당유고(叢桂堂遺稿) 기동진이상서(寄東津李尚書) 이하 91수 부록(附錄) 무송당유고(撫松堂遺稿) 정양진인(正陽眞人)…이하 33수 (간기(刊記))(윤신지)	

《북창선생시집》은 이렇게 보면《온성세고》본과 우문당본이 일치하고 있지만, 전자가 영인본이요, 관련 문집이 합록되어 있어서 사용에 편리하다. 그러나 이에 북창관계의 제가기록이 망라된 것은 아니다. 성수익의 〈행실(行實)〉을 비롯하여 각종 문집의 전기(傳奇)·설화(說話)에 북창관계 기사가 적지 않기 때문이다.[33]

3. 《단학지남(丹學指南)》과 《용호결(龍虎訣)》

1) 《단학지남》의 성립과 구조

북창의 도가적 면모 내지 연단양생사상을 파악하는 데 있어서 《북창선생시집》의 내용을 보충할 저술로《용호결(龍虎訣)》을 중시해야 하는데, 신출(新出)《단학지남(丹學指南)》은 이의 서지적 검토에 커다란 도움이 되리라 본다. 후술할 바와 같이《단학지남》은《용호결》의 이본(異本)이요, 원형에 가까운 모습을 전하고 있기 때문이다. 신출《단학지남》은 필사본으로 가로 20센티미터 세로 23센티미터의 한지 27장이다. 전반의 10장까지는 각장 12행, 각행 20 내지 21자이며, 11장 이후는 각장 14행, 각행 21 내지 25자이다. 표지는 낙장되고 내제(內題)는 '단학지남(丹學指南)' 아래

작은 글씨로 '폐식묘방(閉息妙方)'이라 적었다. 내제인 '단학지남'을 적다가 잡설을 섞어놓고, 다시 여러 연단양생서를 채록한 다음에, 북창의《단학지남》을 옮겼는데, 그다음에 또 연단양생서를 채록하고 있으므로 표지도 '단학지남(丹學指南)'이었을 것으로 추측된다. 따라서《단학지남》은 여러 양생관계 문헌을 수록한 전권으로서의 '합록(合錄)본'과 그 가운데 수록되어 있는 같은 이름의 '북창(北窓)본'을 구분해서 보아야 한다. 북창의《단학지남》은《용호결》의 이제(異題)임과 동시에 합록된 선서(仙書)들의 표제(表題)가 되고 있다는 말이다.

그러나 이에는 집록자의 이름이 밝혀져 있지 않으므로, 내용구성을 통해 편집 의도를 확인할 뿐이다. 우선 합록본의 구조를 살펴보면 〈표 3〉과 같다.

《합록본》에 채록된 것은 북창의《단학지남(丹學指南)》상편(잡록), 진단(陳摶: 희이希夷, ?~956~989)의《용도서(龍圖序)》, 소옹(邵雍, 1011~1077)의《무명공전(無名公傳)》, 진충소(陳沖素, ?~1392~?)의《규중지남(規中指南)》3권, 동한순(董漢醇)의《군선요어(群仙要語)》일부, 북창의《단학지남》3편, 그리고 〈세심당장밀부(洗心堂藏密符)〉, 〈복명음(復命吟)〉, 〈극념신독장(克念愼獨章)〉이다. 그러므로 전권을 싣고 있는 것은 북창의《단학지남》외에는 진충소의《규중지남》이 유일하다.《규중지남》은 중국의 혁신도교인 전진교(全眞敎) 중파(中派)의 주요 경전인데,《단학지남》(합록본)의 집록자는 이를《도서전집(道書全集)》에서 채록했다고 밝히고 있다.[34] 도교경전 가운데는《주역참동계(周易參同契)》·《도덕경(道德經)》과 같이 모든 파에 두루 봉숭(奉崇)되는 것이 40여 권에 달한다. 여동빈(呂東濱)을 윤진인사제(尹眞人師弟)-이도순(李道純)-유오원(劉悟元)으로 계승하는 중파에는 이들 외에《중화집(中和集)》·《성명규지(性命圭旨)》와 같은 10여 권의 독자적인 경전이 있으며,《규중지남》은 그중의 하나다.[35] 이에는 장백단(張伯端)(자양(紫陽), 984~1082)의《오진편(悟眞篇)》등 여동빈을 유해섬(劉海蟾)-장자양(張紫陽)으로 계승한 남파의 주요 경전이 두루 인용되고 있다.

《규중지남》의 성격은 금단요체(金丹要諦)를 밝힌《오진편》등의 인용서를 통해 알 수 있는 데, 그 편목은 상권이 지념(止念)·채약(採藥)·식로정(識爐鼎)·입약기화(入藥起火)·감리교구(坎离交媾)·건곤교구(乾坤交媾)·찬족화후(攢簇火候)·양신탈태(養身脫胎)·망신합허(忘身合虛), 하권이 내단삼요(內丹三要)·현빈도(玄牝圖)·약물도(藥物圖)·화후도(火候圖)·현빈(玄牝)·약물(藥物)·화후(火候)의 순으로 구성되어 있다. 편목상에서는 내단양생법과 함께

---

34)《도서전집(道書全集)》677~684쪽에 수록되어 있으며 체제가《단학지남》소수본과 완전히 일치한다. 이밖에도《정통도장(正統道藏)》소수본(권7, 통진부(洞眞部) 방법류(方法類))과《도장집요(道藏集要)》소수본(권16)이 있는데, 전자에는 이경선(李景先)의 서문이 없고, 후자는 상·하(上·下)권의 구별이 없는 단권본이다.

35) 소천석(蕭天石) 저,《도가양생학개요(道家養生學槪要)》(自由出版社, 民國52) 348쪽 이하〈간열수진 필참서목(簡列修眞 必參書目)〉참조. 전진교(全眞敎)의 계파에 대해서는 동저(同著),《도해현미(道海玄微)》(自由出版社, 民國63) 219쪽의 간표(簡表)를 참조.

연홍(鉛汞) 등의 외단법을 전하고 있을 것으로 보이나, 실은 외단 이론까지를 응용하여 내단원리를 밝힌 것이다. 즉,

회광반조(廻光返照)하여 신(神)으로 하여금 기(氣)를 다스리고 기로 하여금 신을 되돌려 서, 신과 기가 결합하면 곧 금단(金丹: 연홍鉛汞)을 이루리라.[36)]

마음이 동한 즉 신(神)이 기(氣)에 들어오지 않고,(묵연양심(默然養心)) 몸이 동한 즉 기(氣)가 신(神)에 들어오지 않는다.(응신망형凝神忘形) 무릇 채약이란 몸 안에 있는 약물을 캐는 것이다. 몸 안의 약이란,(정기신야精氣神也)…[37)]

운운한 것이 그 좋은 예이다. 외단용어를 내단이론으로 사용하거나, 편목은 외단이지만 내용은 내단이론이다. 전자인 외단용어는 사료 〈5〉에서 나타나는데, 정(精)·기(氣) 즉 정(精)·기(氣)·신(神) 삼보(三寶)를 다스려 이것이 서로 결합하면 연홍이 이루어진다고 했으므로, 연홍은 금단이라는 내단의 의미를 가지고 있음이 분명하다. 후자인 '채약採藥'이라는 외단편목은 설명 내용에서 역시 몸 안의 약인 정·기·신 삼보로 나타나고 있다. 이런 원리에서

---

36) 《규중지남(規中指南)》상, 지념제일(止念第一),《단학지남(丹學指南)》합록 6
장우(張右): "廻光返照 · 使神御氣 · 使氣歸神 · 神與氣結 · 乃成鉛汞"
37) 《규중지남(規中指南)》상 채약제이(採藥第二), 동상(同上): "心動則神不入氣
(默然養心). 身動則氣不入神(凝神忘形). 夫採藥者. 採身中之藥物也. 身中之藥
者(精氣神也).…"

보면, 상권이 내단을 닦아 나가는 법을 지념(止念)에서부터 망신 (忘身)·합허(合虛)까지의 10단계로 나누어 밝히고 있는 데 대하여, 하권은 현빈(玄牝)·약물(藥物)·화후(火候)라는 내단의 3요체를 그림으로 예시한 후에 다양한 전적을 인용하면서 구체적으로 해설하고 있다.

그런데 집록자는 이《규중지남》과 함께《군선요어(群仙要語)》도 《도서전집》에서 채록했다고 밝히고 있는데 수록사항을 확인할 수 있었다.[38] 원(元)의 동한순(董漢醇)이 집록한《군선요어》2권은 이름 그대로 뭇 선인들의 연단양생술에 대한 요결을 편집한 것인데, 서문 2건과 함께 1권에 20결(訣), 2권에 18결의 총 38결을 수록하고 있다.《단학지남》은 이 가운데 명(明)의 풍기(馮蘷)가 쓴 서문(1504)과 책머리에 수록된《태상일용경(太上日用經)》1건만을 채록하고 있을 뿐이다.《단학지남》의 채록에서는《태상일용경》아래에 〈환초도인동한순집(還初道人董漢醇集)〉이라 하여, 동한순이《태상일용경》을 집록한 것처럼 보이기 쉽다. 그러나《도서전집》의 체재에 있어서도 1권의 머리에《태상일용경》을 수록하면서 《단학지남》처럼 제목 아래에 〈환초도인동한순교정편집집(還初道人董漢醇校正編輯集)〉이라 하였으나, 2권의 머리에는 편집자를 먼저 적고 다음 칸에 수록문헌의 제목을 적고 있다.[39] 따라서《태상일용

---

38)《도서전집(道書全集)》684~723쪽 소수.
39)《군선요어(群仙要語)》권1《도서전집(道書全集)》696쪽), 권2 (동 701쪽) 참조.

경》은 동한순의 찬술이 아니라 수록된 것이며,《단학지남》합록에서
도《도서전집》에서 체제대로 베껴왔다는 말이 된다. 그런데《태상일
용경》은,

　무릇 일용(日用)이란 음식을 정해 놓고, 입을 다물고 단정히
앉아, 일념(一念)이 일어나지 않도록 한다. 만사(萬事)를 모두
잊고, 신(神)을 지키며 의(意)를 안정시켜, 눈으로는 사물을 보
지 않으며, 귀로는 소리를 듣지 않는다. 일심을 안으로 지키고,
숨을 고르기를 가만가만히 하며, 가만가만히 들이쉬고 내쉰
다.40)

로 시작되고 있어서, 위에서 본《규중지남》의 흐름과 맥락을 같
이 하는 내용임을 알 수 있다. 짧은《태상일용경》다음에 조식(調
息)·금단(金丹)·약물(藥物)·지도(至道)·두공부시(杜工部詩)
등을 편목 없이 옮기고, 마지막에 〈조식결(調息訣)〉이라는 편목을
세워 수록하고 있다. 〈조식결〉이라는 편목 이름이《군선요어》에
서 채록한 내용과 성격이 같다는 말이다. 이 밖의 관계문헌이 어
디에서 채록됐는지는 분명하지 않지만, 조선단학파에 널리 유행
하던 연단양생서에서 취해졌음은 의심할 여지가 없다. 대표적인

---

40)《태상일용경(太上日用經)》,《단학지남(丹學指南)》합록 18장좌(張左): "夫日
　　用者. 飲食則定. 禁口端坐. 莫起一念. 萬事俱忘. 存神定意. 眼不視物. 耳不聽
　　聲. 一心內守. 調息綿綿. 漸漸呼出."

〈표 3〉《단학지남》 합록(合錄)의 구조

구성	세부내용	비고
단학지남(丹學指南) 상편잡(上篇雜)	(조식결도(調息訣圖) 포함)	북창(北窓) 지음, 후반은 잡설
진단용도서(陳搏龍圖序)		송 진단(宋陳搏)(희이希 夷, ?~956~989) 지음
소옹무명공전 (邵雍無名公傳)		송 소옹(宋 邵雍)(강절康 節, 1011~1077) 지음
도서전집진허백규중지남서 (道書全集陳虛白規中指南序)		청 이경선(李景先) 지음
진허백규중지남권지상 (陳虛白規中指南卷之上)	지념제일(止念第一), 채약제 이(採藥第二), 식로정제삼 (識爐鼎第三), 입약기화제사 (入藥起火第四), 감리교구제 오(坎离交姤第五), 건곤교구 제육(乾坤交姤第六), 찬족화 후제칠(攢簇火候第七), 양신 탈태제팔(養身脫胎第八), 망 신합허제구(忘身合虛第九)	원 진충소(陳沖素) (허백虛白) 지음
진허백규중지남권지하 (陳虛白規中指南卷之下)	내단삼요(內丹三要), 현빈도 (玄牝圖), 화후도(火候圖), 현빈(玄牝), 약물(藥物), 화 후(火候), 후서(後序), 부언	
도서전집군선요어서 (道書全集群仙要語序)	(附言) (흡지찰한(吸砥撮閑) 부록) 태상일용경 (太上日用經)	진충소 후서(後序) 명(明) 풍기(馮虁) 서(序) 원(元) 동한순(董漢醇) 엮음
도서전집군선요어 (道書全集群仙要語)	((調息訣) 등 부록)	북창 지음
단학지남(丹學指南) 상편(上篇) 중편(中篇) 하편(下篇) (발(跋))		학산 신돈복(鶴山 辛敦復, 1692~1779) 발(1779)
세심당장밀부(洗心堂藏密符) 복명음(復命吟) 극념신독장(克念愼獨章)		

것이 진단의《용도서》와 소옹의《무명공전》이다.

송초(宋初)의 도사 진단(陳搏)의 학술사상은 크게 역경학(易經

學)·노장학(老莊學)·기공학(氣功學) 혹은 무극도학(無極圖學)·선천역학(先天易學)·현문단학(玄門丹學)의 세 부분으로 나눌 수 있는데,[41] 〈용도서〉는 역학(易學) 내지 도학(圖學)을 반영하는 유일한 현존 작품이며, 이 방면의 전개에 있어서 매우 중요한 위치를 점하고 있다. 즉 하상공(河上公, 전180~전150 전후)의 〈무극도(無極圖)〉는 위백양(魏伯陽, 147~167 전후)에게 전해져 《참동계(參同契)》가 저술되고, 종리권(鍾離權: 정양자正陽子)-여동빈(呂洞濱: 순양자純陽子, 798~?)-진단(陳摶: 희이希夷, ?~956~989)에 전승되어 화산석벽(華山石壁)에 새겨지고, 진단은 또 이견(李堅: 마의麻衣)에게서 〈선천도(先天圖)〉를 받아서 모두를 종방(種放: 997~1022 전후)을 거쳐 목수(穆修)와 증수애(僧壽涯)에게 전하였다. 목수는 〈선천도〉를 이정지(李挺之)-소옹(邵雍: 강절康節, 1011~1077) 부자-주돈이(周敦頤: 염계濂溪, 1017~1073)-정호(程顥: 명도明道, 1032~1085). 정이(程頤: 이천伊川, 1033~1107) 형제에게 전했다고 한다.[42]

진단의 역학에 바탕하여 소옹의 《황극경세서(黃極經世書)》와 주돈이의 《태극도설(太極圖說)》, 정이의 《역전(易傳)》 등이 이루어져 북송도학(北宋道學)의 성립과 전승에 지대한 영향을 미쳤다는 것이다. 그가 말하는 "용도(龍圖)란 하늘과 인간이 왕래하는 교량이며, 천의는 용도부도(龍圖負圖)로써 성인에게 계시하고, 성인은

---

41) 전자는 장지철(張志哲), 〈道士 陳摶과 그의 道教學術〉(韓國道教學會, 《道教學研究》 12, 1993, 48쪽), 후자는 소천석(蕭天石), 〈陳希夷先生新傳及其道法〉(동저(同著), 《도해현미(道海玄微)》 550쪽)의 구분이다.

42) 소천석, 앞의 글 550쪽 참조.

용도상수(龍圖象數)로 천의를 탐구한다."[43]는 원리인데, 그가 화산에 새긴 무극도의 구극이 신(神)을 단련하여 허(虛)에 돌아가 무극에 복귀함으로써 연단술로 귀결되고 있음을 보면,[44]《단학지남》의 이론적 기초를 제공하는 내용이라 할 수 있을 것이다. 그렇게 볼 때《단학지남》의 구조에 있어서 〈용도서〉 다음에, 진단의 사상을 계승한 소옹의 〈무명공전〉이 이어질 만하다. 여기서 말하는 무명공(無名公)이란,

　　능히 만물을 짓는 것은 천지요, 능히 천지를 짓는 것은 태극(太極)이다. 태극이란 알아볼 수 있으므로, 짐짓 이름하여 태극이라 한다. 태극이란 그 이름 없음(無名)을 일컫는다.…(내단) 삼요(三要)는 현빈(玄牝)·약물(藥物)·화후(火候)의 설이니, 원정(元精)·원기(元氣)·원신(元神)을 가리키는 것이요, 지중(至中)·지정(至靜)·지리(至理)를 말하는 것이다.[45]

라 한 것에서 알 수 있는 바와 같이, 태극을 말하는 것이요, 그

---

43) 장지철(張志哲), 앞의 글 52쪽.

44) 소천석, 앞의 글 551쪽: "陳搏居華山. 曾以無極圖刊諸石. 爲圖者四位五行. 其圖自下而上. 初一曰玄 牝之門. 次二曰鍊精化氣. 鍊氣化神. 次三五行定位. 曰五氣朝元. 次四陰陽配合. 曰取 塡離. 最上曰鍊神還虛. 復歸無極. 故謂之無極圖. 乃方士修鍊之術也."

45) "能造萬物者. 天地也. 能造天地者. 太極也. 太極者. 其可得而知乎. 故强名 之. 曰太極. 太極者. 其無名之謂乎.…三要. 玄牝藥物火候之說. 不外乎元精元氣 元神之指. 不出乎至中至靜至理至言."

내용은 내단삼요(內丹三要)의 원리에 의해 정·기·신(精·氣·神) 삼보(三寶)를 닦아 나가자는 데로 전개되고 있다. 이 밖에 출전(出典)을 밝히지 않고 채록한 것은《단학지남》(북창본) 다음의〈세심당장밀밀부(洗心堂藏密密符)〉이하의 3건인데, 한결같이 연단양생(鍊丹養生)의 묘결(妙訣)들이다. 그리고 이렇게 살펴본 결과, 일견 조악하게 체계 없이 집록된 듯 보이는《단학지남》(합록본)은 일정한 체계를 가지고 있음이 드러난다.

즉 이 책은《단학지남》(북창본)을 전재하는 것이 주목적이라는 것이다. 이는 책머리에 그 상권을 전재하다가, 특히 '천지괘효(天地卦爻)'·'폐기(閉氣)' 등이 논의된 곳에 이르러 관련 있는 '조식결도(調息訣圖)' 등을 다른 전적에서 베껴오고 있다. 이 '결도(訣圖)'는 정·기·신 삼보를 역원리(易原理)로 풀고 있으며, 이에 관한 이론이 그 다음을 잇고 있다. 그 이론의 본격적인 것이 진단의〈용도서〉요, 그것을 소옹의〈무명공전〉에서는 연단양생술의 구체적인 방법으로 전개하고 있다.

그런데 사료〈8〉에 나타나는 바와 같이〈무명공전〉은 내단삼요를 현빈·약물·화후로 보고 있는데, 이와 완전히 일치하는 체계가《규중지남》에 나타나고 있으며, 집록자는 길지 않은 이 책의 전권을《도서전집》에서 전재하고 있다. 후술할 바와 같이 전권을 전재한 만큼《단학지남》(북창본)의 내용 이해에 유용하리라는 관점이 작용한 것으로 보인다.《규중지남》에서 단학수련의 체계를 구체적으로 밝혔으므로,《군선요어》에서는《태상일용경》에서 보는 것처럼, 원리보다는 오히려 일상생활에 있어서 어떻게 이를 실천할 것인가에 초점이 두어진 듯하다. 만약 이러한 관점이 가능한 것이라면, 그 말미의 〈조식결〉도 실천을 독려한 묘결이라 할 수 있다. 이러한 전제 아래 집록자는 드디어 《단학지남》(북창본)을 옮기고 있다. 그러므로 《단학지남》 후미의 묘결 역시 《규중지남》·《군선요어》 후미의 것과 같은 독려의 의미를 지닌 것으로 보아서 무방할 것이다. 아울러 《단학지남》(합록본)의 성립연대는 학산(鶴山) 신돈복(辛敦復, 1692~1779)이 발문을 적은 기해(1779)년이 가장 하대에 속하므로, 1779년 이후라는 결론밖에 내릴 수 없는 상황이다.

2) 《단학지남》과 《용호결》

《단학지남》(북창본)과 《용호결》은 이름은 다르나 내용은 같다. 이본이라는 말이다. 그러나 내용에 있어서는 문자의 도치나 출입이 없지 않고, 양본에 서로 결여된 부분도 나타난다. 이러한 구조적인 특징을 살피기 위하여 양본을 대비하면 〈표 4〉와 같다. 이와 같은 도표를 통해, 양본이 동일한 내용이면서도, 체제상에서부터 상당한 차이를 발견하게 된다. 이들을 요약하면 다음과 같은 몇 가지 성격을 지적할 수 있을 것이다.

첫째, 체재상(體裁上)에서는 《단학지남》이 상·중·하 삼편본(三篇本)인데 대하여 《용호결》은 폐기·태식·주천화후의 분장본(分章本)이다. 전자의 상편 일부가 후자에서는 명목은 없으나 '총론(總論)'에 해당하고, 상편 일부와 중편이 폐기(閉氣), 하편이 태식(胎

〈표 4〉《단학지남》(북창본)과《용호결》의 구성 대비

《단학지남》	구분	《용호결》
단학지남(丹學指南)(폐식묘방(閉息妙方))	제목 (題目)	용호결(龍虎訣)
북창선생정렴저(北窓先生鄭磏著)	찬자 (撰者)	북창저(北窓著)
상편(上篇) "修丹之道. 至簡至易.… 道也." 중편(中篇) "閉精節食. 閒坐不動. ……………" 하편(下篇) "其次胎息者. 閉氣稍熟. ………… ………………平路登仙乎."	편목 (篇目)	"修丹之道. 至簡至易.… 道也." 폐기(閉氣) "閉氣稍熟.……………… 道也." 태식(胎息) "폐기자(閉氣者) ……… 行耳."
"右三條里. 各立名目.… 誠耳."	후주 (後註)	주천화후(周天火候)
此養生指南. 養井道人鄭北窓著	후제 (後題)	"周天火候云者 ………… 平路登仙乎."
北窓先生. 嘗論三敎之. 鶴山居士題	발문 (跋文)	"上三條. 雖各立名.… 誠耳."

息)·주천화후(周天火候)로 편정되어 있다. 그러나 양본 모두 말미에 '후주(後註)'에 해당하는 언급이 붙어 있다. 특히《단학지남》에서는,

　　오른쪽 3조(三條)의 이치는 각 명목을 세웠으나, 오늘에 1조를 행하고, 내일 1조를 행하는 것이 아니다. 그 공부는 오로지 폐기(閉氣)에 있으니, 다만 공부에 얕고 깊음이 있고, 등급에 높고 낮음이 있을 따름이다. 비록 변화비승(變化飛昇)의 술(術)이라 하더라도 모두 이 세 가지에서 벗어나지 않으니, 오직 그 정

성에 있을 뿐이다.[46)]

라 하였다. 여기서 3조 혹은 3가지가 폐기 · 조식 · 주천화후를 가리키는 것은 말할 나위 없다. 과연 본문에 있어서도 3조의 해당하는 곳에 '先閉氣' '其次胎息者' '其次周天火候'라 하고 있으므로, 3조를 분장(分章)할 수 있는 시각을 열어 놓고 있는 셈이다. 그렇다면《단학지남》은 분량으로 분편(分篇)하였고,《용호결》은 내용의 특성을 중심으로 분장하였다는 말이 된다.

둘째 내용상(內容上)에서는 양본에는 글자의 출입이 없지 않다. 예컨대《단학지남》의 '汗馬牛充棟宇'(상편)이《용호결》에서는 '汗牛馬充棟宇'로 글자 간의 앞뒤가 바뀌고 있는 것 등이 그 예이다. 전체적인 내용의 흐름에는 차이가 없으나, 전자가 원형적인 데 대하여 후자는 논리적으로나 비근한 예를 들어 다듬어져 있다. 따라서 전자 혹은 전자에 가까운 원형을 후자에 이르러 분장과 함께 내용이 잘 드러나도록 윤색(潤色)한 것으로 보인다.

셋째 주석상(註釋上)에서 보면 상당한 차이가 있다.《단학지남》은 제하(題下)의 '폐식묘방'이라는 해제와 말미의 '後註'를 제외하면 주석이 전혀 없다. 이에 대하여《용호결》은 제하의 해제(폐식묘방)가 빠진 대신 각장의 제목을 풀이하고 내용 중에도 주요사항

---

46)《단학지남(丹學指南)》하,《단학지남》(합록본) 24張右一左: "右三條里. 各立名目. 非今日行一條. 明日行一條. 其工夫專在閉氣之中. 但 工夫有淺深. 等級有高低. 雖變化飛昇之術. 不外此三者. 惟在其誠耳."

에 세주(細註)를 붙여 매우 구체적으로 설명하고 있어 발전적인 형태를 취하고 있다. 물론 이 가운데는 전자의 본문이 후자에서는 주석으로 기록되어 있는 부분이 없지 않으나,[47] 각장의 제목풀이 까지를 포함하면 주석항목은 20여 항목에 이른다. 주석 내용은 폐기(閉氣)·제륜(臍輪)·복명지도(復命之道)·상단전(上丹田)·옥로(玉爐) 등으로, 연단용어를 풀이하거나 연단양생에 있어서 신체의 변화양상을 구체적으로 예시하고 있다.[48] 따라서 주석은 북창의 원본이 있는 것이 아니라, 유행본인《용호결》을 분장하면서 문장의 윤색과 함께 이루어진 후인의 것이라는 말이다.

넷째 아울러《단학지남》에는《용호결》에 없는 학산(鶴山) 신돈복(辛敦復, 1692~1779)이 1779년(己亥)에 쓴 발문이 붙어 있다. 발문은 북창의 인간과 이 책에 대해서 언급하고 있다. 그런데,

북창선생은 일찍이 삼교(三敎)의 하학상달처(下學上達處)를 논하였는데, 그 말이 매우 상세하니, 상지(上智)의 자질에다 두루 역람한 때문이다.[49]

---

47)《단학지남》권상의 '폐기(閉氣)'를 설명한 "閉氣昇降左右前後."(《단학지남》 합록본 22장좌) 이하를《용호결》에서는 주석으로 정리하고 있는 것이 그 예이다.(李鐘殷 역주,《해동전도록(海東傳道錄). 청학집(靑鶴集)》276쪽)

48) "順則爲人. 逆則仙."의 문장에 이어 '人道'를 '順推工夫', '仙道'를 '逆推工夫'로 풀이하고 있는 것이 비근한 예로(李鐘殷 역주,《해동전도록(海東傳道錄). 청학집(靑鶴集)》276쪽), 내용의 구체적인 이해를 돕고 있다.

49)《단학지남》말미,《단학지남》합록본 24장좌: "北窓先生. 嘗論三敎之下學上達處. 其言甚詳. 盖以上智姿(資). 歷覽無際."

라고 시작하고 있어서, 학산이 사료 〈4〉의 '상지(上智)의 자질' 운운하는 북창의 생애를 구체적으로 섭렵하고 있음이 드러난다. 그리고 발문 중의 "지금 북창 선생의 지남일편(指南一一篇)을 보니, 양생(養生)을 하는 것은"이라는 표현으로 보아, 발문 앞의 "此養生指南. 陽井道人鄭磏北窓著"라는 후제(後題) 역시 그가 붙였을 것이다. 어떻든 그는 '단학지남'을 '양생지남'이라는 말로 바꾸어 부르고 있는데, 이 책을 연구하는 데 있어서나 학산의 양생사상을 연구하는 데 있어서 이 발문은 주목되는 대목이다.

다만 이러한 학산의 발문이 《용호결》에서는 왜 결락되었는가 명확하지 않다. 그러나 《용호결》이 부록하고 있는 《해동전도록》 유행본의 체제를 살펴보면, 그가 《해동전도록》과 그에 부록되어 있는 〈단서구결(丹書口訣)〉 등을 읽었으며, 이와 관련하여 《단학지남》의 발문을 적은 것으로 추측된다. 즉 《해동전도록》에는 학산의 발문이 붙어 있고, 그 가운데는 북창과 함께 수암 박지화의 출가(出家)한 내용, 그리고 〈단서구결(十六訣)〉이 택당(澤堂) 이식(李植, 1584~1647)에서부터 전해진 사실 등을 기록하고 있다.[50] 이렇게 보면 사료 〈10〉의 "삼교의 하학상달처(下學上達處)" 운운도 〈단서구결〉에서 채록한 용어를 사용한 것이라 보인다.[51] 따라서 이들 학산의 발문은 북창 《단학지남》의 유행 과정을 파악하는

50) 이종은(李鍾殷) 역주, 《해동전도록(海東傳道錄)·청학집(靑鶴集)》, 266쪽 참조.
51) 〈丹書口訣〉 제1장의 삼교판석(三敎判釋) 이론 (이종은(李鍾殷) 역주, 《해동전도록(海東傳道錄)·청학집(靑鶴集)》, 267쪽) 참조.

데 하나의 실마리를 제공한다는 말이다.

4. 북창의 양생사상

　그러면 이들을 통해 본 정렴의 단학수련과 양생사상은 어떤 성
격을 갖는가. 신출《단학지남》의 구체적인 분석과 함께 심층적인
고찰이 요청되지만, 그 흐름을 우리는 다음과 같은 특징으로 정리
해 볼 수 있을 것이다.

　첫째, 유·불·도(儒·佛·道) 삼교사상을 섭렵하는 입장에서 단
학수련과 양생사상을 전개하고 있다는 점이다. 후인들이 한결같이
평하는 북창은 삼교를 비롯하여 제반의 학문을 능통했다고 전한
다. 그가 삼교에 박통한 사실은 사료 〈4〉에서 살펴본 바이지만, 그
것은 젊어서 절에 머물며 공부한데 연유하며,[52] 그러한 인연이 생
애를 일관함으로써 시문에도 반영된 것이라 본다.《해동전도록》에
서 말한 대주(大珠) 화상과의 만남도 결국은 그러한 인연관계 속
에서 이루어진 것은 아닐까.

　어떻든 사대부의 길을 걷기 위해 유학을 수습한 그가 불교까지

---

52) 김유동(金迪東) 저,《도덕연원(道德淵源)》(대동선문사(大東善文社), 대정(大
　　正)12), 490쪽에서는 북창에 대하여 "생이신이(生而神異)하여 소시(少時)
　　에 우사섭심(寓寺涉心)에 통지산림사(洞知山林事)하니,자시(自是)로 천문(天
　　文)·지리(地理)·의학(醫學)·복서(卜筮)·율려(律呂)·산수(算數) 급(及) 외국
　　어(外國語)를 개(皆) 불학자통(不學自通)하여, 수천리외사(雖千里外事)라도
　　염지즉지(念之卽知)하고,…"라 기술하고 있다.

섭렵한 것[53]은 조선단학파의 도맥전수에 있어서 중요한 의미를 지닌다. 불교의 선수행(禪修行)은 작법의 성립과정에서부터 도교의 단학수련(丹學修練)과 긴밀한 관련을 가진 것으로,[54] 조선시대의 불교는 실천수행적인 성격이 강한 선불교(禪佛敎)로 통일된 가운데, 조선도맥의 원류인 승려 청한자 김시습에서 보는 바와 같이 이들을 넘나든 사람이 많아, 단학의 계보에서 승려들을 제외하면 전승이 불가능할 정도이기 때문이다. 북창이 연단양생술을 승려에게 배웠다면 사상적으로 불교사상에도 호의적이었을 것이다. 그의 연단양생술을 청한자와 비교하면, 청한자는 내단과 외단을 겸수(兼修)했으면서도 이론적으로는 내단만을 말하고 있는 데 대하여,[55] 북창은 오직 내단에 전일한 모습으로 실천과 이론이 이밖에 없다. 두 사람이 다같이 삼교를 섭렵회통(涉獵會通)하고 있으나, 사대부·승려·단학인을 겸하였던 청한자가 삼교 각각의 묘리(妙理)를 설파한 데 대하여, 사대부·단학인으로서의 북창은,

고금의 배우는 자가 손을 대는 법을 알지 못하여 장생(長生)

53) 송기수(宋麒壽) 찬, 〈북창선생행적(北窓先生行蹟)〉에서는 북창의 불교적 편력을 "佛經. 亦皆通曉. 禪學頓悟."(홍만종집(洪萬宗輯), 순양자보(純陽子補), 《해동이적(海東異蹟)》 상)라 하여, 오의(奧意)에 계합(契合)한 것으로 표현하고 있다.

54) 소옥대원(小玉大圓), 〈천태지(天台智)와 도교(道敎)〉(제7회 韓日佛敎學學術會議 要旨, 《불교(佛敎)와 도교(道敎)》, 1980. 11, 圓光大學校 宗敎問題硏究所, 68쪽) 참조.

55) 졸고, 〈청한자김시습(淸寒子金時習)의 단학수련(丹學修練)과 불교사상(道敎思想)〉(전게 《도교(道敎)와 한국문화(韓國文化)》, 75쪽) 참조.

을 얻고자 하다가 도리어 요절(夭折)한 자가 많다.《참동계(參同契)》1편에 이르러서는 실로 단학(丹學)의 비조(鼻祖)라 할 것이니,…56)

라 하여《주역참동계(周易參同契)》를 중시하는 등으로 사대부의 의식과 일치하면서57) 승려와 화창(和唱)하는 등으로 모습을 보이고 있는 것이다. 그러나 그에게 있어서 연단이론을 삼교판석적(三教判釋的)으로 보면 도교(道教)인 것은 말할 나위 없다. 조선시대에 유행하던〈단서구결(丹書口訣)〉에서는 이를,

제1장(삼교 가운데 오직 도교가 중(中)을 지님을 말함)
무릇 천·지·인을 삼재라 하고 유·불·도를 삼교라 하니, 삼재가 이미 서면 삼교는 이에서 나타나는 것이다. 유교(儒教)는 인륜(人倫)을 주장함으로써 하학(下學)이 많고 불교(佛教)는 명심견성(明心見性)을 주장함으로써 상달(上達)을 구함이 많다. 하학

---

56)《단학지남(丹學指南)》상,《단학지남》합록본 21장좌: "古今學者. 不知下手之方. 欲得長生. 反致夭折者. 多矣. 至於參同契一編. 實丹學之鼻祖.…"

57) 주자학(朱子學)을 중심으로 하는 숭유억불정책(崇儒抑佛政策) 아래서의 단학인들에게 있어서 주희(朱嘉)(주자(朱子), 1130··1200)가《찬동계(參同契)》를 주석했다는 사실만으로도 이단논리(異端論理)를 벗어나는 것이었다. 실제로《참동계》는 조선시대의 연단일사들이 매우 중시했던 전적의 하나로,《단학지남》합록본에도 도처에 인용되고 있다. 그런데 정광한(鄭光漢) 찬〈북창선생묘기(北窓先生墓記)〉에는 그의 유교적 모습을 "公沖虛高明. 有上智之姿. 而以聖學爲主心之本. 常曰聖人之學."《온성세고(溫城世稿)》중《북창고옥양선생시집(北窓古玉兩先生詩集)》부록)으로 기록하고 있다.

이 많기 때문에 천근(淺近)에 치우치니 상달에 미치지 못하고, 상달을 구함이 많은 까닭에 허무(虛無) 고원(高遠)에 힘쓰니 하학이 결여된다. 오직 우리 도교(道敎)는 일찍이 인륜을 끊지 않아서 하학의 공부를 폐하지 않으며, 명심견성을 가장 귀히 여기나 또한 완공(頑空)에는 떨어지지 않으니, 요컨대 삼교 중에서 가장 지나치거나 못 미침이 없어서 그 중간을 잡고 있는 것이다.58)

라 설파한다. 이러한 삼교 가운데 도교를 판석한 다음, 이러한 도교를 배우는 데는 《도덕경》과 《참동계》가 중요하고, 도를 이루는 방법은 중정(中正)이 필요하다는 식의 단계적인 전개를 하고 있다. 이러한 이론적인 기반 위에 연단 양생술을 전개한다는 의미에서, 북창의 도교사상도 같은 체계를 지니고 있었을 것이다. "단학을 닦는 길은 지극히 간단하고 지극히 쉽다"로 시작되는 《단학지남》 상권은 바로 이를 말해주고 있다.

둘째 단학수련에 의학적(醫學的) 성격(性格)이 강하게 들어 있는 점이다. 그가 젊어서부터 약에 밝았던 점은 조야에 널리 알려져 그의 등용으로 연결될 정도였다. 그리고 그의 은일(隱逸) 역시

---

58) 이종은(李鍾殷) 역주, 〈단서구결(丹書口訣)〉, 《해동전도록(海東傳道錄) · 청학집(靑鶴集)》 267쪽: "第一章(言三敎之中. 惟道敎執中). 夫天地人曰三才. 儒佛道曰三敎. 三才旣位. 三敎斯生. 儒敎主人倫而下學 處多. 佛敎主明心見性而上達處多. 下學處多故. 涉於淺近而不及於上達. 上達處胁多故. 務於虛遠而專關其下學. 惟我道敎. 或未嘗絶 人倫而不廢下學之功. 最貴明心見性而亦不墜頑空. 要之三敎之中. 自無過不及而執 中也."

부친과의 갈등 등 현실적인 문제도 있었지만, 쇠약한 건강이 주요한 원인이기도 하였다. 양생사상은 일종의 예방의학적 성격을 띠기 때문에 양생수련 그 자체가 의학적 지식과 체계를 동반하게 되지만, 북창의 그것은 매우 조직적이라 할 수 있다. 그는 일상생활에 있어서,

언제나 노자(奴子)를 시켜 약을 지어서 맑은 아침 일어나기 전에 달여 먹고 비로소 말을 하였다.[59]

고 할 정도로, 철저한 실천을 하고 있는 것이다.《용호결》의,

의가(醫家)는 이미 병이 난 뒤에 병을 다스리고 도가(道家)는 아직 병 들기 전에 병을 다스린다.[60]

는 주석은 후인이 붙인 것이라 하더라도, 북창의 사상에 합치되는 내용이라 하겠다. 이는《단학지남》 등에 나타나는 그의 양생사상(養生思想)의 경향이 도통신선(道統神仙)이라는 수성(修性)보다는 연년장수(延年長壽)라는 수명적(修命的) 성격이 강함을 말해 주는 것인지도 모른다. 그가 불교적 깨달음의 경지를 맛보았고, 또

---

59) 이정형(李廷馨) 찬, 〈동각잡기(東閣雜記)〉,《대동야승(大東野乘)》5 4: "常使奴子劑藥. 淸早未起煎腹之. 乃始言語."

60) 이종은(李鍾殷), 〈용호결(龍虎訣)〉 앞의 책, "醫家治病於已病之後. 道家治疾於未病之前."

<표 5> 《단학지남》 연단원리(鍊丹原理)의 대비

서명 (찬자撰者)	구성의 대비			
《매월당집(梅月堂集)》 잡저(雜著)(김시습)	천형(天形) – 상고(上古)	수진 (修眞)	복기 (服氣)	용호 (龍虎)
《규중지남(規中指南)》 (진충소(陳沖素))	지념(止念) – 망신합허 (忘身合虛)	현빈 (玄牝)	약물 (藥物)	화후 (火候)
《단학지남(丹學指南)》(북창 정렴)	〈총론(總論)〉 (상. 중)	폐기 (閉氣)	태식 (胎息)	주천화후 (周天火候)

정·기·신 삼보의 수련이 수명(修命)에 한정할 수는 없겠지만, 그의 철저한 단학인의 생활이 매우 현실적인 성격을 띠고 있다.

셋째 그의 단학수련이 내단(內丹) 중에서도 복기(服氣)에 두어지고 있다는 점이다. 이른바 양생오대요(養生五大要)로 일컬어지는 복기(服氣)·벽곡(辟穀)·도인(導引)·복이(服餌)·방중(房中) 가운데서 그는 복기를 중시하고 있다는 말이다. 물론 단학수련에 있어서 이들이 어울려져야 비로소 공효(功效)가 있고, 그 자신 약재를 구하고 있는 만큼 복이 등을 아울렀을 것이지만[61], 의병장 출신인 망우당 곽재우의 연단양생술[62]에 있어서 벽곡·조식(調息: 복기服氣)·도인 등이 두루 논의되고 있는 것과는 다소 차이가 있다.

결국 청한자의 〈잡저〉에서 틀 잡혀진 복기이론이, 북창에 와서

---

61) 북창시(北窓詩)의 "至日關東安使寄人參"(《온성세고(溫城世稿)》 중 《北窓先生詩集》 5장우) 등에 복이적(服餌的) 요소가 엿보인다.

62) 졸고, 〈망우당곽재우(忘憂堂郭再祐)의 《양심요결(養心要訣)》과 양생사상(養生思想)〉(전게《한국사상사(韓國思想史)》, 609쪽 이하) 참조.

는《단학지남》으로 심화된 것인데, 그것은《규중지남》의 수련원리와 다르지 않다는 것이다. 이를 도시하면 〈표 5〉와 같이 대비시킬 수 있으리라 본다.

물론 이러한 대비가 내용적으로 반드시 일치한다는 말은 아니다. 그러나 연단 양생의 방법론에 있어서 이들의 흐름이 일치하고 있음은 확인하기 어렵지 않다. 청한자의 복기(服氣)이론이 북창에 이르러 심화 발전되었다고 한다면,《단학지남》의 이본(異本)인《용호결》이라는 이름도 이에 인연한 것이 아닐까 의심된다.

북창의 복기에는 특히 태식폐기(胎息閉氣)가 강조된다.《단학지남》이라는 표제 아래 〈폐식묘방(閉息妙方)〉이라는 해제가 이를 단적으로 드러낸다. 이는 하단전[일규一竅: 한 구멍]을 중시했다는 말인데, 이의 성단(成丹)에 의하여 주천화후(周天火候)가 이루어진다. 삼보를 통해 보면, 하단전이 충실해져 원정(元精)이 갖추어지면 중단전[기부(氣府)]의 원기(元氣)가 갖추어지고, 원기가 충실해지면 상단전[이환(泥丸)]의 원신(元神)이 갖추어진다는 원리이다.[63] 그는 이러한 주천화후와 삼단전의 관계를,

주천화후란 뜨거운 기(氣)가 온몸에 퍼지는 데 불과하다. 신기(神氣)가 서로 배꼽과 배 사이에 모이니 … 잠깐 있으면 뜨거

---

[63] 조선시대의 도가(道家)에 유행한 정·기·신(精·氣·神) 삼보(三寶)의 원리에 대해서는 박병수(朴炳洙), 〈조선시대 정기신삼보론(精氣神三寶論)의 전개〉《한국도교(韓國道敎)와 양생사상(養生思想)》, 53쪽 이하를 참조.

운 기가 온몸에 퍼지니 이것이 이른바 주천화후이다. 배꼽 아래 한 치 세 푼 되는 곳이 이른바 하단전(下丹田)이니, 하단전과 상단전(上丹田)이 서로 응하여 마치 메아리치는 것 같으니, 이를 옥로(玉露)의 불을 뜨겁게 하여, 정상(頂上)에서 자하(紫霞)가 나는 것이라 한다. 위와 아래로 기울여서 환(環)이 끝없는 것과 같이 된다. 진실로 능히 화후(火候)를 뜨겁게 길러 잃지 않으며, 청명(清明)한 기가 위로 니환궁(泥丸宮)에 맺어지니 선가(仙家)의 이른바 현주(玄珠)이고, 불가(佛家)의 이른바 사리(舍利)이다.[64]

라 밝히고 있다. 그의 《단학지남》을 해설하고 있는 《단학지남》 (합록본)에서는,

소녀지술(少女之術)(방중술)에는 백 가지가 있으나 그 요체는 환정채기(還精採氣)에 있고, 신선지술(神仙之術)은 백 가지가 있으나 그 요체는 수중포일(守中抱一)에 있으며, 금단지술(金丹之術)은 백 가지가 있으나 그 요체는 신수화지(神水華池)에 있고, 치국지술(治國之術)은 백 가지가 있으나 그 요체는 청정자

---

64) 《단학지남(丹學指南)》 하, 《단학지남》 합록본 24장우, "周天火候云者. 不過曰. 熱遍身也. 神氣常住於臍腹之間. …須臾熱氣. 卽遍身. 此所謂周天火候也. 臍腹之下一寸三分. 卽所謂下丹田. 下丹田與上丹田. 相應如響. 所謂玉爐火溫溫. 頂上飛環紫霞也. 上下灌注如環之無端. 苟能使此火溫養不失. 清明之氣. 上結於泥丸宮. 仙家所謂玄珠. 佛家所謂舍利." 이 부분은 특히 《용호결》에서 내용상 많은 보강을 해놓고 있다.

화(淸淨自化)에 있으며, 용병지술(用兵之術)은 백 가지가 있으나 그 요체는 기정권모(奇正權謀)에 있다.[65]

는 확대된 관점이 피력되어 있지만, 북창은 만년(晩年)에 여색(女色)을 끊고 있을 정도이므로 이와 같은 방법을 두루 활용했다기보다는, 오직 복기연형(服氣鍊形)에 치중했었다는 말이다.

5. 결어(結語)

이상에서 우리는 신출《단학지남》의 사료적 가치를 중심으로 북창 정렴의 단학수련과 양생사상에 대하여 살펴왔다. 그의 수련 작법과 사상을 이해하기 위해서는 가계부터 정리해 볼 필요가 있었는데, 영달한 일문이 북창대에서부터 대를 이어 단학수련 내지 도가적 교양을 상승하고 있었다. 오늘날 유행하는《온성세고》는 북창·고옥·동명 등으로 대표되는 정씨(鄭氏)의 문집을 합편한 것인데 수록된 문집이 한결같이 도가적 색채를 띠고 있어서 주목되었다.

북창의 단학수습은 이러한 가풍과 관련이 있는 것으로 보인다.

---

65) 〈군선요어서(群仙要語序)〉《단학지남》합록본 18장좌, "少女之術百數. 其要在還精採氣. 神仙之術百數. 其要在守中抱一. 金丹之術 百數. 其要在神水華池. 治國之術百數. 其要在淸淨自化. 用兵之術百數. 其要在奇正權謀."

그 영향은 종형인 계향당(桂香堂) 정초에게서부터 얻은 것으로 보이는데, 젊어서 산사(山寺)에 우거하며 불교적 교양을 넓힌 그가 승려에게서 단학을 전수했다고 《해동전도록》은 전한다. 어떻든 그는 청한자(淸寒子) 김시습(金時習)을 비조로 하여 대대로 상승되던 단학파를 잇고 있으며, 그의 사상도 청한자 〈잡저(雜著)〉에 나타나는 복기원리를 심화시킨 것으로 보아서 무방할 것이다.

그에게는 《북창선생시집(北窓先生詩集)》을 비롯하여, 다양한 연단설화가 전하는데, 신출(新出) 《단학지남(丹學指南)》은 종래 유행하던 《용호결(龍虎訣)》의 이본으로, 그의 양생사상을 파악하는 데 있어서 필요불가결한 저술이다. 《단학지남》은 그중에 여러 가지 연단양생서를 합록하고 있어서, 〈합록본〉과 북창의 저술만을 가리키는 〈북창본〉의 구별이 생긴다. 〈합록본〉은 북창의 《단학지남》을 이해하기 위한 참고자료를 모아 엮은 것이므로 내용구성이 북창사상을 풍성하게 해주는 것들이다.

《단학지남》은 이본인 《용호결》과의 대비를 통해서 그 성격이 잘 드러난다. 전자는 분량에 의해 3편목(篇目)을 나누고 있는데, 후자는 내용중심으로 3분장(分章)하고 있다. 이들에는 이 밖에도 주석·발문의 유무 등에 의해 전승과정을 살필 수 있었다. 요컨대 《단학지남》이 원형에 가깝고 《용호결》이 발전된 형태이며, 전자에 의해 서지학적 검토가 가능한 데 대하여, 후자에 의해 북창의 연단작법과 양생사상을 분명히 할 수 있을 것으로 기대한다.

북창은 단학수련을 적극적으로 인정한 인물이다. 그의 양생사상은 유·불·도(儒·佛·道) 삼교사상을 섭렵하는 입장에서 전개되고 있고, 의학적(醫學的) 성격이 강하며, 내단(內丹) 중에서도 복기(服氣)에 두어지고 있다고 특징으로 들었지만, 이는 《단학지남》을 어떻게 볼 것인가라는 서지학적 검토에 의한 지적에 불과할 뿐이다. 그의 사상을 밝히기 위해서는 《온성세고》에 수록된 문집을 중심으로 관점을 좀 더 확대시킬 필요가 있으므로 구체적인 접근은 금후의 새로운 연구 과제로 남겨 두기로 한다.

《용호비결(龍虎秘訣)》의 문헌적 계보

안동준(安東濬, 경상대 국어교육과 교수)

1. 들머리

도교학자와 일반 수련인들 사이에 널리 알려진 《용호비결》[1]은 한국 도교사에서 중요한 위치를 차지하는 대표적인 내단 수련 전적이다.[2] 그러나 조선 시대 이후 내단 수련의 주요 지침서로 꾸준

---

1) 북창 정렴의 저술인 《용호비결(龍虎秘訣)》은 판본에 따라 '용호결(龍虎訣)', '북창결(北窓訣)', '단학지남(丹學指南)', '양생지남(養生指南)' 등으로 다양하게 지칭된다. 이하의 논의에서 특별한 언급이 없을 경우 모두 '용호비결'이란 이름으로 통칭한다.

2) 정재서, 《한국도교의 기원과 역사》(이화여자대학교출판부, 2006)에서 《용호비결》의 의의를 다음과 같이 적절하게 말하였다. "《용호비결》은 당시 수련인들이 중국 도서(道書)에만 의존해 어렵게 공부하던 실정에서 탈피하여 한국 선도의 입장에서 새롭고 쉽게 쓰여진 도서로서 정렴의 한국 선도에 대한 자부심의 표명이라 할 수 있다."(267~268쪽); "《용호비결》은 현존하는 한국 최초의 도서이자 중국 이외의 지역에서 창작된 최초의 도서로서 큰 의미를 지닌다."(268쪽); "이러한 《용호비결》이 한국 도교사에서 차지하는 지위는 매우 높다. 우선 《용호비결》은 정렴 당대뿐만 아니라 후세의 선도 수행자들의 기본 텍스트가 되었다. 이능화는 《조선도교사》에서 정렴을 비롯한 조선의 선도 수행자들을 단학파라고 불렀는데 《용호비결》은 바로 이 조선 단학파의 교과서였던 것이

히 활용되고 있음에도 불구하고 여러 판본으로 존재하는《용호비결》에 대해 기본적인 문헌적 검토가 거의 이루어지지 않았다.[3] 그나마《단학지남(丹學指南)》이 발굴되어 학계에 소개된 이후로 현전하는《용호비결》의 판본에 대한 관심이 부분적으로 표명되었지만[4] 여전히 문헌적 계보가 정리되지 않았고 그에 따라《용호비결》의 특징과 그 수련법에 대해 긴밀한 연구가 이루어지지 못한 실정이다.

《용호비결》의 판본으로는 연정원(研精院) 판본과 동국대학 영인본인 이능화 수고본(手稿本)이 널리 알려져 있고 그 이외 규장각본과 장서각본이 있다. 근년에 발굴된《단학지남》및《중묘문》에 산견되는《용호비결》의 내용을 고려하면 현전하는《용호비결》의 판본은 모두 6종이 있다. 그러나 현재 남아서 전하는 여러 이본(異本) 가운데 원본에 가장 가까운 것이 무엇이며, 나아가 이러한 판본들이 과연 북창 정렴(1506~1549)의 저작물인가 하는 진위

다."(268쪽)

3) 이능화가《조선도교사》를 서술하면서 조선단학파 항목에서《용호비결》을 언급한 이후로, 차주환 선생이 학계 최초로《용호비결》을 거론하였다. 그런데 차주환,《한국의 도교사상》(동화출판공사, 1984), 279~280쪽에서 "중종 때의 학자인 정렴도《용호비결》을 남겼는데 필사본으로 전해진다."고 하지만 어떤 필사본을 구해 보았는지 구체적으로 말하지 않았다.

4) 양은용,《신출 '단학지남'과 북창 정렴의 양생사상》,《도교의 한국적 수용과 전이》(아세아문화사, 1994)에서 신돈복본과 규장각본을 각각《단학지남》과《용호결》이라 하여 비교 검토한 후에 신돈복본이 원형에 가까운 모습을 전하고 있다고 하였다.

문제에 대해서도 논란의 여지가 있다.[5]

이규경(1788~1856)이《오주연문장전산고(五洲衍文長箋散稿)》의 '도교선서도경변증설道敎仙書道經辨證說'에서 정렴의 '단가요결(丹家要訣)'이 언급되고,[6] 규장각본《해동전도록》에서 '북창저(北窓著)''용호결(龍虎訣)'이라고 하였고,《단학지남》에서[7] "此養生指南 陽井道人 鄭𥖧北窓著."라고 언급하고 있다.

하지만 규장각본《해동전도록》이 정조 이후 철종 이전의 문헌이고[8] 신돈복의《단학지남》이 숙종 연간에 저술된 것임을 감안해 볼 때 모두 북창 정렴의 사후에 항간(巷間)에서 떠도는 말을 기록한 것으로 보인다.《북창고옥선생시집(北窓古玉先生詩集)》에 수록되어 있지 않고 정렴의 행장(行狀)에도 북창 정렴이《용호비결》을

---

5) 이진수, 〈용호결에 대하여〉,《도교문화연구》제19집(도서출판 동과서, 2003), 100쪽에서, "《단학지남》의 대부분이 1591년에 중국에서 출간된《도서전집》을 필사한 점을 고려한다면 이능화의《용호결》이 오히려 오래된 것일 가능성이 높다. 정렴의 생전에는 아직 이 도서전서가 공간되지 않아, 그가 이 책을 참고도 서로 사용할 수 없었기 때문이다. 따라서《단학지남》전체를 용호결이라 단정할 수는 없을 것 같다. 이 문제는 앞으로도 도교학계의 숙제가 될 것으로 판단된 다."고 이른 점은 이러한 혼란된 사정을 잘 말해준다.

6)《오주연문장전산고(五洲衍文長箋散稿)》경사편이(經史篇二), 도장류일(道藏類一), 〈도장총설(道藏總說)〉, '道敎仙書道經辨證說', "崔孤雲亦入唐, 得還反之學以傳, 幷爲東方丹學之鼻祖. 其最者參同契十六條口訣也. 丹派中著書傳授者, 鄭𥖧丹家要訣, 權克仲參同契註解, 李之菡服氣問答, 郭再祐服氣調息眞訣, 爲其管鍵."

7) 대체로 학산 신돈복의《단학지남》을 곧바로《용호비결》로 간주하는데 엄밀히 따지면《단학지남》에 수록된《양생지남(養生指南)》을 가리킨다. '《양생지남》'이 란 제목은《단학지남》이외에《중묘문》에서도 등장하기 때문이다.

8) 김윤수, 〈신돈복의 단학삼서와 도교윤리〉,《도교의 한국적 변용》(아세아문화사, 1996), 292쪽.

지었다는 말이 없었다.9) 《단학지남》의 내용이 정렴 이후에 유통된 《도서전집(道書全集)》의 내용을 대부분 수록하고 있을 뿐만 아니라10) 판본에 따라 《동의보감(東醫寶鑑)》 《태식법(胎息法)》의 내용이 《용호비결》에 편입되어 있어 현전하는 《용호비결》의 저자가 과연 정렴인가 하는 의문도 제기된다.

또한 17세기에 《단학지남》 또는 '양생지남'으로 알려진 《용호비결》이 '단가요결'이나 '용호결' 또는 《용호비결》로 제명(題名)이 변화하는 사정도 밝혀지지 않았다. 이에 따라 내단 수련의 측면에서 《용호비결》의 성격에 대해 어떤 의미를 부여할 것인가 하는 문제도 새로운 과제로 부각된다. 신돈복이 《단학지남》에서 지적한 것처럼 《용호비결》은 《주역참동계》의 하수처를 밝혔다고 하는데,11) 사정이 그렇다면 정렴 당시에 유행한 《주역참동계》와의

---

9) 김윤수(1996)의 논문, 292~293쪽에서 "《용호비결》은 그 이름은커녕 그런 단결(丹訣)이 있다는 것조차 《북창집(北窓集)》을 비롯한 정통 문헌에는 일체 언급되지 않다가 신돈복이 처음으로 《단학지남》에서 명칭과 내용 전문을 수록하고 정렴 북창저(北窓著)라고 명기하였으니 단학사상(丹學史上) 문헌 정리의 공적이 지대하다고 하겠다."라고 주장한 배경과, 양은용, 앞의 논문, 376쪽에서 "이 《용호결》은 북창의 시문집인 《북창고옥선생시집》에 수록되어 있지 않을 뿐만 아니라, 행장이나 다른 기록에도 전혀 언급이 없다. 따라서 찬술의 진위 여부를 비롯하여 석연치 않은 부분이 없지 않았던 게 사실이다."라고 언급한 점이 이러한 내막을 알려준다.

10) 국내 유통된 《도서전집》에 대한 논의는 김윤수, 〈금단정리대전과 도서전집의 원류〉, 《노장사상과 동양문화》(아세아문화사, 1995), 343~348쪽을 참고하기 바란다.

11) 김낙필, 〈북창 정렴의 내단사상〉, 《도교문화연구》 제19집(도서출판 동과서, 2003), 82~83쪽에서 "《용호비결》은 《참동계》에서 제시하는 내단사상에 접근해 들어가는 구체적인 방법론의 의미를 지닌다."고 하였지만 구체적인 검토는 이루어지지 않았다.

관련성도 본격적으로 검토하지 않을 수 없다.[12] 특히 15세기 무렵의 갑인자본《주역참동계발휘》가 1998년에 국내에서 발굴되어 《용호비결》 저술 당시의 기본적인 자료가 공개된 시점에서 새로운 논의가 필요하다.

이 글에서는 먼저《용호비결》 관련 여러 문헌 자료를 대조하면서 본문을 철저히 검토한 다음, 갑인자본《주역참동계발휘》에 근거해서《용호비결》의 원형을 규명하고 이를 바탕으로 문헌적 계보를 그려보고자 한다. 이러한 기본적인 작업이 선행되어야《용호비결》이 갖는 사상사적인 성격을 해명할 수 있을 것이라고 기대한다. 이는 문제의《용호비결》에 대해 그동안 한국 도교학계에서 축적된 연구 성과가 있었기 때문에 가능한 작업이다.

2. 자료 제시

논의를 구체적으로 전개하기 위해 현재까지 알려진《용호비결》의 판본을 간략하게 소개하면 다음과 같다.

1) 연정원본: 1990년대 이후 선도 수련인들 사이에 가장 널리

---

12)《양생지남》의 일부 내용이《주역참동계발휘》에서 인용된 것임을 일찍부터 김윤수(1996)의 논문, 294쪽에서 밝히고 정렴이《주역참동계발휘》의 사상을 수용해서 단결(丹訣)을 저술하였다고 주장하였다. 그러나《양생지남》과《주역참동계발휘》의 내용을 전면 비교 검토하는 작업은 이루어지지 않았다.

알려진 판본이다.《용호비결》은 봉우 권태훈(1900~1994)이 지은《봉우수단기(鳳宇修丹記)》첫머리에 실려 있다.《봉우수단기》가 1986년에 연정원(硏精院) 단학회(丹學會)에서 간행되었기 때문에 이를 '연정원본'이라 지칭한다. 표제는 '용호비결(龍虎秘訣)'이며 부제는 '북창결(北窓訣)'이다.《용호비결》의 말미부기(附記)에 "세남한원년무자후학봉우권태운경제(歲南韓元年戊子後學鳳宇權泰勳敬題)"라 한 것으로 미루어 무자년 1948년에 필사한 것임을 알 수가 있다.

2) 동국대본: 이능화의《조선도교사》에 수록된 판본이다.《조선도교사》는 1959년에 수고본(手稿本)이 동국대학교 출판부에서 영인되고, 다시 1977년 에 영신아카데미 한국학연구소에서 영인한국학자료총서(影印韓國學資料叢書) 제5집(第5輯)으로 재간되어 학계에 널리 알려졌다.《조선도교사》의 집필 연대는 1927년에서 1933년으로 추정된다.[13]

3) 규장각본:《해동전도록(海東傳道錄)》의 부록으로《용호결(龍虎訣)》이 합본되어 있다. 서울대학교 규장각에 소장된《해동전도록》의《용호결》은 이님영 교수에 의해 그 존재기 학계에 알

---

13) 최준식, 〈이능화의 조선도교사〉,《한국 도교문화의 위상》(아세아문화사, 1993), 290쪽.

려졌다.[14] 《해동전도록》은 광해군 2년 1610년에 지은 한무외 (韓無畏)의 서문이 있고, "大明亡後 丁亥年 孟夏日 澤堂識"으로 미루어 이식(李植, 1584~1647)의 부기(附記)가 있다. 정해년(丁亥年)은 1647년이다. 학산(鶴山) 신돈복(1692~1779)의 고증문 (考證文)이 있는 것으로 미루어 《해동전도록》에 있는 《용호결》 은 18세기 이후의 것으로 추정된다.

4) 장서각본: 이 논문을 통해 학계에 처음 소개되는 판본이다. 한국학중앙연구원 장서각의 고서(古書) 제011936호로 분류된 수초본(手抄本)으로 삼침(三針) 선장본(線裝本)이다. 간기(刊記)와 필사 연대는 없다. 좌측 상단 부위에 아라비아 숫자로 쪽수가 1에서 6까지 매겨져 있어 근대 이후에 필사된 것으로 추정된다. 표제(表題)는 《용호비결(龍虎秘訣)》이고 서두에 '북창정렴저(北窓鄭磏著)'라고 부기(附記)되어 있다.

5) 중묘문본(衆妙門本): 1988년에 아세아문화사에서 간행된 《도교와 한국문화》권말에 《중묘문》이 영인되어 학계에 알려졌다. 《중묘문》의 팔단금도인법주(八段錦導引法注) 및 화후(火候) 항목 등에 산재한 《용호비결》의 내용을 선록(選錄)하여 이를

---

14) 이남영, 〈해동전도록을 통해 본 도교의 철학적 성격〉, 《한국종교》 제8집, 1983, 321쪽.

'중묘문본'이라 지칭한다.[15) 김낙필 교수에 의해 학계에 소개된 《중묘문》은 청하자(靑霞子) 권극중(1585~1659)의 말이 인용되어 있는 점에서 적어도 17세기 이후에 이루어진 단서(丹書)로 추정된다.[16)

6) 신돈복본(辛敦復本):《단학지남(丹學指南)》에 수록된《양생지남(養生指南)》상·중·하편(上·中·下篇)을 이른다. 부제는 '폐식묘방(閉息妙方)'이라고 하였는데 말미에 "此養生指南, 陽井道人 鄭磏北窓著"라고 적혀 있다.《단학지남》은 1994년 8월에 양은용 교수에 의해 학계에 소개되었다. 아세아문화사에서 간행한《도교의 한국적 수용과 전이》의 권말에 영인본이 실려 있다.[17)《양생지남》에는 '己亥陽月 鶴山題'라고 적은 학산 신돈복의 발문이 있는데 신돈복의 생몰연대를 감안하면 숙종 45년 1719년에 쓴 것으로 추정된다. 현존하는《용호비결》의 여러 이본들 가운데 가장 앞선 판본으로 간주된다.[18)

---

15) 김윤수, 〈동국전도비기와 해동전도록〉,《한국 도교의 현대적 조명》(아세아문화사, 1992), 185쪽에서《중묘문》의 팔단금도인법주(八段錦導引法注)가《용호비결》의 내용이라는 것늘 시석하었다.

16) 김낙필, 〈직지경 · 중묘문 해제〉,《도교와 한국문화》, 아세아문화사, 1988, 545~548쪽.

17) 이 자료에 대한 자세한 소개는 양은용(1994)의 논문을 참고하기 바란다.

18) 양은용, 앞의 논문, 386쪽에서 "《단학지남》은 용호결의 이본(異本)이요, 원형에 가까운 모습을 전하고 있다."고 말한다.

《용호비결》관련 문헌은 이밖에도《순오지(旬五志)》와《정북창 금단정리(鄭北窓金丹正理)》가 있다. 《순오지》는 홍만종(1643~ 1725)이 숙종 4년 1678년에 저술한 책이다.《순오지》에 실려 있는 관련 내용들은《용호비결》의 원형을 보여주는 소중한 자료이다. 해당 내용의 전문은 다음과 같다.

> 蓋其術亦自至理中出, 一生兩, 兩生四, 四生八, 以至於六十四, 分
> 以爲萬物萬事者, 人道也. 疊足端坐, 垂簾塞兌, 收拾萬事之紛擾,
> 歸於一無之太極者, 仙道也. 苟能眼視鼻白, 鼻對臍輪, 入息綿綿,
> 出息微微, 常使神氣相注, 於臍下丹田. 得其所謂玄牝一竅, 則百
> 竅皆通由是而胎息, 由是而周天火候, 由是而結胎. 此有必然之理.
> 至於成道與否, 只在其人之誠不誠如何耳."[19]

《정북창금단정리》는《선불가진수어록(仙佛家眞修語錄)》73쪽에 수록되어 있다. 필자가 참고한 자료는 1981년에 고려민족문화대학 (高麗民族文化大學) 한국학자료원(韓國學資料院)에서 발행한 선장 본(線裝本)으로[20] 저자는 윤일봉(尹一峰, 1892~1992)이다. 윤일봉 은 본명이 일순(溢淳)이고 법명이 양성(暘星)이며 도호(道號)가 청

---

19)《순오지(旬五志)》권하(卷下)(《홍만종전집(洪萬宗全集)》상(上), 태학사, 1997), 75~76쪽.
20)《선불가진수어록(仙佛家眞修語錄)》은 1977년 강향국에 의해 대전 회상사(回 想社)에서 초간본이 발행되고, 뒤이어 1978년에 박제산에 의해 중간본이 발 행된 바가 있다.

허(靑虛) 또는 백운산인(白雲山人)이다.《선불가진수어록(仙佛家眞修語錄)》은 윤일봉의 제자인 박제산(1935~2000)이 윤일봉의 글을 모아 편찬한 저술로 알려져 있는데《용호비결》의 폐기(閉氣)를 복기(伏炁)로 고친 것이 특징이다. 해당 내용의 전문은 다음과 같다.

初下手唯伏炁而已. 今欲伏炁者, 先須靜心, 疊足端坐, 垂簾下視, 以眼向鼻, 以鼻對臍. 出息微微, 入息綿綿, 常使神炁, 注於丹田. 念念專一, 工夫稍熟, 得其玄牝一竅則百脉皆通矣.

이상의 여러 판본에 보이는《용호비결》의 내용에서 공통된 단락을 추출하고, 그 내용의 요지를 순서에 따라 열거하면 다음과 같다. 해당 원문은 널리 알려진 연정원본을 기준으로 한다.

(가) 폐기법 소개: "修丹之道…(中略)…閉氣而已矣."

(나) 폐기의 실제 방법과 그 효능: "今欲閉炁者…(中略)…恕其
     狂僭, 幸甚."

(다) 선도수련의 원리: "謹按…(中略)…難與於上仙之列也."

(라) 폐기와 관련된《황정경》인용문: "閉氣…(中略)…正謂此者
     也"

(마) 안구(眼球)를 통한 주천 방법: "閉炁者…(中略)…只轉睛上
     視, 亦得也."

(바) 폐기 수련의 현상: "然世人皆上盛下虛…(中略)…皆邪說妄

行耳."

(사) 태식과 관련된 《태식경》 인용문: "胎息…(中略)…是眞道
路."

(아) 태식의 요령과 그 효과: "閉炁稍熱…(中略)…其以閉炁胎息
也."

(자) 화후의 종류와 방법: "周天火候…(中略)…不可不審也."

(차) 화후에 대처하는 요령: "周天火候者…(中略)…反有火傷扵
身."

(카) 주천화후의 현상: "則溫溫之炁…(中略)…所謂玉漿金液也."

(타) 니환궁에서 현주(玄珠)를 얻는 과정: "腹中大開…(中略)…
但早達爲貴."

(파) 태식의 효과에 대한 설명: "抑又聞之…(中略)…豈不可平路
登仙乎."

(하) 수련절차에 대한 설명: "右三條…(中略)…唯其誠耳."

(가), (나), (다)는 《용호비결》의 서언에 해당하고, (라), (마),
(바)는 폐기 항목이며, (사)와 (아)는 태식을, (자), (차), (카), (타)
는 주천화후를 설명하며 (파)와 (하)는 결어이다. 이러한 단락들
이 각 판본에 나타나는 양상을 도표로 정리해보면 다음과 같다.[21]

───
21) 도표에 제시된 판종은 《용호비결》의 해당 단락이 과반수 이상인 것을 기준으
로 선택하였다. 'ㅇ' 표시는 비교적 충실하게 서술된 것을 가리키고 '△'는 부
분적으로 간략하게 언급된 것을, 'ⅹ'는 해당 단락이 누락된 것을 가리킨다.

〈표 1〉

내용 판종	서언 (가) (나) (다)	폐기 (라) (마) (바)	태식 (사) (아)	주천화후 (자) (차) (카) (타)	결어 (파) (하)
연정원본	○○○	○○○	○○	○○○○	○○
동국대본	○○○	○○○	○○	○○○○	○○
규장각본	○○○	○○○	○○	○○○○	○○
장서각본	○○○	○○○	○○	○○○○	○○
중묘문본	×○×	○○×	×○	○○△△	○○
신돈복본	○○○	×○○	×○	○○○○	○○

　이를 통하여 가늠해 볼 수 있는 것은 연정원본, 동국대본, 규장
각본, 장서각본이 모두 온전한 단락을 갖추고 있는 반면에, 중묘문
본과 신돈복본은 결락이 너러 보인다. 그중 중묘문본은 (가), (다),
(바), (사)가 결락되고 (카)와 (타)는 일부 구절만 전하는데 이는
독립된 형태로 존재하는 판본을 검토 대상으로 삼은 것이 아니라
《중묘문》에 여기저기 흩어져 있는 글귀를 취합해서 재구성한 것
에 기인한다.

　신돈복본의 경우는 연정원본, 동국대본, 규장각본, 장서각본과
같이 〈폐기〉, 〈태식〉, 〈주천화후〉로 각각 독립된 장(章)으로 서술하
지 않는 태도를 보여준다. 전문을 세 부분으로 나누어 (가)와 (나)
를 상편, (다), (마), (바)를 중편, (아)에서 (하)까지는 하편으로 나
누었다. 뿐만 아니라 연정원본, 동국대본, 규장각본, 장서각본의 4
종 판본에 보이는 자세한 주석 부분이 대거 생략되어 있다.[22] 그러

---

22) 이에 대해 양은용, 앞의 논문, 394쪽에서 다른 판본의 주석은, "주석은 북창의
　　원본에 있는 것이 아니라, 유행본인《용호결》을 분장(分章)하면서 문장의 윤

나 이러한 신돈복본의 구성 체제는《용호비결》의 성립 과정을 이해하는 데 긴요한 흔적들이다. 폐기와 태식 항목에서 결락된 (라)와 (사)는 각각《황정경》과《태식경》의 구절을 인용한 것으로 사실상의 주석에 해당할 뿐만 아니라, 폐기 수련의 방법과 그 중요성을 환기시키려는 저술가의 의도와 직접적인 관련이 없는 대목이다.

3. 본문 분석

다음으로 앞서 제시한 단락을 중심으로 여러 판본들과 관련 문헌을 참고해서 분문의 내용을 대조하여 구체적으로 분석하기로 한다.《주역참동계발휘》와 관련된 내용은 제4장에서 본격적으로 다룰 것이다.

먼저 (가) 단락의 주석은 신돈복본과 중묘문본을 제외한 후대 4종 판본에 고르게 나타난다. 대체로 "故人未知下手之方, 不知修丹吾朊息之中, 而外求於金石."이라 하였는데, 연정원본에서만 "不知修丹吾朊息之中"의 "吾朊息"을 "於朊息"이라 하였다. 그러나 이러한 주석은 하수처로서 폐기의 중요성을 강조한 문맥을 감안하면 중복 서술한 느낌이 있고, 외단을 의식한 내단 수련의 중요성을 강조한 것으로 본문의 뜻을 곡해할 여지가 있다. 신돈복은《양생지남》발문에서,

색과 함께 이루어진 후인의 것이다."라고 언급하였다.

주자가 참동계를 논하기를, 눈에 빤히 보이지만 다만 하수처가 없다고 말하였다. 지금 북창 선생의 지남(指南) 한 편을 보니 양생하는 자를 위해 양성(襄城)의 들판에서 헤매는 이들에게 길을 가리키듯이 그 하수처를 일러서 명백하게 알려 주었다.[23]

고 이른 바와 같이, 《용호비결》은 내단의 중요성을 강조하는 데 있지 않고 《주역참동계》의 하수처로서 폐기의 중요성을 지적하고 있다. 그런 점에서 외단 수련의 폐단을 강조하는 주석은 본문의 맥락과 부합하지 않는다. 이 밖에 폐기를 설명하는 (나) 단락을 보면, 몇 가지 차이점이 보인다. 이 대목에서는 폐기를 통해 현빈일규(玄牝一竅)를 얻는 과정을 이른다. 신돈복본에서는 (나) 단락의 주석을 본문으로 처리하고 있는 데 비해 나머지 다른 판본에서는 모두 주석으로 처리하고 있다. 《순오지》와 《정북창금단정리》에서는 이러한 주석이 생략되어 있다. 하지만 (나) 단락의 주석이 폐기의 요령과 그 증험 현상을 다루는 내용인 점은 부정할 수 없더라도, 그 내용이 "於臍下一寸三分丹田之中"에서 "念念以爲常"으로 이어지는 본문의 맥락과 어긋난다. (바)의 "先走於胸腹. 得其傳送之道. 然後身體和平"의 내용과 중복되어 서술된 점에서 후대에 가필된 것으로 보인다.

─────

23) 《단학지남(丹學指南)》, 50쪽, 《도교의 한국적 수용과 전이》(아세아문화사, 1994)의 부록: "朱子論參同契云, 眼中見得了了, 但無下手處. 今見北窓先生指南一篇, 爲養生者襄野之指迷, 而言其下手處, 明白示人."

또한 '첩족단좌(疊足端坐)'를 설명하면서 연정원본, 동국대본, 규장각본, 장서각본, 중묘문본에서는 모두 "佛書所謂, 金剛坐也"라고 풀이하고 있지만, 신돈복본에서는 누락되어 있다. "當是時夾脊如車輪"이란 대목도 중묘문본을 제외하고 모두 나타난다. 《용호비결》을 요약한 《순오지》와 《선불진수어록》에서는 이 둘의 글귀가 모두 생략되어 있다.

1678년에 서술된 《순오지》가 비교적 이른 시기의 《용호비결》의 내용을 담고 있는 것으로 미루어 "佛書所謂, 金剛坐也."라는 구절은 정렴이 남긴 기록으로 보기 어렵다. "當是時夾脊如車輪" 구절도 신돈복본에서는 보이고 《순오지》나 《중묘문》에 나타나지 않는데, 아마도 이 구절은 《단학지남》에 수록된 '吸舐撮閉'이란 구결에서 인용된 듯하다.[24]

이 구절은 《단학지남》에 편입된 《도서전집》의 〈군선요어서(群仙要語序)〉와 〈태상일용경(太上日用經)〉 사이에 나오지만 〈군선요어〉에는 없는 내용이다. 앞부분 "肩背竦直, 虛心實腹, 靜心止念"을 제외하면 (나) 단락 주석의 내용과 같은 것이다. "肩背竦直"이 유가의 정좌법에서 더러 나타나는 구절임을 감안할 때,[25] 이 구절은 본

---

24) 《단학지남》의 '達磨祖師形解訣'과 '海蟾祖師初乘訣' 다음에 서술된 "肩背竦直, 虛心實腹, 靜心止念, 疊足端坐, 眼對鼻白, 鼻對臍輪, 工夫精神, 專在於此. 當是時夾脊如車輪."을 이른다. 이 구결은 《성명규지(性命圭旨)》利集, 第四節 口訣, 〈聚火載金訣法〉에 나오는 "此法即達摩 海蟾二祖師, 吸舐撮閉, 四字訣是也. 吸者, 鼻中吸氣以接先天也. 舐者, 舌拄上齶以迎甘露也. 撮者, 緊撮谷道內中提, 明月輝輝頂上飛也. 閉者, 塞兌垂簾兼逆聽, 久而神水落黃庭也."이란 구절과 같은 내용이다.

래 신돈복본 이전에는 없었던 것이 아닌가 의심된다. 나머지 다른
판본에서 (나) 단락의 해당 주석 내용을 지우면, 바로《순오지》의
내용이 되기 때문이다.[26)]

특이한 점은 신돈복본의 (다) 단락에서《해동전도록》에 수록된
《단가별지구결(丹家別旨口訣)》기일(其一)의 내용이 그대로 실려
있다는 사실이다. 잘 알려진 바와 같이 신돈복은《해동전도록》을
읽고 고증문(考證文)을 남겼고,《양생지남》에서도 발문을 남겼다.
이로 미루어 신돈복이 두 저술의 내용을 전혀 모르고 있었다고 보
기 어렵다. 여기서《단가별지구결》의 내용이《양생지남》에 그대로
인용되었던 사정을 이해하기 위해 두 가지의 가능성을 타진해 볼
수 있다.

하나는 신돈복이《양생지남》의 내용을 의도적으로 고친 흔적일
경우이고, 다른 하나는 신돈복이 당시에 유통되던《용호비결》판
본을 그대로 베껴놓은 것일 경우이다. 그런데 전자의 경우는 발문
까지 남긴 신돈복이 굳이 그렇게 해야 할 이유를 발견하지 못한
다. 그렇다면 후자의 경우가 타당한데, 이는《용호비결》의 원형에
《단가별지구결》의 일부 내용이 이미 수용되었을 가능성을 알려준

---

25) 송시열은 〈南冥曺先生神道碑銘幷序〉에서 남명 조식이 행한 유가의 징좌법을
    언급하면서 "潛居幽室, 肩背竦直."이라고 말한 바가 있다.
26) 주석이 생략된 신돈복본의 경우에는 "工夫精神, 全在於此. 當是時夾脊如車輪."
    이란 구절이 본문에 노출되어 있지만, 신돈복본이 수록된《단학지남》의 다른
    대목에서 "肩背竦直" 이하의 내용이 중복 서술되어 있는 것으로 미루어《단학
    지남》을 편찬할 당시 "當是時夾脊如車輪" 구절이 삽입되었던 것으로 보인다.

다.27) 그러나 중묘문본을 제외한 다른 판본에는 이 대목이 누락되어 있는 점을 감안하면, 정렴 사후에《용호비결》이 유통되는 과정에서 첨삭과 내용의 변개가 지속적으로 이루어지고 있었다는 사실을 짐작할 수 있다.

또한 신돈복본은 유염(俞琰, 1258~1314)의《주역참동계발휘(周易參同契發揮)》원문을 비교적 충실하게 반영하고 있는데, (다) 단락의 "契曰, 悉志歸虛無,28) 念念以爲常, 證驗自推移, 心專不縱橫."이란 대목이 그것이다. 중묘문본을 제외한 4종의 판본에서는 이 대목을 한결같이 "契所謂, 委志歸虛無, 無念以爲常, 證驗以推移, 心專不縱橫."이라고 표기하였다. 하지만 신돈 복본에서는 유염이《고문참동계(古文參同契)》의 문장을 교감(校勘)하여 '무념(無念)'을 '념념(念念)'으로, '난이(難以)'를 '험자(驗自)'로 수정한 의도를 그대로 반영하였다.

유염이 '무념(無念)'을 '념념(念念)'으로 고친 까닭은 완공(頑空)에 몰입하는 선학(禪學)과 구별하는 데 그 의미를 두었고,29) 이를 통하여 '응신취기(凝神聚氣)'를 도모하는 것이 "수단구결제일(修

---

27) (마) 단락의 "閉氣者, 以眼爲旗幟. 氣之升降, 左右前後, 莫不如意之所之."란 구절도 중묘문본에서는《단가별지구결》에서 인용된 것임을 밝히고 "欲氣之升者" 이하의 주석을《단가별지구결》의 주석으로 파악하고 있다. 신돈복본에서는 이 대목을 모두 원문으로 처리한 반면에 다른 4종의 판본에서는 주석으로 처리하였다.

28) 여기서 '실지(悉志)'는 '위지(委志)'의 오자(誤字)이다.

29)《주역참동계발휘(周易參同契發揮)》권지육(卷之六), 중편 제이(中篇 第二), '委志歸虛元 念念以爲常'조 참고. 이하의《주역참동계발휘》의 인용은 모두 갑인자본에서 취하였다.

丹口訣第一)"이라고 한다.30) 신돈복본에서는 이러한 문장의 뜻과 부합되게 "념념이위상(念念以爲常)"이란《주역참동계발휘》의 구절을 "차수선지제일의야(此修仙之第一義也)"라고 일렀지만, 후대의 4종 판본은 이러한 행간의 의미를 간과하였다.31)

(아) 단락의 경우, 신돈복본에서는 '태식법(胎息法)'에 관한 주석과32) "昔葛仙翁, 每於盛暑, 入深淵中, 十日乃出. 其以閉氣胎息也."이란 대목이 보이지 않는다. 신돈복본을 제외한 나머지 5종의 판본에 공통적으로 서술된 이 대목은《동의보감》〈내경편〉의 '태식법' 항목에 있는 내용과 같은 것이다.33)

---

30)《주역참동계》의 "念念以爲常"은《황정내경경(黃庭內景經)》의 "常念三房上通達, 洞得視見無內外"라는 구절과 뜻이 통한다. 이 구절은 두개골의 구궁(九宮)을 개발하기 위해 "한 생각을 특정 부위에 지속적으로 머물게 하는" 존사법(存思法)의 요결이다. 존사법은《태평경》의 수일법(守一法)이며 이러한 수일법이《주역참동계》의 수련법으로 계승되고 다시《황정경》에서 이를 원용한 흔적이다.

31) 후대 권극중의《참동계주해》제44장에서도 "委志歸虛無, 無念以爲常, 證難以推移, 心專不縱橫."이라는《고문참동계(古文參同契)》의 원문을 따르고 유염의 주장을 따르지 않았다.《용호비결》에서 참동계의 원문을 유염의《주역참동계발휘》에서 취한 까닭은 폐기 수련이 주된 이유인데 권극중이 이를 외면한 곡절은《주역참동계발휘》나《용호비결》을 읽지 않았거나 두 저술의 내용을 과소평가한 데서 찾을 수 있을 것이다. 이러한 점으로 미루어 유염에서 정렴으로 이어지는 참동계 하수처의 구결은 권극중 이전에 이미 실전된 것으로 보인다.

32) "亦曰, 返本還源. 人在母之胎中, 不以口鼻呼吸. 只以臍帶, 通於母之任脉. 任脉通於肺, 肺通於鼻. 母呼亦呼, 母吸亦吸. 至臍帶一落然後, 呼吸通於口鼻. 及其持養失宜, 眞氣消爍. 於是乎. 疾病生矣. 夭折作矣. 若得此歸復之法, 精進不已, 則辟穀登仙, 皆在於此. 古人有詩曰, 屋毀修容易, 藥枯生不難. 但知歸復法, 金寶積如山."

33) 김윤수(1996)의 논문, 284쪽에서《단학지남》의 "初閉氣一口, 以臍呼吸, 數之至八十一,...則老者更少日還一日."의 태식법이《동의보감》〈내경편〉의 '태식법'을 인용한 것이고, 이 태식법의 원본 출처는 원료범(袁了凡)의《기사진전(祈嗣眞詮)》에서 인용한 것임을 밝힌 바가 있다. 또한 이진수, 앞의 논문, 117

《동의보감》에는 "眞詮曰, 人在母胎中, 不以口鼻呼吸. 惟臍帶繫
於母之任脉. 任脉通于肺, 肺通于鼻. 故母呼亦呼, 母吸亦吸."이란
대목이 있고 뒤이어 "葛仙翁, 每盛暑, 輒入深淵之底, 十日許乃出.
以其能閉氣胎耳."이라 하였다. 판본에 따라 약간의 글자가 표현을
달리하지만 앞서 4종의 판본과 《중묘본》까지 모두 "十日乃出"이
라 기술하였다.

폐기와 태식의 사례로 거론한 일화는 《포박자(抱朴子)》 내편(內
篇)의 〈색난(塞難)〉에 나오는 갈현(葛玄, 164~244)의 이야기이다.
《포박자》 본문에서 "予從祖仙公, 每大醉及夏天盛熱, 輒入深淵之
底, 一日許乃出者, 正以能閉.胎息故耳."이라고 한 것을 감안하면
《동의보감》 〈태식법〉에 인용된 "십일(十日)"은 베껴 적는 과정에
서 일어난 실수이다. "십일(十日)"이 아니라 "일일(一日)"인 것이
다. 《동의보감》에 인용된 《진전(眞詮)》은 원료범(袁了凡)의 《기사
진전(祈嗣眞詮)》을 가리키는데, 《기사진전》에서는 "一日許乃出"이
라고 하였던 대목을 《동의보감》에 옮기면서 '十日許乃出'로 잘못
적었던 것으로 보인다.

이러한 《동의보감》의 오류를 《용호비결》에서 답습하였다는 것
은, 《용호비결》에 《동의보감》의 일부 내용이 그대로 반영되었다는
것을 뜻한다. 또한 정렴의 생전에 《동의보감》이 간행되지 않았기
때문에 (아) 단락의 주석과 '석갈선옹(昔葛仙翁)' 이하의 내용은

쪽에서 용호결의 태식법이 원료범의 태식론을 그대로 옮기고 있다고 언급하
였지만 구체적인 내용은 지적하지 않았다.

정렴 본인이 기술한 《용호비결》의 원문이 아닌 것은 분명하다. (아) 단락에 부연된 내용이 정렴 본인의 기록이 아니라면, 여러 판본 가운데 유일하게 이를 반영하지 않은 신돈복본이 훼손되지 않은 원본의 상태를 가장 잘 보여준다고 하겠다.

(자) 단락은 주천화후를 다룬 대목이다. 신돈복본과 중묘문본에서는 모두 본문으로 처리하고 나머지 4종 판본은 '주천화후(周天火候)'를 소제목으로 올리고 주석으로 처리하였다. 신돈복본에서는

처음에는 기(氣)와 혈(血)이 모두 허하기 때문에 폐기를 한지 얼마 후에 화기가 쉽게 흩어진다. 혈기가 점점 실하면 화기 또한 더디게 된다.[34]

고 한 반면에, 중묘문본에서는

처음에는 기(氣)와 혈(血)이 모두 허하기 때문에 폐기를 한 지 얼마 후에 화기가 쉽게 일어나고, 기혈이 점점 실하게 되면 화기가 일어나는 것도 더디다.[35]

라고 한다. 중묘문본에서는 기혈의 허실 여부에 따라 화후가 빠르고 더디게 나타나는 현상을 강조한다면, 신돈복본은 회기기 모이고 흩어지는 현상을 강조한다는 차이가 있다.[36] 그런데 (자) 단

---

34) "初則氣血俱虛. 故閉氣未久, 火氣易散, 血氣漸實, 則火氣亦遲."
35) "初則氣血俱虛. 故閉氣未久, 火氣易發. 氣血漸實, 則火起亦遲."

락에서 폐기 수련과 관련된 주천화후의 문제를 거론한 것이라면, 화후가 빠르고 느린 문제가 기혈의 허실 여부에 달려 있다는 점에 초점을 두어야 한다. 빠르게 찾아오는 화후는 기혈이 허하기 때문이고 기혈이 충실하게 되면 화후가 느리게 되어 이를 조절하기 한결 용이하다는 것이 본문의 맥락인 것이다.

이를 염두에 두면 처음 시행할 때는 화기가 쉽게 흩어진다고 파악한 신돈복본의 구절은 화후의 조절 문제를 다루는 이 대목에서 적절한 것이 아니다. 그런데 나머지 4종의 판본은 "火氣易發"과 "氣血漸實" 사이에 "臍腹之間, 久而不散. 則必有溫溫之氣, 出於其間. 當此之時"라는 구절을 덧보태었다.[37] 이러한 4종 판본의 주석은 기혈이 부실한 단계에 빠르게 일어난 화기가 오래도록 흩어지지 않는 것이 좋은 현상이라고 오해할 여지를 남겼다. 또한 화후가 빠르게 일어나는 초보 단계의 주천화후 현상이 기혈이 충실해짐에 따라 점차 느리게 된다는 본문의 내용과 어긋날 뿐만 아니라, "火氣易發"의 위치를 "臍腹之間"으로 본 것이 모호하고 "當此之時"조차 앞뒤 구절과 호응하지 않는다.

---

36) 이러한 해석의 차이는 신돈복본에서 "火氣易散, 血氣漸實, 則火氣亦遲."라 한 것과 중묘문본에서 "火氣易發. 氣血漸實, 則火起亦遲."라고 한 것에서 비롯된다. 신돈복본에서는 폐기를 시작하는 초보 단계에서는 기혈이 부실하여 화기가 쉽게 흩어진다고 보았지만 빠르게 찾아온 화후는 오래도록 흩어지지 않는 것이 더 큰 문제이다. 화후가 빠르게 찾아오면 (차) 단락의 주석에서 언급한 것처럼, 뜨거운 기운이 전신을 휩싸게 되어 자칫하면 몸을 크게 상하게 된다.

37) 장서각본의 해당 구절이 "胸腹之間"이나 "出其間"으로 다르게 표기된 것 이외에는 모두 동일하다.

게다가 주석에서 제시한 내용은 다음 단락인 (차)의 내용과 중복되는 점에서 중언부언하는 느낌이 있다. 비록 (자) 단락에서 신돈복본이 '易發'을 '易散'으로 잘못 표기한 오류가 있지만, 혼란을 야기하는 해당 주석을 생략한 신돈복본이 오히려 《용호비결》의 원형을 잘 반영한 것으로 보인다.

(차) 단락에서 해당 대목을 검토해 보면, 4종의 판본 가운데 장서각본과 동국대본이 심각한 오류를 범하고 있는 것을 알 수 있다. (자) 단락의 주석과 중복을 피하기 위해 (차) 단락의 "臍腹之間"을 장서각본에서는 "腹之間", 동국대본에서는 "臍輪之間"이라고 표기하여 '間' 자를 경황 없이 적용한 것이 그것이다. "腹之間" 또는 "臍輪之間"이라고 표기하면 주천화후의 경로를 알 수 없게 되기 때문이다. 이는 신돈복본과 중묘문본에서 (차) 단락의 "神氣常住"[38] 이하의 내용을 (자) 단락의 본문으로 드러내어 구분하는 것과 대조된다. 또한 "若能加意吹噓"를 주석하면서 연정원본은 "膀胱如火熱, 兩腎如湯煎, 而自腰以下, 淸爽異常"이라고 하였는데, 방광과 신장의 위치는 각각 허리 아래와 위에 있어 그 다음의 주천화후 현상과 일치하지 않는다.[39]

---

38) 신돈복본 이외는 "神氣相住" 또는 "神氣相注"로 표기하고 있는데, "久而不散"으로 이어지는 문맥을 고려하면 신돈복본의 표기가 옳다고 본다. 이 점은 제5장에서 자세히 다룬다.

39) 동국대본은 "淸爽異常"을 "淸爽"이라 표기하였고, 중묘문본은 "淸爽如常"이라 하였다. "自腰以下" 구절은 규장각본과 중묘문본에서는 모두 "自腰以上"이라 표기하고 있어 혼란된 인식을 드러낸다.

한편, (카) 단락은 중묘문본에서는 "溫溫之氣, 從微至著, 自下達上" 구절만 보이고 나머지는 결락되어 있다. 다른 판본에서는 공통적으로 제시되어 있다. 신돈복본을 제외한 4종이 판본에서는 "熱所至, 漸漸開豁, 上達"이란 주석이 보인다. "神水華池云者, 致虛極守靜篤之時也. 此最緊要處也."라는 주석은 신돈복본에서 본문으로 처리되어 있는데 "神水華池云"이라는 구절은 여기서 생략되어 있다. "此所謂, 花開漸苞, 露漸濃. 此時逆水上, 甘津在口, 爲醴泉. 所謂玉漿金液也."라고 하는 주석도 신돈복본에서는 모두 본문으로 처리되었다. "花開漸苞, 露漸濃"은《주역참동계발휘》에서 따온 것인데[40]《용호비결》이《주역참동계발휘》와 밀접한 관련이 있다는 점을 고려하면 이 구절은 정렴이 직접 적어놓은 것으로 보인다.

(타) 단락은 니환궁에서 사리가 맺히는 현상을 설명한 대목이다. 중묘문본에서는 소략하게 언급되어 있는 것과 대조적으로 다른 판본에서는 자세하다. 다만 "溫養不失"의 구절에 대한 "一日之間, 子午卯酉, 必須進火使溫溫之炁, 無一息不進火. 常使晝夜如一日. 至十月然後, 胎可成也."이란 주석이 신돈복본에서 생략되어 있을 따름이다. 장서각본과 규장각본이 "常使晝夜如一日"을 "常使晝夜如一"로 표기되어 있는 점으로 미루어 두 판본은 같은 계열로 보인다. 그러나 "至十月然後, 胎可成也."라는 대목은 본문의 내용과 부합되지 않는다. (하)에서 언급한 것처럼《용호비결》의 폐기

---

40)《주역참동계발휘(周易參同契發揮)》권5(卷5), 중편 제일(中篇 第一), 〈陽稟陰受 雌雄相須〉, "陽稟陰受者, 瓊瑤花發露珠凝, 花漸開苞, 露漸深也."

수련은 태식과 주천화후를 동시에 성취하는 수련이며 그 결과로 선가에서 玄珠라고 일컫는 사리를 얻게 된다. '成胎'나 '養胎' 과정을 거치지 않는《용호비결》의 수련법은 이러한 측면에서 널리 알려진 오류파(伍柳派) 계열의 내단 수련법과 확연히 다르다. 그래서 '지간지이(至簡至易)'하다고 이른 것이다.

그밖에 (파) 단락을 보면, 중묘문본에서는 장허정(張虛靜)의 〈대도가(大道歌)〉 내용이 누락되어 있지만, 다른 판본에서는 그 내용이 두루 나타난다. 장허정의 〈대도가〉는《주역참동계발휘》와《도서전집》〈군선요어(群仙要語)〉에 실려 있다. 해당 원문은 다음과 같다.

神御氣, 氣留形. 不須雜術自長生. 術則易知道難遇. 縱然遇了不專行. 所以千人萬人學, 畢竟終無一二成.[41]

중묘문본을 제외한 5종의 판본에서 공통적으로 원문의 "不須雜術"을 모두 "不須相離"로 표기한 것은 정렴이《용호비결》을 저술할 때 자신의 수련 경험에 따라 자구를 고쳤던 것으로 보인다. 그러나 세부적인 자구 문제에 있어서는 판본마다 차이가 있다. 연정원본은 "自長生"이 삭제되었고, 동국대본은 "不須相離" 이하를 '하결(下缺)'로 처리하였다. 규장각본은 '以身御氣'라 하여 '신(神)'자

41) 해왕촌고적총간본(海王邨古籍叢刊本)《도서전집(道書全集)》, 북경(北京): 중국서점(中國書店), 1990, 694쪽.《주역참동계발휘(周易參同契發揮)》권5(卷5), 중편 제일(中篇 第一), '안력법령지성전밀(按歷法令至誠專密)'조(條)에도 같은 내용이 있다. 다만 "神御氣"를 "神馭氣"로 표기한 것만 다르다.

를 '신(身)'자로 잘못 인식하였을 뿐만 아니라 중간에 "下有闕文" 이라 하여 궐문(闕文)도 없는데 궐문이라 하였다. 이는 원문을 알 지 못한 상태에서 그냥 베껴 썼다는 증거가 된다. 이들 가운데 원 문을 가장 잘 반영한 판본은 신돈복본이다. 해당 구절이 시가임을 감안하여 "神御氣, 氣留形"의 운율을 그대로 살린 반면에 장서각 본은 "神御炁, 以炁留形"이라 하여 줄글로 처리한 점이 확인된다.

이상과 같이 여러 판본에 나타난 몇 가지 오류들을 감안하면 신 돈복본이 가장 이른 시기의《용호비결》인 점을 알 수가 있다. 그 다음이 장서각본이며, 나머지 판본은《용호비결》원문의 맥락을 제대로 파악하지 못하고 자구와 내용의 오류를 노출시킨 점에서 후대의 것으로 판명된다. 그중 동국대본은 가장 늦게 필사되었다 고 보인다. 완결된 판본으로 인정되지 않는《순오지》의《용호비 결》내용은 초기 판본의 원형을 잘 간직하고 있는 것으로 여겨지 며, 중묘문본은 신돈복본과 장서각본 사이에 나타난 과도기적 양 상을 보여준다고 하겠다.

4. 저본(底本) 검토

앞 장의 논의를 통하여 신돈복본이 여러 정황과 증거로 미루어 볼 때 비교적 이른 시기에 유통된《용호비결》로 인정된다. 이러한 신돈복본은 크게 세 가지 층위로 이루어지는데, 첫 번째 층위는 유염의 《주역참동계발휘》를 저본(底本)으로 그 내용을 초록하여 기본적인 틀을 구성하였다는 점이다. 두 번째 층위는 첫 번째 층위를 바탕으로 여기에 조선 단학파 계열의 구결인 《단가별지구결》과 《이양편(二養編)》의 내용을 보완한 것이고, 세 번째 층위는 첫 번째와 두 번째 층위에 조선 전기에 유통된 《수진십서(修眞十書)》의 일부 내용으로 전체 논지를 보강한 점이다.

이 가운데 신돈복본과 직접 관련된 자료는 첫 번째 층위의 《주역참동계발휘》이다. 신돈복본의 대부분 내용이 여기서 인용되고 있는데, 비교검토의 대상으로 삼은 《주역참동계발휘》는 1441년에 간행된 갑인자본이다.[42] 갑인자본 《주역참동계발휘》는 김시습(1435~1493)과 조식(1501~1572)을 비롯해서 조선 전기 유학자들이 즐겨 읽었던 참동계 주석서로 추정되는데, 《이양편(二養編)》 하편(下篇), 제삼(第三) 〈운기(運氣)〉의 '참동계운기승강론(參同契運氣升降論)' 전편이 《주역참동계발휘》로 구성되어 있을 뿐만 아니라, 조선 후기의 《중묘문》과 《직지경》에도 《주역참동계발휘》의

---

42) 세종 23년 1441년 8월에 간행된 초주(初鑄) 갑인자본(甲寅字本) 《주역참동계발휘》는 1998년 4월 13일에 신언식(申彦湜, 1519~1582)의 분묘에서 출토되었는데 이를 고령 신씨본(高靈申氏本)이라 한다. 현존하는 《주역참동계발휘》의 여러 판본 가운데 가장 뛰어난 완본이다. 이와 다른 갑인자본으로는 일본의 내각문고본(內閣文庫本)이 있지만 내각문고본의 경우는 《주역참동계발휘서(周易參同契發揮序)》와 《주역참동계석의(周易參同契釋疑)》 및 발문(跋文)이 생략된 파본(破本)이다. 중국에서 유통되는 사고전서본(四庫全書本)은 《주역참동계발휘서(周易參同契發揮序)》가 결락(缺落)되어 있다. 고령 신씨본 《주역참동계발휘》는 임명진이 번역하여 《주역참동계》란 표제로 2013년에 인쇄향에서 간행되었다. 이 글에서는 부록에 실린 영인본을 참고하였다.

일부 내용이 언급되어 있다.《수진십서》와《도서전집》에《주역참
동계발휘》가 수록되지 않았던 것으로 미루어 임란 이전의 인물인
정렴은 갑인자본《주역참동계발휘》를 읽었던 것으로 보인다.

《주역참동계발휘》가 신돈복의 저본이라는 사실을 알아보기 위
해 신돈복본《양생지남》과 갑인자본《주역참동계발휘》의 공통된
내용을 대조해 보면 다음 〈표 2〉와 같다.

〈표 2〉

	《양생지남(養生指南)》	《주역참동계발휘(周易參同契發揮)》
상편上篇	(가) 修丹之道 至簡至易	神仙還丹之道 至簡至易 如此○而已矣此 43) 修煉之功 至簡至易 不過抱元守一44)
	而今其爲書 汗馬牛充棟宇	古今丹書 汗牛充棟 千名萬字 引喩無窮45)
	(나) 先須靜心 疊足端坐	疊足端坐 潛神內守 不可一毫外用其心也46) 疊足端坐 如山石之不動47)
	垂簾下視 眼對鼻白 鼻對臍輪	以眼對鼻 以鼻對臍 身要平正 不可敧側 開眼須要半垂簾48)
	入息綿綿 出息微微 常使神氣常住 於臍下一寸三分丹田之中	出息微微 入息綿綿 上至泥九 下至命門 周流不已 神氣無一刻之不相聚 及其內丹將成則元氣兀然 自住於丹田中49)

---

43)《주역참동계발휘서(周易參同契發揮序)》

44)《주역참동계발휘(周易參同契發揮)》권지오(卷之五), 중편 제일(中篇 第一),
　　'六十卦用 張布爲輿'.

45) 앞의 책, 권지사(卷之四), 상편 제사(上篇 第四), '文字鄭重說 世人不熟思'.

46) 앞의 책, 권지이(卷之二), 상편 제이(上篇 第二), '管括微密 閟舒布寶'.

47) 앞의 책, 권지오(卷之五), 중편 제일(中篇 第一), '利用安身, 隱形而藏'.

48) 앞의 책, 권지구(卷之九), 〈정기가(鼎器歌)〉, '腹齊正 坐垂溫'.

49) 앞의 책, 권지팔(卷之八), 하편 제일(下篇 第一), '惟昔聖賢 懷玄抱真'.

상편 上篇		出息微微 入息綿綿 勿令間斷 則神氣歸根50)
	念念以爲常 至於工夫稍熟 得其所謂玄牝一竅 則百竅皆通 矣	念念以爲常者 念念相續 勿令間斷51) 泥丸一穴, 乃一身萬竅之祖竅. 此竅開則衆 竅齊開也52) 所謂一竅開而百竅齊開大關通而百關盡通 也53)
	百脉自然流通 三宮自然升降 疾 病何由而作乎 稍加精勤 則必至 於延命却期	三宮自然升降 百脈自然流通 勤而行之 無有 不仙者54)
	得其糟粕 亦未有不安恬令終者 也	雖不假修鍊, 未有不安恬令終者55)
중편 中篇	(다) 契曰 悉〔委〕志歸虛無 念念以爲 常 證驗自推移 心專不縱橫	念念以爲常者 念念相續 勿令間斷56) 白紫淸語錄云 修丹口訣第一 是聚氣凝神 常 常握固即聚氣 念念守黙即凝神57)
	此修仙之第一義也 但立志貴早	是乃作丹之大端 修仙之第一義也58) 蓋藥材貴乎早年修鍊 若至晩景行持 則老來 精虧氣耗 鉛枯汞少 縱能用力 惟可住世安樂 爾59)
	(바) 則上部風邪 如雲委霧降 滾滾瀉 下 先走於胸腹 初則胸滿 次則 腹痛 得其傳送之道 然後身體和	其和氣周匝於一身 溶溶然如山雲之騰太虛 霏霏然似膏雨之遍原野 淫淫然若春水之滿 四澤 液液然象河冰之將欲釋 往來上下 百脈

---

50) 앞의 책, 권지육(卷之六), 중편 제이(中篇 第二), '男白女赤 金火相拘'

51) 앞의 책, 권지육(卷之六), 중편 제이(中篇 第二), '委志歸虛元 念念以爲常'

52) 앞의 책, 권지삼(卷之三), 상편 제삼(上篇 第三), '方圓徑寸,混而相扶'.

53) 앞의 책, 권지구(卷之九), 〈정기가(鼎器歌)〉, '贍理腦 定昇玄'.

54) 앞의 책, 권지오(卷之五), 중편 제일(中篇 第一), '六十卦用 張布爲輿'.

55) 앞의 책, 권지육(卷之六), 중편 제이(中篇 第二), '將欲養性 延命.期'.

56) 앞의 책, 권지육(卷之六), 중편 제이(中篇 第二), '委志歸虛元 念念以爲常'.

57) 앞의 책, 같은 곳.

58) 앞의 책, 권지오(卷之五), 중편 제일(中篇 第一), '陽稟陰受 雌雄相須'.

59) 앞의 책, 권지팔(卷之八), 하편 제일(下篇 第一), '惟昔聖賢 懷玄抱真'.

중편 中篇	平 汗氣蒸 潤 一身百脉 周流大 遍 則一意冲融	冲融 被於谷中 暢於四肢[60]
	眼前白雪紛紛而下 不知我之有 形 形之有我 窈窈冥冥 恍恍惚 惚 已在太極未判之前矣 此所謂 眞境界 眞道路	白雪紛紛飛四山 七寶樓臺十二層 樓前黃花 深可觀 分分朗朗 盡見於恍惚之問[61] 則恍恍惚惚 其中有物 窈窈冥冥 其中有精 而滿空白雪亂參差也[62] 是故狀其窈冥則如臨深俯幽 論其恍惚則如 畫夢初覺 此乃眞景象 非譬喻也 學者未曾經 歷 不知窈冥恍惚乃吾身之 眞景象往往樂以 虛文視之 惜哉 當知窈冥者 寂然不動 吾身 天地未 判之時也 恍惚者 感而逐通 吾身天 地將判之時也[63] 何謂先天 寂然不動 窈窈冥冥 太極未判之時 是也 何謂後天 感而逐通 恍恍惚惚 太極已 判 之時是也[64]
하편 下篇	(아) 此所謂 在母胎之息 所謂歸元復 命之道也	蓋嬰兒之在母胎也 母呼亦呼 母吸亦吸 口鼻 皆閉 而以臍達[65] 此時歸根復命 神凝精結 八脈俱住 呼吸俱無 其氣索然如絕也[66]
	(차) 膀胱如火 兩腎如湯	兩腎如湯煎, 膀胱如火然[67]
	(카) 此所謂 花開漸開 苞露華濃也	瓊瑤花發 露珠凝 花漸開 苞露漸深也[68]

---

60) 앞의 책, 권지팔(卷之六), 중편 제이(中篇 第二), '修之不報休 庶氣雲雨行'

61) 앞의 책, 권지육(卷之六), 중편 제이(中篇 第二), '濁者淸之路 昏久則昭明'.

62) 앞의 책, 권지오(卷之五), 중편 제일(中篇 第一), '坎離冠首 光耀垂敷'.

63) 앞의 책, 권지육(卷之六), 중편 제이(中篇 第二), '道窮則反 歸乎坤元'.

64) 앞의 책, 권지칠(卷之七), 중편 제삼(中篇 第三), '含元虛危 播精於子者'.

65) 앞의 책, 권지육(卷之六), 중편 제이(中篇 第二), '將欲養性 延命卻期'.

66) 앞의 책, 권지사(卷之四), 상편 제사(上篇 第四), '氣索命將. 休死亡魄魂'.

67) 앞의 책, 권지육(卷之六), 중편 제이(中篇 第二), '證驗自推移 心專不縱橫'.

68) 앞의 책, 권지오(卷之五), 중편 제일(中篇 第一), '陽稟陰受 雌雄相須'.

| (파)
不過以神御氣 氣留形 不須相離
自長生 術則易知道難遇 縱然遇
了不專行 所以千人萬人學 畢竟
終無一二成
(하)
故凡學道者以誠爲貴 | 上下灌注, 如環之無端[69]

張虛靜《大道歌》云：神馭氣 氣留形 不須雜
術自長生 術則易知道難遇 縱然遇了不專行
所以千人萬人學 畢竟終無一二成[70]
誠爲修鍊者之要端也[71]
古今修丹之士 固未有不誠而得之者 亦未有
不 專心致志而可以成事者也[72] |

  신돈복본《양생지남》은 모두 3편으로 구성되어 있는데 (가)와 (나) 단락이 상편(上篇)이고, (다), (마), (바), 단락이 중편(中篇)이며, (아) 단락 이하가 모두 하편(下篇)으로 편성되어 있다. 결락된 (라)와 (사)는 각각 '폐기'와 '태식' 항목에 대한 주석 내용으로《용호비결》의 본문에서 긴요하지 않는 대목이다. 내용으로 분류하면 신돈복본《양생지남》상편의 (가)와 (나), 중편의 (다) 단락이《용호비결》의 서언(序言)에 해당하고, 중편의 (마)와 (바) 단락이 폐기 수련 내용이며, 하편의 (아) 단락이 태식, (자)에서 (타)까지가 주천화후, (파)와 (하)가 결어(結語)에 해당한다.

  이러한《양생지남》의 구성 체계를《주역참동계발휘》와 대조해 보면, 상편의 (가)와 (나), 중편의 (다)와 (바), 하편의 (아), (차), (카), (타), (파), (하)의 단락에서 주요 글귀를 차용한 흔적이 드러난다. 다시 말해《용호비결》의 3개 조항인 폐기, 태식, 주천화후가

---

69) 앞의 책, 권지오(卷之五), 중편 제일(中篇 第一), '乾剛坤柔 配合相包.'
70) 앞의 책, 권지오(卷之五), 중편 제일(中篇 第一), '按歷法令 至誠專密'.
71) 앞의 책, 권지육(卷之六), 중편 제이(中篇 第二), '證驗自推移 心專不縱橫'.
72) 앞의 책, 권지오(卷之五), 중편 제일(中篇 第一), '按歷法令 至誠專密'.

모두 언급되어 있을 뿐만 아니라, 참동계 수련의 하수처가 '지간지이(至簡至易)'하다는 (가)의 서언을 비롯해서 수련에는 지극한 정성이 반드시 뒷받침되어야 한다는 (하)의 결어 부분까지 두루 갖추고 있다.

이러한 점들을 감안해 볼 때《주역참동계발휘》는 신돈복본의 저본으로 추정된다. 신돈복본의 (가) 단락에서 "今抄其切於入門"이라 한 말은 입문자를 위해 유염의《주역참동계발휘》에서 긴요한 대목을 초록한다는 뜻이다. 다른 판본에서는 이 대목을 "今述其切於入門"이라고 하였다. '초(抄)'와 '술(述)'의 차이는《용호비결》과《주역참동계발휘》의 관련성에 대한 후대 필사자들의 이해 여부에 따라 빚어진 결과로 보인다.

정렴의《용호비결》과 유염의《주역참동계발휘》를 비교해 보면, 유염이 주역의 괘효(卦爻)에 빗대어 참동계의 수련법과 그 현상을 설명하고 있는 것과 대조적으로 정렴은 초학자에게 어려운 용어나 내용을 삭제하고 필요한 부분만 간추려 쉽게 밝혀 주었다는 특징이 드러난다. (가) 단락의 "至於參同契一編, 實丹學之鼻祖, 顧亦參天地, 比卦爻, 有非初學之所能蠡測."이라고 언급한 대목이 이를 뒷받침한다. 또한 유염이 모호하게 다룬 참동계 수련의 하수처가 '폐기'에 있다고 판단하고 이를 명시하고 자세하게 설명한 점에서《용호비결》은《주역참동계발휘》보다 더욱 진전된 의식을 드러낸다.

또한 신돈복본《양생지남》은《주역참동계발휘》를 저본으로 삼는 데 그치지 않고 조선전기 단학파의 핵심 이론을 수용한 면모를 보인다. 그것이 바로 《이양편(二養編)》과 《단가별지구결(丹家別旨口訣)》의 수용이다. 신돈복본 《양생지남》 중편의 (다)와 (마) 단락에서 다음과 같이 《이양편》과 《단가별지구결》의 내용이 인용되어 있다.

(다) 閉精節食, 閒坐不動. 坐臥食息, 一任天然. 勿思平日恩仇榮辱, 得失悲歡. 勿念日後期望功名, 芬華福壽. 且除却胡思難想., 後念不動. 念若忽動, 抑之又抑, 久久純熟.

(마) 欲氣之升者, 上其視. 欲氣之下者, 下其視. 閉右眼, 開左眼, 以上其視, 則左氣旋升. 閉左眼, 開右眼, 以上其視, 則右氣亦昇. 下用任.於前, 上用督脉於後, 而神行則氣行, 神住則氣住. 神之所至, 氣無所不至. 莫不如意, 以眼爲令. 如軍中之用旗幟也. 且欲上視者, 不須用眼. 只轉睛上視, 亦得.

(다)가 연념(煉念)의 구결에 해당한다면, (마)는 행기(行氣)의 요결이다. 둘 다 현주(玄珠)를 얻는 일련의 과정에 필요한 구결이라 여거서 신돈복본에 끼워넣은 것으로 보인다. 신돈복본 이외의 판본에서는 (다) 대목이 모두 삭제되어 있는데 후대에 《단가별지구결》이 별도로 유통되면서 현전하는 《용호비결》에서는 이러한 내용을 생략한 것으로 보인다.

그런데 (다) 단락은《단가별지구결》제1절과 같은 내용이지만, 정확한 출처는 현전하는《단가별지구결》보다 앞서 존재한《이양편》에서 찾을 수 있다.[73]《이양편》과 신돈복본《양생지남》을 대조하면 (다) 단락의 "念若忽動, 抑之又抑" 구절이 생략되어 있고, "胡思難想"을 "胡思閑想"으로 표기하고 있다. 하지만《단가별지구결》의 "久久能熟"을,《이양편》과《양생지남》모두 "久久純熟"으로 표기하고 있어《해동전도록》의《단가별지구결》은 1620년에 간행된《이양편》보다 비교적 후대의 것으로 판명된다.[74] 반면에 (마) 대목의 내용은 종전에는《용호비결》고유의 구결로 인정되었지만《중묘문》에서는《단가별지구결》로 밝히고 있다.[75]

신돈복본《양생지남》은 이 밖에도《수진십서》의 내용을 인용하고 있는 것으로 드러난다. 중묘문본을 제외한 5종의 판본에 나타

---

73)《이양편(二養編)》하편(下篇), 제삼(第三)〈운기(運氣)〉의 '신사상(慎思想)'에 실려 있다. 자세한 내용은 김윤수(1992)의 논문, 212~213쪽을 참고하기 바란다.

74) 이밖에 다른 증거로《이양편(二養編)》하편(下篇), 제삼(第三)〈운기(運氣)〉에 있는 "運氣升降之法" 항목을 들 수 있다. 김윤수(1992)의 논문에서《이양편》의 "運氣升降之法"을《단가별지구결》의 제3절과 대조하면 몇 글자를 제외하고 모두 같은 것이라고 지적한 바가 있다.《해동전도록》의《단가별지구결》과 대조해보면 틀린 글자는 모두 다섯 군데 보인다.《단가별지구결》의 "兀然孤坐"를 "兀然枯坐"로, "融入谷海"를 "降入谷海"로, "腦後納炁于項中"을 "腦後納氣于頂中"으로, "煉之久熟"을 "煉之又熟"으로, "徐徐嚥下"를 "舒徐嚥下"로 표기한 것이 그것인데, 문맥을 보면《이양편》의 표기가 대체로 타당하다.

75) "丹家別旨口訣曰, 閉氣者, 以眼爲旗幟. 氣之升降, 左右前後, 莫不如意之所之." 이라 하여 해당 내용이《단가별지구결》이라고 명기하고 있고, 이 구절에 대해 "註曰, 欲氣之升者, 上其視. 欲氣之降者, 下其視."라 하여 (마)의 내용을 온전히 전하고 있어 (마)의 내용은《단가별지구결》로 간주하는 것이 마땅하다고 본다.

난 공통점은 (파) 단락에 '達磨胎息法'이 인용되어 있다는 점이다. 달마태식법은《수진십서(修真十書)》〈잡저첩경(雜著捷徑)〉권20에 수록된〈양생편(養生篇)〉제81장 가운데 제9장으로 도장(道藏)의 원문은 "正炁須盈腔裏, 何妨燕處超然. 達磨得胎息法, 故能面壁九年."이다.[76]

신돈복본을 제외한 나머지 4종 판본은 '기(炁)' 자가 '기(氣)'로 표기되거나 '마(磨)' 자가 '마(摩)'로 표기되는 경우 이외 모두 동일한 내용이다. 다만 원문의 '수(須)'가 신돈복본에서는 '당(當)'으로 되어 있고 나머지 판본은 모두 '상(常)'으로 표기되었다. 또한 '연처(燕處)'가 신돈복본에서만 '연거(燕居)'로 표기되어 있는 정도이다.

요컨대《용호비결》의 초기 판본으로 간주되는 신돈복본《양생지남》은《주역참동계발휘》를 저본으로 체제를 구성하고, 그 바탕 위에 조선조 단학파의 저술인《이양편》과《단가별지구결》, 그리고 중국의 내단 서적인《수진십서》의 일부 내용으로 보완하여 구성된 것으로 판단된다.

정렴 본인의 자득처는 선록(選錄)한 각종 인용문의 행간에 묻어 놓고 있다는 점에서 전거를 중시하는 중세후기 사상적 저술의 전형적인 인식을 드러낸다.

---

76)《중화도장(中華道藏)》제19책 참조.

5. 문헌적 계보

《용호비결》에는 수많은 단경(丹經)들이 인용되어 있는데, 크게 보면 네 부류로 나뉜다. 첫째는《주역참동계발휘》와 그 속에 인용된 단경들이고, 둘째는《수진십서》에 수록된《금단사백자》,《오진편》,《환원편》,《황정경》,《양생편》 등의 단경들이며, 셋째는《도서전집》에 수록된《금단사백자》,《오진편》,《환원편》,《황정경》,《태식경》 등의 단경들이다. 마지막은《동의보감》,《단가별지구결》,《이양편》과 같은 조선 단학파 관련 문헌이다.

첫째 부류인《주역참동계발휘》는 앞에서 자세히 검토한 바와 있어서 여기서는 재론하지 않는다. 둘째 부류에 해당하는《수진십서(修眞十書)》는 60권의 내단총서(內丹叢書)로서 송말원초의 저술로 알려져 있다.《정통도장(正統道藏)》통진부(洞眞部) 방법류(方法類)에 원문이 전한다. 국내에서《수진십서》가 유통된 흔적은 허균(1539~1618)의 〈장산인전(張山人傳)〉에 나타나는데,[77] 임란 이전에《수진십서》가 국내에서 은밀히 유통되고 있다는 사실을

---

77) 본명이 장한웅(張漢雄)으로 알려진 장산인은 어느 시대 인물인지 자세히 알 수는 없지만,《해동이적》에서 정붕(鄭鵬, 1467~1512)과 교유하였다는 기록과,《이향견문록(異鄕見聞錄)》에서 양예수(楊禮壽, ?~1600)가 장한웅(張漢雄)으로부터 의술을 배웠다고 언급한 점으로 미루어 임란 이전의 인물로 간주된다.《성소부부고(惺所覆瓿藁)》권8, 〈장산인전(張山人傳)〉의 해당 원문은 다음과 같다. "張山人, 名漢雄, 不知何許人也. 自其祖三世業瘍醫. 其父嘗饋商陸, 能視鬼而役使之, 年九十八如四十許人. …(中略)… 四十出家, 入智異山, 嘗逢異人, 受煉魔法. 又讀修眞十書, 空菴不食三年餘."

짐작할 수 있다.

《용호비결》에 인용된 《수진십서》의 《양생편》은 칠언시 81편을 모아놓은 것인데 지은이는 밝혀지지 않았다. 달마태식법 관련 시의 내용은 후대에 유행한 《도서전집》에서는 찾아 볼 수가 없고 오직 《수진십서》에만 전한다. 〈장산인전〉을 보면 장한웅이 《수진십서》를 얻어 삼 년간 곡기를 끊게 되었다는 일화가 있는데, 이는 《양생편》에 게재된 '달마태식법' 칠언시의 내용처럼 태식을 성취하여 벽곡으로 나아갔다는 것을 말한다. 달마태식법 칠언시가 《용호비결》에 인용되고 중묘문본을 제외한 나머지 판본에서 공통적으로 언급되었다는 사실로 미루어 보면, 정렴이 《용호비결》을 저술하는 데 《수진십서》를 참고했다고 여겨진다.

셋째 부류의 《도서전집》은 만력 19년(1591년)에 간행된 도교총서로서, 《금단정리대전(金丹正理大全)》과 《현종내전제경주(玄宗內典諸經註)》를 중심으로 명대에 유행하던 각종 도교문헌을 취합하여 총서 형태로 출판한 것이다. 국내 유입된 기록은 허균의 《한정록(閑情錄)》에 잘 나타난다. 《한정록(閑情錄)》 〈섭생〉편에는 양생에 필요한 여러 문헌들을 채록해 놓았는데, 여기에 《도서전집》와 《금단정리대전》 및 《수양총서(壽養叢書)》, 《수진비록(修眞秘錄)》 등의 도교경전 내용이 인용되어 있다. 이러한 도교경전들을 구입한 시기는 《한정록(閑情錄)》의 〈범례〉에 있는 다음과 같은 말로 유추해 볼 수 있다.

갑인년과 을묘년 두 해에 일이 있어 북경(北京)에 두 번이나 가게 되었는데, 사재를 털어 약 4천 권의 책을 구입하였다. 그 가운데서 한정(閑情)과 관련된 대목에는 부첩(浮帖)으로 책 윗 부분에 끼워두었다가 글을 지을 때 쓰도록 하였다.[78]

광해군 시대의 갑인년과 을묘년은 각각 1614년과 1615년인데, 이 시기에 약 4천 권의 도교서적을 북경에서 구입하였다는 것이다. 《도서전집》도 이 무렵 구입된 것으로 보이며 현행 해왕촌고적총간본(海王村古籍叢刊本) 《신간도서전집》이 출간되기 이전의 일이다.[79] 조선후기에 등장하는 《단학지남》, 《직지경》, 《중묘문》 등은 그 대부분의 내용을 《도서전집》에서 참고하여 저술할 정도로 많은 영향을 끼쳤다.[80] 그러나 17세기 이전의 인물인 정렴이 이 책을 참고하였을 가능성은 전혀 없다.

그런데 《도서전집》에 수록된 《태식경》에 대해서는 면밀히 검토할 필요가 있다. 임란 이전에 《태식경》이 국내 유통된 증거는 《남궁선생전(南宮先生傳)》에 나타난다.[81] 입전(立傳)의 주인공 남궁

---

78) "甲寅乙卯兩年, 因事再赴帝都, 斥家貨購得書籍幾四千餘卷. 就其中事涉閑情者, 以浮帖帖其提頭處, 以需殺靑."

79) 김윤수(1996)의 논문, 341쪽에서 해왕촌고적총간본(海王村古籍叢刊本) 《신간도서전집》이 1679년에서 1691년에 간행되었다고 하는데, 허균이 《한정록(閑情錄)》을 저술하면서 인용한 《도서전집》은 만력 신묘년(1591년)의 정응린(丁應麟) 발문이 있는 금릉대업당재(金陵大業堂梓) 염씨간본(閻氏刊本) 《신간도서전집》 40책본(冊本)으로 추정하였다.

80) 김윤수(1996)의 논문, 343~345쪽을 참고하기 바란다.

81) 《성소부부고(惺所覆瓿藁)》 권팔(卷八), 문부오(文部五), 〈남궁선생전(南宮先

두(南宮斗)는 실제 인물로서 중종 23년 1528년에 태어나 명종 10년 1555년에 사마시에 합격한 인물이다.[82] 30대 나이에 무주 적상산에서 신선 수련법을 익힌 그가 광해군 원년 1609년에 가을에 허균과 만났다고 하는데 북창 정렴(1506~1549)과 고옥(古玉) 정작(鄭碏, 1533~1603)의 생몰 연대를 헤아리면 비슷한 시기의 인물임을 알 수가 있다. 남궁두의 스승인 권진인(權眞人)이 다른 단서(丹書)와 함께 가지고 있던《태식경》은 최소한 16세기 중반 이전에 국내에서 유통된 것으로 간주할 수 있다. 정렴이《용호비결》을 지을 때 충분히 볼 수 있었다는 근거가 된다. 그러나 정렴이 볼 수 있었던《태식경》은《도서전집》에 수록된《태식경》이 아닌 것은 명확하다.

넷째 부류의 조선 단학파 관련 문헌으로 간행 시기를 가늠할 수 있는 것은《동의보감》과《이양편》이다. 먼저《동의보감》부터 살펴보면, 신돈복본을 제외한《용호비결》판본에《동의보감》의 일부 내용이 인용되어 있는 것을 알 수 있다. 그런데 그 실제 출처는《기사진전》이다.

두루 알려진 바와 같이《동의보감》은 선조 29년 1596년부터 편찬하여 광해군 2년 1610년에 완성되었다.《동의보감》〈태식법〉에 인용된《기사진전》이 어느 시기의 저자물인지 명확하게 드러난

生傳)〉, "乃黃帝陰符及金碧龍虎經·參同契·黃庭內外經·崔公入藥經·胎息·心印·洞古·定觀·大通 淸靜等經."
82) 최삼룡, 〈남궁선생전에 나타난 도선사상 연구〉, 《한국언어문학》 제16집, 1978, 163~177쪽.

바는 없지만 저자인 원료범(1533~1606)의 행적을 조사하면 그 실마리가 드러난다.

도교 권선서의 저자로 널리 알려진 원료범은 본명이 원황(袁黃)이고 자는 곤의(坤儀)이다.《선조실록》에 따르면 일찍이 임진왜란 때 병부주사(兵部主事)로 파병되어 1593년의 평양성 전투에 참전하고 그해 6월에 '좌도혹중(左道惑衆)'이란 죄목으로 탄핵되어 본국으로 돌아갔다. 방문좌도로써 대중을 미혹시켰다는 죄목은 당시 조선의 관료들에게 정주학(程朱學) 시대의 몰락을 주장하고[83] 임진란의 운세를 읽어 장차 조선이 흥기하고 결국 왜적이 몰락할 것이란[84] 예언을 공공연하게 한 데서 비롯된다.

이 무렵 원료범이 우계(牛溪) 성혼(成渾, 1535~1598)에게 '천고부전지비(千古不傳之秘)'를 전하는 본인의 저술을 넘겨주었다는 기록이《우계집》에 나타난다.[85] 성혼은 원료범으로부터 책을 전해 받았지만 신랄하게 혹평한 발문을 남겼다.[86] 발문의 내용으로

---

83)《우계선생연보(牛溪先生年譜)》권1,〈답황조병부주사원황서(答皇朝兵部主事 袁黃書)〉의 세주(細註), "時袁黃以贊畫來定州. 與崔興源語曰, 中國昔時皆宗朱 元晦, 近來漸不宗朱矣. 翌日, 示一書于行朝. 題曰, 爲闡明學術事. 自程朱之說 行, 而孔孟之道, 不復明于天下, 天下貿貿焉聾聵久矣. 我明興, 理學大暢, 近日 聖天子玄鑑朗悟, 契心堯舜. 當朝宰輔, 皆是大聖大賢. 相與揭千古不傳之祕秘, 盡掃宋儒支離之習. 惜汝國僻在一隅, 未得流布. 乃親傳奧旨云云. 因摘示朱子四 書集註十餘條. 其末曰, 吾輩令日工夫, 只學簡無求無着便是聖人, 至簡至易. 較 之朱說, 孰非孰是."

84)《선조실록(宣祖實錄)》34권, 선조(宣祖) 26년 계사년(癸巳年) 1월 7일 임술조 (壬戌條).

85)《우계선생집(牛溪先生集)》권6,〈잡저(雜著)〉,〈답황명병부주사원황서(答皇明 兵部主事袁黃書)〉참고.

미루어 보면 이 책은 선불(仙佛) 계열의 것으로 추정된다. 원료범이 남긴 책 가운데 그러한 성격의 것이《기사진전》이 유일한 점에서 성혼이 받은 책은 다름 아닌《기사진전》으로 추정된다. 전후의 사정이 그렇다면《기사진전》의 국내 유입 시기는 원료범이 조선에 들어온 1593년으로 판명된다. 북창 정렴이 1549년에 선화(仙化)한 지 44년 이후의 일이다.

한편,《이양편》은 조탁(曺倬, 1552~1621)의 저술인데 1620년에 간행되어 국내 유통되었다. 그 일부 내용이 신돈복본과《단가별지구결》에 실려 있다. 그리고《중묘문》에서 인용된《단가별지구결》주석의 일부 내용이《양생지남》과 후대《용호비결》판본에 두루 실려 전한다.[87] 임란 이후의 문헌자료에 실려 있는《이양편》과《단가별지구결》의 내용을 정렴이《용호비결》을 저술할 때 참고하였다고 단정할 수는 없지만 그 일부 내용이 신돈복본에 직접 인용된 점에서 소홀히 다룰 수 없다.

한편,《주역참동계발휘》에서는《금단사백자》를 제외하고 수많은 단경들이 인용되어 있다.《주역참동계발휘》를 저본으로 하는《용호비결》의 저술에도《오진편》을 비롯해서《환원편》과《황정

---

86)《우계선생집(牛溪先生集)》권6, 〈잡저(雜著)〉, 〈서황조병부주사원황저서권후(書皇朝兵部主事袁黃著書卷後)〉, "袁黃之才, 長於論兵論稼, 可爲令長, 或可爲參謀戎幕. 而謾以知道自諉. 安有口誦南無, 手畫眞言, 而有知道者乎. 世衰妖興, 一至於此哉."
87) 현전하는《해동전도록》의《단가별지구결》에 그 내용이 생략되어 있어서 과연 그 내용이《단가별지구결》의 것인가 하는 의문이 있지만, 이 글에서는《중묘문》의 기록을 존중하여《단가별지구결》로 다루고자 한다.

〈표 3〉

판종 인용문헌	연정원본	동국대본	규장각본	장서각본	중묘문본	신돈복본
《주역참동계발휘》	○	○	○	○	○	○
《금단사백자》	○	○	○	○	○	○
《오진편》	○	○	○	○	△	△
《환원편》	○	○	○	○	○	△
《황정경》	○	○	○	○	○	△
《태식경》	○	○	○	○	△	△
《대도가》	○	×	○	○	○	○
《양생편》	○	○	○	○	×	○
《동의보감》	○	○	○	○	○	×
《단가별지구결》	○	○	○	○	○	○
《이양편》	×	×	×	×	×	○

경》 및 장허정의 〈대도가〉의 일부 구절이 인용되었다. 하지만《용
호비결》에는《주역참동계발휘》에 없는《오진편》,《환원편》,《황정
경》의 일부 내용과《태식경》 및《양생편》의 구절도 나타난다.

　모두《수진십서》나《도서전집》에서 수록된 단경들인데《용호비
결》의 판본에 따라 어떤 문헌에서 그 구절을 인용하였는지 문헌
적 계보를 살펴볼 필요가 있다. 여기서 비교적 전거가 명확하게
드러나는《동의보감》,《단가별지구결》,《이양편》의 구절을 제외하
면, 중점적으로 검토할 대상은《금단사백자》,《오진편》,《환원편》,
《황정경》,《태식경》,《양생편》의 내용이 된다. 각 판본에서 이러한
단경들이 인용된 현황을 간략하게 표시하면 다음 〈표 3〉과 같다.

먼저 《금단사백자》의 내용은 "夾脊如車輪", "華池生蓮花", "玉爐 火溫溫 頂上飛紫霞"로 각각 (나), (카), (타) 단락에 인용되어 《용 호비결》에 공통적으로 나타나지만, 해당 구절은 《주역참동계발 휘》에는 보이지 않는다. 여러 판본에서 공통적으로 언급되어 있어 후대의 《도서전집》보다 임란 이전의 《수진십서》에서 인용될 가능 성이 있다.

그 다음으로 《오진편》, 《환원편》, 《황정경》, 《태식경》의 일부 구 절을 살펴보면, (카) 단락의 "神水華池" 구절과[88] (아) 단락의 "屋 破修容易" 구절은 각각 《오진편》과 《환원편》에 있는데 《오진편》과 《환원편》은 모두 《수진십서》와 《도서전집》에 수록되어 있다. "神水 華池"와 "屋破修容易"는 신돈복본에는 모두 없고, 중묘문본에서는 "屋破修容易" 구절만 있고 나머지 다른 판본에서는 두루 나타난다.

《환원편》의 "屋破修容易" 구절이 신돈복본을 제외한 다른 판본 에 모두 등장하는 반면에, (나) 단락 《환원편》의 "吹嘘賴巽風" 구 절은 《용호비결》 모든 판본에 공통적으로 나타난다. 《오진편》과 《환원편》이 《수진십서》와 《도서전집》에 수록되어 있는 점에서 해 당 구절을 《수진십서》나 《도서전집》에서 인용해서 《용호비결》에 추가한 것으로 보인다. 다만 신돈복본에서 《오진편》과 《환원편》의 일부 내용이 누락된 시정을 헤아려 보면, "神水華池"와 "屋破修容 易"는 후대에 누군가 《도서전집》을 참고하여 《용호비결》의 내용

---

88) 《오진편후서(悟真篇後序)》, "金丹之要, 在乎神水華池."

을 보완한 것으로 보인다.

한편, (라) 단락에 보이는《황정경》의 "仙人道士非有神" 이하 구절은《주역참동계발휘》에는 있지만[89] 신돈복본에서는 보이지 않는다. "仙人道士非有神"을 제외한, 모든《용호비결》판본에 나타나는 "人皆食穀與五味, 獨食太和陰陽." 구절은[90]《주역참동계발휘》에는 없고《수진십서》와《도서전집》에 있다. 그런 점에서 (라) 단락의 "仙人道士非有神"은《수진십서》나《도서전집》에서 취한 것이 분명한데 신돈복본에는 언급되지 않아서《용호비결》원문에서는 없는 내용으로 추정된다.

그리고 (파) 단락의 "達磨得胎息法" 오언시는 중묘문본을 제외한 모든 판본에 공통적으로 언급되는데 그 출전이《수진십서》의《양생편》에 있지만《도서전집》에는 보이지 않는다. 이러한 사실은 임란 이전에 정렴이《용호비결》을 저술할 당시에는《도서전집》이 유통되지 않았다는 유력한 증거가 된다.

그런데《태식경》의 인용 양상은 다소 복잡한 것으로 드러난다. 신돈복본에 나타난《태식경》의 흔적들은 (바) 단락의 "必使神氣常住, 於臍下丹田之中"과 (차) 단락의 "神氣常住, 臍腹之間." 등에서

---

89) 이 구절은《주역참동계발휘(周易參同契發揮)》권지팔(卷之八), 하편 제일(下篇 第一), "累積長久, 化形而仙"에 나온다.

90) 양구자본(梁丘子本)《황정외경경(黃庭外景經)》하편(下篇)에 있다.《용호비결》의 "人皆飽食五穀精, 獨我飽此陰陽氣"는 북창 정렴이 자신의 수련 경험에 근거해서 원문의 내용을 교감(校勘)한 것으로 보인다.

찾을 수 있다.91) 하지만 신돈복본 이외의 판본들은 (사) 단락에서 《태식경》을 직접 인용하고 있지만 '상주(常住)'와 '상주(相注)'에 관련된 본문의 내용은 모두 생략하였다. 장서각본과 규장각본 및 동국대본에는 (타) 단락에서 "欲使神炁相注在此"라는 구절이 나타나 있지만 신돈복본과 연정원본에서는 이 구절을 언급하지 않아 개념의 혼란을 초래하였다.

그 결과로 장서각본에서는 (바) 단락에서 "神氣相住"라 하고 (차) 단락에서 "神氣相注"로, 규장각본에서는 (바), (차) 단락에서 모두 "神炁相注"로, 연정원본에서는 (바), (차) 단락에서 모두 "神炁相住"로, 동국대본에서는 (바) 단락에서 "神氣相拄"라 하고 (차) 단락에서 "神氣相注"로 표기하였다. 중묘문본은 (바) 단락이 결락되어 비교해 볼 수 없고 (차) 단락에서만 "神氣相注"로 표기되었다.

그러나 '상주(相注)'가 폐기 단계의 신기묘용(神氣妙用)을 이른다면 '상주(常住)'는 태식 단계를 이른다. 그 점에서 폐기 단계를 다루고 있는 (바) 단락에서는 '상주(相注)'로 표기하는 것이 옳고, 태식 이후의 주천화후를 다루는 (차)와 (타) 단락은 '상주(常住)'로 표기하는 것이 타당하다. 이를 고려하면 신돈복본은 (바) 단락에서만 오류를 범하였지만, 나머지 판본들은 '상주(常住)'와 '상주(相

---

91) 《태식경》 본문을 보면, 한 곳에서는 "欲得長生, 神炁相注."라 하고 다른 곳에서는 "心不動念, 無來無去, 不出不入, 自然常住"라 하였다. 여기서 '상주(常住)' 와 '상주(相注)'의 의미는 다르다. 환진선생(幻眞先生)의 주(註)에 따르면, '상주(相注)'는 "神氣不相離"를 이르고 '상주(常住)'는 "神之與氣在母腹中本是一體之物"이라 한다.

注)'의 개념을 모두 제대로 파악하지 못한 것으로 드러난다.

후대《용호비결》에 추가된 (사) 단락의 "胎從伏炁中結"이란《태식경》구절은,《주역참동계발휘》나《수진십서》에 없는 내용인 점에서 임란 이후의《도서전집》에서 인용되었을 가능성이 있지만,《태식경》의 내용 전반을 이해한 것으로 보이지 않는다. 오히려《태식경》의 내용을 부분적으로 반영한 신돈복본이 상대적으로 그 내용을 잘 파악한 것으로 보인다.

앞서 살펴본 바와 같이,《주역참동계발휘》에서는 없고 신돈복본에서 언급된 단경의 구절은《양생편》의 오언시를 비롯해서《금단사백자》와《황정경》의 일부 구절은 모두《수진십서》에 수록된 내용들이다. 신돈복본 (다) 단락에 서술된《이양편》의 "閉精節食" 이하의 내용은《용호비결》의 다른 판본에서는 삭제되었고, (마) 단락에서는《단가별지구결》의 "以眼爲旗幟" 이하의 구절이 신돈복본 이하의 모든 판본에 공통적으로 수록되었음을 알 수 있다.

이에 따라 신돈복본을 제외한 나머지 판본들은 임란 이전의《수진십서》보다 임란 이후의《도서전집》내용을 대폭 반영한 것으로 드러난다.《주역참동계발휘》에 수록되지 않았던《오진편》,《환원편》,《황정경》,《태식경》의 일부 내용이 보충되고,《이양편》의 일부 내용이 삭제되는 대신에《동의보감》〈태식편〉의 내용이 추가되어 유통된 판본들이었다.

이상의 논의를 통하여 밝혀진《용호비결》의 문헌적 계보를 그려보면 다음의 〈표 4〉와 같다.

〈표 4〉

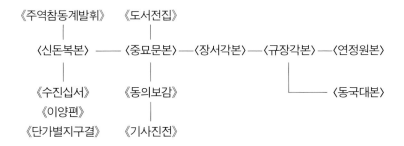

이러한 문헌적 계보에 따르면, 가장 초기의 판본으로 간주되는 판본은 신돈복본의 《양생지남》이다. 그 다음의 것이 중묘문본이며 이하 장서각본, 규장각본 및 연정원본과 동국대본 순서이다. 신돈복본은 정렴 사후에 출간된 《동의보감》의 내용이 보이지 않고 유염의 《주역참동계발휘》의 내용을 온전히 반영하고 있다는 측면에서 비교적 원형에 충실한 초기의 판본이다.

또한 이러한 《용호비결》은 중묘문본의 출현 시기에 이르러 대폭 그 내용이 보완된 것으로 나타는데, 이와 관련된 도교 문헌들은 대부분이 《도서전집》에서 취한 것으로 보인다.[92] 중묘문본은 《용호비결》의 내용을 독립된 형태로 일관성 있게 서술하고 있지는 않지만 오늘날 《용호비결》이 어떻게 형성되었는지 알려주는 과도기적 형태를 보여준다. 중묘문본 다음 순서로 등장하는 장서각본은 중묘문본에서 새롭게 보완된 내용을 대폭 반영하면서 부

---

92) 김윤수(1995)의 논문, 344~345쪽에서 《중묘문》이 거의 대부분 《도서전집》의 내용을 초록(抄錄)한 것에 불과하다고 지적한 바가 있다.

분적으로는 신돈복본의 흔적을 남기고 있어서 규장각본보다 앞선 판본으로 추정된다.

　장서각본은 〈폐기〉, 〈태식〉, 〈주천화후〉의 항목을 분장(分章)하여 구분하고, 내용의 서술에 있어서는 본문에 부속된 주석 작업을 최초로 시도하였다. 《동의보감》에서 취한 (나) 단락의 "醫家治病, 於已病之後, 道家治病, 於未病之前."이란 구절과, (카) 단락의 "神水華池云者"라는 구절을 비롯해서 (가), (라), (바), (사), (자), (타) 단락의 주석 내용은 장서각본에서 처음 나타난다. (나) 단락의 "不須緊閉不出" 이하의 주석도 신돈복본과 중묘문본에 있는 내용을 옮겨 적었고, 같은 단락의 "胎息於竅中, 得此一竅, 則修仙之道者也"란 구절과 (마), (아) 단락의 주석은 《중묘문》에서 가져왔다.

　그러나 (카) 단락의 주석인 "此所謂, 花開漸, 苞露漸濃. 此時逆水上, 甘津在爲醴泉. 所謂玉漿金液也."는 신돈복본의 내용을 옮긴 것이다. 또한 장서각본은 그 구성 체제에 있어서는 '一 先閉氣', '二 其次 胎息', '三 其次 周天火候'로 구분하고, (타) 단락에서 해당 항목을 서술한 다음 말미에 "工畢也"란 말을 남기고 있는데, 이 점은 '先閉氣', '其次胎息者', '其次周天火候'로 서술하고 있는 신돈복본의 체제를 그대로 수용한 흔적이라고 하겠다.

　규장각본은 장서각본의 체제를 이어받아 자구와 문장의 오류를 수정하는 수준에 그쳤다는 느낌이 있지만, 신돈복본의 흔적은 규장각본에서는 말끔하게 정리되어 오늘날 유통되는 《용호비결》의 전형적인 체제를 갖추었다. 비록 장서각본 (다) 단락의 "정기(鼎

器)"를 "정기(鼎氣)"로 잘못 고친 점은 흠결로 지적되지만, 연정원본과 동국대본이 모두 "정기(鼎炁)"로 표기하고 있어서 이 두 판본이 모두 규장각본을 충실하게 따르고 있다는 증거를 보여준다.

연정원본과 동국대본이 규장각본을 저본으로 하고 있다는 또 다른 증거는 (가) 단락의 주석에서 찾을 수 있다. 장서각본에 처음 덧붙여진 "此所謂至簡至易之道, 一言之訣."을 규장각본 이하의 판본에서는 모두 "此所謂一言之訣, 至簡至易之道."라고 고쳐놓고 있기 때문이다.[93]

연정원본이 규장각본을 충실히 반영한 흔적은 이밖에도 몇 가지가 더 있다. (가) 단락의 주석에서 장서각본이 아니라 규장각본의 것을 따르고 있을 뿐만 아니라, (파) 단락의 〈대도가〉 대목도 규장각본의 것과 동일하게 "自長生" 구절을 생략한 점이다.

그밖에도 규장각본 (나) 단락의 "恬令終者也"를 "怡令終者也"로, (차)와 (타) 단락의 주석에서 각각 "自腰以上"을 "自腰以下"로, "常使晝夜如一" "常使晝夜如一日"로 표기한 것을 제외하고 별다른 차이점을 발견할 수 없다. 다만 "常使晝夜如一日"로 표기한 것은 연정원본에서 처음 나타난다.

마지막으로 동국대본은 비교적 이른 시기에 영인본이 간행되어

---

93) 이 수석의 본래 뜻은 《잠농계》의 하수처가 폐기에 있다는 것을 부연 설명한 것으로 여기서 이른 "지간지이(至簡至易)"는 《참동계》 수련의 요결이 그렇게 간단하고 쉽다는 것을 암시한다. 외단 수련과 차별되는 내단 수련의 중요성을 강조한 것이 아니었다. 장서각본의 필사자가 "지간지이(至簡至易)"의 숨은 뜻을 어느 정도 간파하고 있는 데 비하여 규장각본 이하의 필사자들은 이 점을 간과한 것으로 보인다.

학계에서 널리 참고한 판본이지만, 여러 판본들과 대조하면 흠결이 가장 많이 지적된다. (파) 단락에서 "不須相離" 이하의 〈대도가〉가 송두리째 빠져 있을 뿐만 아니라, (차) 단락의 "臍輪之間"이나 "自腰以下", (타) 단락의 "常使晝夜如一日"은 후대 판본에서 반복된 오류인데 모두 바로잡지 못하고 있다.

이상과 같이 문헌적 계보를 추적하면서《용호비결》의 성립 과정에 유염의《주역참동계발휘》와《수진십서》, 그리고《도서전집》의 영향이 컸다는 사실을 발견할 수 있었다.

《주역참동계발휘》가《용호비결》의 뼈대를 구성하고 있다면《수진십서》와《도서전집》이《용호비결》의 세부 내용을 보완하는 구실을 맡고 있는 것이다.《도서전집》에는《환원편》,《금단사백자》,《오진편》,《태식경》,《황정경》,《군선요여》의 〈대도가〉가 수록되어 있는 데 비해《수진십서》에는《환원편》,《금단사백자》,《오진편》,《황정경》,《양생편》이 수록되어 있었다. 두 도교총서에서 공통된 전적은《환원편》,《금단사백자》,《오진편》,《황정경》인데,《용호비결》이 전승되어 필사되는 과정에서 이러한 내용을《수진십서》나《도서전집》에서 가져와 인용하였던 것으로 보인다.

특히 초기 판본에 나타난《이양편》의 내용이 삭제되고,《기사진전》이나《태식경》의 내용이 후기의 판본에 추가된 점들은 후대에 와서《용호비결》의 원문이 끊임없이 수정 · 보완되었다는 결정적인 증거가 된다. 따라서 현전하는《용호비결》은 북창 정렴의 의도를 그대로 반영한 것이 아니라 필사의 형태로 전승되는 과정에서 본래의 모습이 많이 훼손된 것으로 추정된다.

6. 마무리

《용호비결》은《주역참동계발휘》를 저본으로 하고 당시 유행하는《단가별지구결》 등의 조선 전기 도교계열의 문헌을 참고해서 엮은 것으로서 그 초기의 형태는 신돈복본인《양생지남》이며, 후대에 유전되는《용호비결》은 신돈복본에 근거해서《동의보감》을 비롯해서《도서전집》의 여러 내용을 추가하여 구성된 것으로 드러난다. 그러나 오늘날 널리 유통되고 있는 연정원본을 비롯한 동국대본과 규장각본은 그 인지도에 비해 그 내용의 정확성과 신뢰도 문제에 대해서는 검정된 바가 없다. 시중에 유통되는《용호비결》의 판본들은 후대에《도서전집》의 단경을 참고하여 보완된 것으로 추정되지만, 여러 판본들을 모아 대조해 보면 북창 정렴의 본래 의도와는 상당한 부분이 거리가 있었다.

일찍이 후한시대의 위백양이《주역참동계》를 저술하면서《용호경》의 뜻을 밝혔다고 한다. 팽효가 〈고문참동계서(古文參同契序)〉에서 밝힌 바와 같이 참동계는 본래 〈고문용호경(古文龍虎經)〉을 저본으로 한 점에서 '주역참동계'는 곧 '용호참동계'이기도 하다. 그후 송말원초에 유염이《주역참동계발휘》를 저술하여 위백양의 《주역참동계》를 주해하였다. 유염의《주역참동계발휘》이후 참동

계 주해에 대하여 모두 정곡(正鵠)을 얻지 못한 것으로 판단되는
데 그러한 근거는 하수처를 명확하게 제시하지 못하는 데 있다.

이러한 중국의 사정과는 달리, 조선시대에 이르러 폐기 수련의
중요성을 강조한 정렴의 저술이 나타나서 유염의《주역참동계발
휘》를 저본으로 삼아 참동계의 하수처를 밝혔다. 참동계의 본래
지향점인《용호경》의 구결을 제시한 점에서 정렴의 저술은 '용호
결' 또는 '용호비결'로 이해된다. '용호결'은 참동계의 하수처를 밝
힌 '참동계구결'이란 뜻도 담겨 있는 것이다.《용호비결》에서 시종
일관 강조되는 폐기가 참동계의 하수처이자 그 구결이란 점에서
이를 '용호결'이라 일컬었다고 여겨진다. 그 점에 있어서 '용호결'
은 참동계의 핵심이며 조선시대 단학파의 최대 성과라고 평가해
도 결코 지나치지 않는다.

그러나 후대에 전하는《용호비결》은 이러한 정렴의 독창성을
제대로 파악하지 못하고 중국의 도서로《용호비결》을 보완하는
과정에서 정렴 본인의 서술이라고 보기 어려운 여러 의문점을 노
출시켰다. 정렴의 후대 인물인 원료범의 저작물이《용호비결》의
본문에 나타나는 점이 그것 인데 후대의《용호비결》에는 정렴의
아우인 고옥 정작의 의도가 얼마간 반영된 것으로 추정된다.

정작은《동의보감》편찬에 간여하였는데《동의보감》에 인용된
《기사진전》의 내용이 그대로 후대의《용호비결》에 인용된 사실이
그 증거가 된다. 그뿐만 아니라《용호비결》의 형성 과정에《수진
십서》와《도서전집》의 영향은 부정할 수 없는 사실로 드러나는데,

초기에는《수진십서》의 내용이 반영되다가 임란 이후에 이르러 《도서전집》의 여러 단경이《용호비결》에 무분별하게 인용되는 현상이 나타났다. 비교적 원형에 가까운 신돈복본이 후대로 갈수록 훼손되어 오늘날《용호비결》의 모습으로 등장한 것이다.

이 글에서는《용호비결》의 여러 판본들을 비교 검토하는 작업을 진행하면서 후대에 이루어진 원문의 훼손이 몇몇 글자의 오류에 그치지 않는 것을 새롭게 밝혔다. 본문의 첨삭이 내용의 변개로 나아가《용호비결》이 지닌 폐기 수련의 중요성이 점차 간과되어 후속 연구를 가로막고 있는 사정을 해명하고자 시도한 것이었다. 그러나 선행 연구의 성과를 바탕으로 기초적인 작업을 수행하였지만 여전히《용호비결》의 전모를 밝혀내는 데는 한계가 있다. 이에 대해 눈 밝은 분들의 많은 비판과 그에 상응하는 후속 연구를 기대한다.

북창 정렴의 내단사상(內丹思想)

김낙필(金洛必, 원광대 동양종교학과 교수)

1. 머리말

《용호비결(龍虎秘訣)》[1]의 저자인 북창(北窓) 정렴(鄭磏: 1506~1549)은 조선조(朝鮮朝)의 내단사상(內丹思想)의 흐름을 이해하는 데 매우 중요한 위치를 차지한다. 그는 실천적 체험을 통해 내단사상을 심화시키고 후세에 전해주었기 때문이다. 정렴(鄭磏)의 자(字)는 사결(士潔), 호(號)는 북창(北窓)이며 그 외에도 청파(青坡), 청계도인(清溪道人), 양정도인(陽井道人) 등으로 불리어졌다. 북창은 유(儒)·불(佛)·선(仙) 삼교(三教)에 폭넓은 식견을 지녔으며 천문(天文), 의약(醫藥), 복서(卜筮), 율려(律呂) 등에도 두루 해박하였다고 전해진다.[2]

---

1) 규장각본《해동전도록(海東傳道錄)》에 같이 실려 있는 판본을 택하였다.
2) 지평(持平) 허목(許穆) 찬(撰), 〈북창선생행적(北窓先生行蹟)〉, 정낙훈(鄭樂勛) 편(編),《온성세고(溫城世稿)》, 우문당, 1962.

조정에서는 북창이 천문, 의약, 율려에 능통하다 하여 장악원(掌樂院) 주부(主簿)로 임명하였다. 후에 북창은 관상감(觀象監), 혜민서(惠民署) 교수(敎授)를 역임하고 포천현감(抱川縣監)을 맡았다. 얼마 후 관직에서 물러나 경기도(京畿道) 양주(楊洲)에서 은거하여 두문불출하고 수양에 전념하였다.[3] 북창은 스스로를 적강(謫降: 하늘에서 지상으로 유배되어 내려옴)한 신선에 비유하고 유유자적하는 방외(方外)의 삶을 누렸다.[4] 전해지는 바에 의하면 자신의 만장(挽章)을 스스로 짓고 단정하게 앉은 채 세상을 떠났다고 한다.[5]

그의 가계도(家系圖)에 의하면 북창 가문에는 대대로 내단수련가(內丹修煉家)들이 배출 되었으며 특히 북창은 계향당(桂香堂) 정초(鄭礎, 1495~1539), 고옥(古玉) 정작(鄭碏, 1533~1603)과 함께 일가삼선(一家三仙)으로 불리어졌다고 한다.[6] 이러한 가풍은

---

3) 위와 같음.

4) 手把靑蛇斷世緣 손에 검을 잡고 세상 인연 끊어버리고 / 幾從笙鶴上蒼天 학을 타고 몇 번이나 푸른 하늘을 올라갔던가 / 曾經物外三千劫 일찌기 물외物外에서 삼천겁을 지냈고 / 又謫人間二十年 또 인간에 적강하여 이십년을 지냈구나. 〈자술(自述)〉. 〈북창선생시집(北窓先生詩集)〉, 《온성세고(溫城世稿)》.

5) 一生讀罷萬卷書 한평생 만권의 책을 읽고 / 一日飮盡千鐘酒 하루에 천종의 술을 마셨네 / 高談伏羲以上事 높은 담론은 복희전 이야기요 / 俗說從來不掛 속설은 본래 입에 담지 않았네 / 顔回三十稱亞聖 안자는 삼십에 이성이리 부르는데 / 先生之壽何其久 선생의 수는 어찌 그리 길던고. 〈자만(自挽)〉, 〈북창선생시집(北窓先生詩集)〉, 《온성세고(溫城世稿)》.

6) 양은용(梁銀容), 〈신출(新出) 단학지남(丹學指南)과 북창(北窓) 정렴(鄭𥖝)의 양생사상(養生思想)〉, 한국도교사상연구회(韓國道敎思想硏究會) 편, 《도교(道敎)의 한국적(韓國的) 수용(受容)과 전이(轉移)》, 1994, 377쪽.

그 후 총계당(叢桂堂) 정지승(鄭之升, 1550~1589), 동명(東溟) 정두경(鄭斗卿, 1597~1673), 정돈시(鄭敦始, 1756~1785) 등으로 계승되어 조선조의 대표적 선가가문(仙家家門)을 형성하였다.

오숙(吳翻, 1592~1634)[7]은 고대 한국 선가(仙家)의 걸출한 인물로서 김가기(金可記), 최치원(崔致遠), 영랑(永郎), 술랑(述郎) 등을 꼽고 그 이후의 대표적 인물로 계향당(桂香堂), 북창(北窓), 고옥(古玉) 등을 제시한 바 있다.[8]

북창의 내단사상을 알 수 있는 기본자료는 내단수련(內丹修煉)의 방법을 기술한《용호비결》로서 신돈복(辛敦復)에 의해[9]《단학지남(丹學指南)》, 또는《양생지남(養生指南)》이라고도 불리어졌다. 《용호비결》은 서문과 폐기(閉氣), 태식(胎息), 주천화후(周天火候) 등 세 가지 항목으로 구성되어 있는데 이들은 모두 내단수련의 구체적 방법에 관해 논한 것이다. 본문 사이에 주석같이 보이는 내용이 첨가되어 있는데 후에 첨가된 것인지, 아니면 원래부터《용호비결》의 내용인지 구별하기가 어렵다. 여기서는 일단 모두《용호비결》의 내용으로 간주하기로 한다.

이 밖에《북창고옥시집(北窓古玉詩集)》에 실린 한시(漢詩) 가운

---

7) 조선 중기의 문신. 예조좌랑, 헌납, 동부승지, 경상도, 황해도 관찰사 등을 지냈으며, 문장에 뛰어났다. 저서에《천파집(天坡集)》이 있다.

8) 수양(首陽) 오숙(吳翻), 〈북창고옥선생시집발(北窓古玉先生詩集拔)〉,《온성세고(溫城世稿)》.

9)《단학지남(丹學指南)》50쪽,《도교(道教)의 한국적(韓國的) 수용(受容)과 전이(轉移)》, 한국도교사상연구회(韓國道教思想研究會) 편, 1994, 409쪽.

데에도 내단사상에 침잠한 흔적이 적지 않게 나타난다. 이들 자료 및 그의 행적에 관한 기록을 종합하여 그의 내단사상을 살펴보려고 한다.[10]

2. 북창 내단사상의 연원

득양자(得陽子) 한무외(韓無畏, 1517~1610)의 《해동전도록(海東傳道錄)》에서는 한국 내단사상의 흐름을 기술하면서 북창이 조선조 초기의 인물 청한자(淸寒子) 김시습(金時習: 또 다른 호 매월당梅月堂, 1435~1493)의 선맥(仙脈)을 계승하였다고 말한다. 이 책에서 밝히는 선맥의 흐름은 다음과 같다.

김시습(金時習) ─ 정희량(鄭希良) ─ 승(僧) 대주(大珠) ─ 정렴
(鄭磏), 박지화(朴枝華)

《해동전도록》에서는 또 김시습이 허암(虛庵) 정희량(鄭希良, 1469~?)에게 《옥함기(玉函記)》와 《내단지요(內丹之要)》를 전수해 주었다고 기록하나 그 문헌들의 구체적 내용은 알기 어렵다. 《해

---

10) 《단학지남(丹學指南)》은 신돈복(辛敦復)의 저서라는 반론이 있어 여기서는 포함시키지 않았다. 다만 《단학지남(丹學指南)》 속에 포함된 《양생지남(養生指南)》은 《용호비결》의 또 다른 판본(板本)으로서 중시하였다.

동전도록》에서는 통일신라 말엽 입당(入唐) 유학생들에 의해 신원지(申元之)의 소개로 중국의 종리권(鐘離權)으로부터 내단사상이 전래되었다고 기록한다. 북창 내단사상의 연원을 중국의 종리권(鐘離權), 신원지(申元之)로 소급시키는 셈이다.

이 내용 중 북창이 김시습으로부터 실제로 선맥(仙脈)을 전수받았는가는 확인하기 어려우나 내단사상을 이해하는 과정에서 도움을 받았을 가능성은 크다고 본다. 김시습은 이미 〈복기(服氣)〉, 〈수진(守眞)〉, 〈연용호(鍊龍虎)〉 등 내단사상에 관한 상당한 식견을 보여주는 글을 남겼으며 그 자신 상당한 정도 내단수련을 체험하였기 때문이다. 김시습은 손사막(孫思邈, 581~682)과 진단(陳摶, 871?~989)의 풍모를 흠모했다고 한다. 손사막은 저명한 의학자(醫學者)이자 양생가(養生家)로서《천금요방(千金要方)》이란 저술을 남겼다. 이 가운데 〈양성(養性)〉편(篇)은 내단수련의 기초가 되는 호흡법을 자세히 기록하고 있다. 김시습의 복기(服氣)에 관한 조항은 대부분 〈양성(養性)〉편의 내용을 그대로 인용하고 있다. 이를 통해 그의 도교사상의 바탕에 손사막(孫思邈)의 양생사상(養生思想)이 자리 잡고 있음을 추측할 수 있다.[11] 진단(陳摶)은 유·불·도(儒·佛·道) 삼교(三教)에 해박한 바탕에서 독특한 내단이론을 전개한 인물이다. 이는 김시습이 지닌 삼교융합적(三教融合的) 삶의 모습과 관련이 깊다고 볼 수 있다.

---

11) 안동준(安東濬),《김시습(金時習) 문학사상연구(文學思想研究)》, 한국정신문화연구원(韓國精神文化研究院) 박사논문(博士論文), 1995, 95쪽.

북창이 박지화(朴枝華, 1513~1592)와 비슷한 사상적 흐름에 서 있다는 내용도 신뢰할 만하다. 박지화와 북창 형제는 교분이 두터 웠으며 함께 내단사상에 침잠하였기 때문이다. 북창이 박지화에 게 보낸 다음의 시는 그러한 정황을 보여 주는 한 예이다.

도는 좋은 곡식과 같아 해충을 제거해야 하니,[12]
《黃庭經》을 숙독하며 조용히 향불을 피우네.
비결은 번거롭지 않으니 나에게 묻지 마오,
산중의 석수를 아직 맛보지 못했네.
道同嘉穀要除蝗, 細讀黃庭靜炳香,
祕訣不煩休問我, 山中石髓不曾嘗.[13]

정희량(鄭希良, 1469~?) 역시 선가적(仙家的) 풍모가 농후한 인 물이므로 북창이 그 영향을 받았을 가능성이 크다. 북창이 김시 습과 정희량을 통해 실제로 내단사상의 선맥(仙脈)을 전수 받았 는가는 확인하기 어렵다. 그러나 김시습, 정희량 등의 사상적 영 향을 받은 것은 부인하기 어렵다. 따라서 이들 간의 상호 관계에 관한 《해동전도록》의 기록은 상당한 설득력을 지닌다고 말할 수 있다.

---

12) 삼시충(三尸虫)을 제거해야 함을 비유한 것 같다.
13) 〈수박군실삼수(酬朴君實三首)〉, 《북창선생시집(北窓先生詩集)》의 칠언절구 (七言絶句), 《온성세고(溫城世稿)》.

박지화의 시를 통해 교유관계를 살펴보면 북창(北窓)·고옥형제 (古玉兄弟), 남사고(南師古) 등 화담(花潭) 서경덕(徐敬德, 1489~ 1546)의 학풍을 직접, 간접으로 계승한 인물들과 친밀했음을 알 수 있다.[14] 북창 자신도 화담을 존경하며 스승처럼 섬겼다. 이는 화담의 인품과 산림에의 은거생활 및 도학(道學), 역학(易學), 수학(數學) 등 북창과 유사한 학문적 경향 등에 연유한 것으로 보여 진다.[15]

다만 북창 내단사상의 연원에 관해서는 좀 더 검토할 필요가 있다. 북창이 명(明)에 가서 담론할 때 한국에 삼신산(三神山)이 있고 독자적으로 유구한 선맥이 있음을 강조하였기[16] 때문이다. 이는 스스로 그 선맥을 계승했음을 시사하는 것으로 받아들일 수 있다. 그가 남긴 다음의 시에서는 자신이 술랑(述郎), 남랑(南郎), 영랑(永郎), 안상(安詳) 등 신라의 사선(四仙)의 선맥을 이었음을 암시하고 있다.

사선은 흰 구름을 타고 비승하였으며,
벽에 쓰인 영서(靈書)에는 새로이 단청을 칠하지 않았네.

---

14) 신병주(申炳周), 《남명학파(南冥學派)와 화담학파연구(花潭學派硏究)》, 일지사(一志社), 2000, 249쪽.

15) 손찬식(孫燦植), 《조선조(朝鮮朝) 도가(道家)의 시문학연구(詩文學硏究)》, 국학자료원(國學資料院), 1995, 102쪽.

16) 허목(許穆) 찬(撰), 〈북창선생행적(北窓先生行蹟)〉, 《온성세고(溫城世稿)》, "東國有三神山 白日昇天 尋常見之 何足貴乎"

지난 자취 천년 후에 우연히 찾아드니,

아마도 전생의 도반인 듯 의심되네.

四仙飛上白雲端,　壁上靈書不改丹.

陳跡偶尋千載後,　前身疑是舊仙班.[17]

북창의 후손인 동명(東溟) 정두경(鄭斗卿, 1597~1673)의

　　우리 동방에는 산수가 웅장하여 단군(檀君), 기자(箕子) 이래
　　복기(服氣), 연형(鍊形)하고 바람을 호흡하며 이슬을 마시는 사
　　람들이 반드시 많이 있었을 것이나 우리 민족이 숭상하지 않은
　　탓으로 잘 전승되지 않았으니 이것이 물외지사(物外之士)가 심
　　히 애석하게 여기는 바이다.

라는[18] 언급에도 주목할 필요가 있다. 북창의 가문에서는 한국
고유의 선맥을 확신하고 이를 계승하려는 사명감이 있었던 것으
로 보인다.[19] 이를 고려하면 북창의 내단사상의 연원은 한국 고유

---

17) 〈사선정(四仙亭)〉, 《북창선생시집(北窓先生詩集)》, 《온성세고(溫城世稿)》. 《해
　　동이적(海東異蹟)》에는 사선정(四仙亭)이 강원도(江原道) 고성(固城) 해변에
　　있다고 기록되어 있다. 금강산(金剛山) 부근에 사선(四仙)의 유적이 많은 것
　　과 관련이 깊다.

18) 홍민종(洪萬鍾), 《해동이적(海東異蹟)》, 이석호(李錫浩) 역주(譯註), 을유문고
　　(乙酉文庫) 241, 1981, 215쪽. "我東山水 雄於六合 自檀箕以來 服氣鍊形吸
　　風飲露之輩 必多矣 不尙故不傳 是以物外之士甚恨之"

19) 정재서(鄭在書), 〈온성세고(溫城世稿)를 통해 본 조선조(朝鮮朝) 단학파(丹學
　　派)의 이념적(理念的) 성격(性格)〉, 《도교문화연구(道敎文化硏究)》, 제11집,
　　한국도교문화학회(韓國道敎文化學會), 1997, 362쪽.

의 선맥과 중국에서 전래된 내단사상의 접합점에서 찾는것이 타당하다고 본다. 필자의 사견으로는 입당(入唐) 유학생들을 통해 당(唐)의 내단사상이 통일신라에 전래됨을 계기로 두 가지가 결합한 것으로 본다. 이는 앞으로 좀 더 논의가 필요한 부분이다.

3. 삼교융합(三敎融合)적 경향

북창은 내단사상에 침잠하긴 했지만 유·불·선(儒·佛·仙) 삼교(三敎)에 해박한 식견을 지니고 있었다. 송기수(宋麒壽)는 그의 행적을 기록하면서 다음과 같이 그의 사상편력을 기술한다.[20]

신선되는 방술(方術)이나 불경에 이르러서도 모두 통찰하였으며 선불교의 돈오(頓悟)나 방외(方外)의 화후공부(火候工夫)도 경험하지 않음이 없었다. 더욱 귀한 것은 아는 것이 이미 해박한데도 오로지 성학(聖學)으로써 마음을 세우는 근본으로 삼았다는 데 있다.

위의 글을 통해 북창이 선(仙)·불(佛)의 사상을 폭넓게 섭렵했

---

20) 이조판서(吏曹判書) 송기수(宋麒壽) 찬(撰), 〈북창선생행적(北窓先生行蹟)〉, 《온성세고(溫城世稿)》. "至於仙方佛經 亦皆洞曉禪學頓悟方外火候工夫 無不歷驗 尤可貴者 所知旣博 專以聖學爲立心之本"

을 뿐 아니라 실제적인 수련을 체험했음을 알 수 있다. 그러면서도 성리학적(性理學的) 성학(聖學)을 기본적 입각지로 삼았다는 것이다. 성리학을 근본으로 삼았다는 언급은 당시의 사상적 분위기를 반영한 것으로 생각된다. 이를 감안하면 그가 유·불·선(儒·佛·仙) 삼교(三敎)의 이론과 실천 양면에 고루 조예가 깊었음을 알 수 있다.

정광한(鄭光漢)이 찬한 〈북창선생묘기(北窓先生墓記)〉에 의하면 동생인 고옥(古玉)이 항상

> 공은 타고난 바탕이 탁월하여 삼교에 박통하였다. 수양하고 섭생함은 도(道)에 가깝고 해오함은 선(禪)에 가까우며 인륜강상에 바탕하여 떳떳이 행함은 한결같이 우리 유학에 바탕하였다.

라고[21] 말했다고 한다. 즉 도교적 수련과 불교적 깨달음, 유교적 인륜의 실천의 세 가지를 조화시킨 인물이라는 것이다. 이 표현대로라면 북창은 전통사상에서 모색되었던 하나의 이상, 즉 유·불·선(儒·佛·仙)을 조화한 인격에 근접한 인물이었던 것 같다. 송대(宋代) 이후 삼교융합(三敎融合)을 지향했던 내단(內丹) 계파의 이상이 바로 유교적 인륜의 실천과 불교적 깨달음, 도교적 명공(命

---

21) "公生而靈異 博通三敎 其修攝似道 解悟類禪 倫常行誼 一本吾儒",《온성세고 (溫城世稿)》.

功)의 수련을 종합하려는 것이었음에 유의할 필요가 있다. 북창이 중국의 내단사상에 어느 정도 접했는가는 알기 어려우나 결과적으로는 매우 유사한 사상적 경향을 지니게 된 것이다. 그렇다면 이러한 사상적 개방성은 어디에서 유래하는 것일까?

기본적으로는 개인적인 성향에서 연유한다고 하겠으나 굳이 영향관계를 생각해보면 우선 삼교(三敎)에 넘나든 김시습의 사상적 개방성에서[22] 그 연원을 찾을 수 있다. 나아가 그 사상적 연원을 멀리 한국 고대의 풍류도(風流道)에서 찾는 견해도[23] 일리가 있다고 본다. 한편 허목(許穆)도 유사한 입장에서 다음과 같이 묘사한 바 있다.

> 선생은 삼교를 관통하였으며 그 근본은 우리 유교를 주체로 삼았다. 그러므로 자신의 운심처사나 다른 사람을 가르치는 것이 공자의 사상에서 벗어난 것이 없었다. 항상 '성학은 인륜을 주로 하나 선(仙)·불(佛)은 명심견성(明心見性)을 주로 하니 이것이 삼교가 다른 점이나 선·불은 대동소이하다.'라고 말하

---

22) 이율곡(李栗谷)은 그러한 김시습의 사상적 개방성에 관해 아래와 같이 평한 바 있다. 《율곡전서(栗谷全書)》, 권14, 〈잡저(雜著)〉, 김시습전(金時習傳). "於道里 雖少玩索存養之功 以才智之卓 有所領解 橫談竪論 多不失儒家宗旨 至如禪道二家 亦見大意 深究病源"

23) 정재서(鄭在書), 〈온성세고(溫城世稿)를 통해 본 조선조(朝鮮朝) 단학파(丹學派)의 이념적(理念的) 성격(性格)〉, 《도교문화연구(道敎文化硏究)》, 제11집, 한국도교문화학회(韓國道敎文化學會), 1997, 358쪽.

였다.[24)]

위의 내용에서는 선·불(仙·佛)을 대동소이하다고 본 점이 눈에
띈다.[25)] 이는 송대(宋代) 이후의 내단사상에서 엿볼 수 있는 선불
동원론(仙佛同源論)과 흐름을 같이 하는 것으로 생각된다. 다만
명심견성(明心見性)을 중심으로 하여 선·불(仙·佛)의 본질을 파
악하는 것은 이례적인 일로서 논의의 여지가 있다. 이러한 선불동
원론적 시각은 그후 권극중(權克中, 1585~1659)의《참동계주해(參
同契註解)》, 신돈복(辛敦復, 1692~1647)의《직지경(直指鏡)》,《중묘
문(衆妙門)》 등에서도 발견되는 공통된 입장이므로 조선 시대의
내단사상에서 하나의 전통으로 형성되었다고 말할 수 있다.

4. 내단주체론(內丹主體論)과 역추론(逆推論)

《용호비결》에서는《참동계(參同契)》를 단학(丹學)의 비조(鼻祖)
로 받아들이고 이를 내단적 입장에서 이해한다.

---

24) 〈북창선생행적(北窓先生行蹟)〉,《온성세고(溫城世稿)》. "先生貫通三敎 其本一
以吾儒爲主 故處己敎人 無一外於孔子之術者 常論三敎曰 聖學主人倫 仙佛主
明心見性此三敎所以異 仙佛大同小異"

25) 송기수(宋麒壽)가 찬(撰)한 〈북창선생행적(北窓先生行蹟)〉의 기록도 비슷하
다. "聖學以人倫爲重 不論其要妙處 仙佛則專以修心見性爲本 故上達處多 下學
處專闕 此三敎所以異 仙佛則大同小異"

《참동계》 일편은 실로 단학의 비조로서 천지의 도에 계합시
키고 역의 괘효(卦爻)에 비유함으로써 초학자들이 헤아릴 수
있는 바가 아니다.[26]

라고 말한 것이 그것이다. 나아가

수단(修丹)이 내 기식(氣息) 중에 있음을 알지 못하고 밖으로
금석(金石)에서 구하며 장생을 얻으려다 도리어 요절한 자가
많았다.[27]

라고 말함으로써 내단주체(內丹主體)의 입장을 분명히 한다.

그러나 《용호비결》은 주로 수련의 방법에 역점을 두어 밝히기
때문에 더 이상의 상세한 이론적 설명은 보이지 않는다. 김시습의
용호(龍虎)에 관한 설명을 보면 정기(鼎器), 약물(藥物), 화후(火
候) 등 내단사상의 삼 요소에 관한 내용을 이미 잘 인식하고 있음
을 보여준다. 즉 인체를 정기(鼎器)로 삼고 수화이기(水火二氣)를
약물(藥物)로 삼고 문화(文火)·무화(武火)를 화후(火候)로 삼아
성태(聖胎)를 이루는 과정을 잘 밝히고 있다.[28] 여기서 용호(龍虎)
는 수화이기(水火二氣)를 의미한다. 북창이 스스로의 수련법을

---

26) "參同契一篇 實丹學之鼻祖 顧亦參天地比卦爻 有非初學者之所能蠡測"

27) 《용호비결》, 서문. "不知修丹於吾氣息之中 而外求於金石 欲得長生 反致夭折者
多矣"

28) 《매월당집(梅月堂集)》 권 17. 잡저(雜著).

《용호비결》로 부른 것은 북창과 김시습과의 관계를 고려할 때 김시습의 용호론(龍虎論)과 관련이 깊다고 추측된다. 김시습의 용호론은 원대(元代)의 전양자(全陽子) 유염(俞琰, 1258~1314)이 지은 《참동계발휘(參同契發揮)》에 관한 깊은 연찬에 바탕한 것이므로[29] 《참동계》에 관한 송대(宋代) 이후 내단적 주석을 충분히 수용한 산물이었다. 이를 고려하면 북창이 김시습의 용호론과 그 배경이 되는 중국의 참동계학을 섭렵했을 가능성이 많다. 신돈복(辛敦復)이 지적하듯[30] 《용호비결》은 《참동계》에서 제시한 내단사상에 접근해 들어가는 구체적 방법론의 의미를 지닌다고 볼 수 있다.

다만 《용호비결》에서 단편적인 언급이나마 주목할 만한 것은 내단사상을 정초하는 데 중요한 이론적 근거가 되는 역추론(逆推論)이다.

고인이 말하기를 순(順)하면 사람이 되고 역(逆)하면 선인이 된다고 하였다. 무릇 일(一: 태극太極)이 이(二: 음양陰陽)를 낳고 이(二)가 사(四: 사상四象)를 낳고 사(四)는 팔(八: 팔괘八卦)을 낳고 팔(八)에서 육십사(六十四: 육십사괘六十四卦)에 이르

29) 김윤수(金侖壽), 〈청한자(淸寒子) 김시습(金時習)의 용호혹문(龍虎或問)의 분장교감(分章校勘)〉, 이종은선생고희기념(李鍾殷先生古稀記念), 《한국도교문화연구논총(韓國道敎文化硏究論叢)》, 아세아문화사, 2000, 4쪽.
30) 《단학지남(丹學指南)》 50쪽, 《도교(道敎)의 한국적(韓國的) 수용(受容)과 전이(轉移)》, 한국도교사상연구회(韓國道敎思想硏究會)편(編), 1994, 409쪽. "朱子論參同契云 眼中見得了了 旦無下手處 今見北窓先生指南一篇 爲養生者 襄野之指迷 而言其下手處"

러 만사로 분화되는 것이 인도(人道)이다.[순추공부(順推功夫)]
가부좌를 틀고 단정히 앉아 발을 드리운 듯 눈을 감고 만사의
어지러운 잡념을 걷어치우며 일(一)도 없는 태극(太極)에 돌아
가니 이것이 선도(仙道)이다.[역추공부(逆推功夫)][31]

　'순(順)'한다는 것은 태극에서 만물로 분화되어 가는 과정에 순
응한다는 의미이며 '역(逆)'한다는 것은 분화과정을 소급하여 태
극으로 복귀하는 반본환원(返本還源)의 수련을 의미한다. 이는 불
교의 순관(順觀)과 역관(逆觀)을 연상시킨다. 십이인연(十二因緣)
의 과정을 따라 번뇌(煩惱)와 고(苦)로 전개되는 삶이 중생의 세
계요 이를 보는 것을 순관이라 하고, 십이인연의 최초인 무명(無
明)부터 소멸해 들어감으로써 열반(涅槃)에 들어가는 것이 부처
의 세계로서 이를 보는 것을 역관(逆觀)이라 한다.
　마찬가지로 천도(天道)의 변화에 순응하는 것을 평범한 사람의
도, 즉 인도(人道)로, 천도의 변화의 근원에 소급하여 태극으로 복
귀함을 선도(仙道)로 규정하는 것이다. 이러한 순(順), 역(逆)의 개
념은 송대 무렵부터 중국의 내단사상에서 거의 일반화되어 있었
다. 다만 태극 또는 도에서 만물로 분화되어 인간이 형성되고 인
간이 다시 수련을 통해 태극에 복귀하는 과정에 관한 설명의 틀에

31)《용호비결》, 서문. "案古人云 順則爲人 逆則爲仙 盖一生二 兩生四 四生八 以至
　　於六十四 分以爲萬事 此人道也 (順推功夫) 疊足端坐 垂簾塞兌 收拾萬事之紛
　　繞 歸於一無之太極者 仙道也 (逆推功夫)"

서 약간 다를 뿐이다. 그 설명의 틀은《용호비결》과 같이《역(易)》의 태극(太極)—양의(兩儀)—사상(四象)—팔괘(八卦)—만물(萬物)의 유형을 따르는 것 외에도《도덕경(道德經)》42장에서 밝힌 도(道)—일(一)—이(二)—삼(三)—만물(萬物)에 의거하는 것과 주돈이(周敦頤, 1017~1073)의〈태극도설(太極圖說)〉에 보이는 태극(太極)—음양(陰陽)—오행(五行)—만물(萬物)의 유형에 의거하는 것이 있다. 이것은 내단사상 내에《도덕경(道德經)》과《역(易)》및〈태극도설(太極圖說)〉의 우주생성론(宇宙生成論)이 다양하게 수용되어 있는 데서 기인한다. 어떤 유형을 따르더라도 내포된 의미에 큰 차이가 있는 것은 아니다.

조선초(朝鮮初) 정도전(鄭道傳, 1342~1398)을 비롯한 유교 지식층에서는 내단수련이 천리에 거슬리며 인륜을 소홀히 한다고 비판하였다. 따라서 선도(仙道)를 역추(逆推)로 규정하는 것에는 그러한 비판에 대응하여 내단사상의 정체성(正體性)과 탁월성을 드러내려는 의도가 내포되어 있다. 그러므로 이때 역(逆)의 의미는 태극의 근원에 소급하여 복귀한다는 의미일 뿐 천리에 거슬린다는[역천리(逆天理)] 비난을 수긍하는 것은 아니다. '역(逆)'이라는 표현을 사용한 것은 일상적인 삶에 거슬린다는 의미에 지나지 않는다. 북창은 성리학의 비판을 의식하고 역추론을 제시하는 한편 도덕적 실천을 경시하지 않는다는 입장을 천명하였다. 그는 자손들에게 남긴 무릇 제사는 일체 주문공가례에 의거하고 속례를 참작하되 인정에 합치되도록 힘써야 한다. … 나의 말이 무엇을 힘입은 것인가? 근사록, 소학은 초학의 단계이나 세속에서는 이것들을 읽지 않는다.[32]

라는 유훈을 통해 인륜의 실천을 강조한 바 있다. 북창의 이러한 언급은 그가 기본적으로 성리학을 치신(治身), 치가(治家)의 바탕으로 삼고 있다는것을 의미한다.[33] 그러나 《용호비결》에서는 일(一)도 없는 태극에 돌아감에 관해 《참동계》의

뜻을 놓아두고 허무에 돌아가게 하며 무념으로 항상된 마음을 삼는다.[34]

라는 내용으로 해석하고 무(無)를 태극의 본체로 간주한다.[35] 이렇게 태극의 근본성격을 무(無)로 규정하는 견해는[36] 태극을

---

32) 《온성세고(溫城世稿)》. "凡祭祀一依朱文公家禮 參以俗禮 務合人情 … 予言何賴焉 近思錄小學初學之逕蹊 而世俗不之看"

33) 정재서(鄭在書), 앞의 논문(論文), 356쪽.

34) "委志歸虛無 無念以爲常"

35) 《용호비결》, 서문(序文). "無者 太極之本體也"

36) 도교적(道敎的) 사유(思惟)의 경우 무극(無極)을 궁극적(窮極的) 존재(存在)로 내세우고 태극을 무극(無極)에서 파생된 일기(一氣)로 간주하는 견해도 있고 무극(無極)과 태극을 동의어(同義語)로 보는 견해도 있어 한결같지 않다. 북창의 견해는 분명히 알기 어렵다. 태극을 무(無)라고 규정한 것을 보면 태극 외에 따로 무극(無極)을 설정하지 않은 것 같기도 하고, 수련과정을 설명하면서 "不知 我之有形 形之有我 窈窈冥冥 恍恍惚惚 已在於太極未判之前矣"라고

리(理)로 규정하는 성리학적 관점과 다른 것으로서 도교적 성향을 잘 드러낸다. 성리학적 시각에 의하면 태극의 성격을 무극(無極)이라고 규정하더라도 이는 초감각적이며 시간·공간의 국한을 초월한 존재임을 드러내기 위한 표현에 불과하다. 북창보다 약간 앞선 인물인 회재(晦齋) 이언적(李彦迪, 1491~1553)과 망기당(忘機堂) 조한보(曹漢輔: ?~?)[37] 간에 발생한 태극논쟁을 보면 성리학의 입장을 잘 알 수 있다. 조한보가 태극의 성격을 무(無)나 적멸(寂滅)로 규정하려는 데에 대해 이언적이 반박하면서 전개된 논변이 그것이다. 이는 공부방법론상(功夫方法論上)에서 조한보가 무극지진(無極之眞)에 노니는 상달(上達)의 방법을 주장하는 것에 대한 반론도 포함하였다. 이언적은 대신 일상생활에서부터 공부해 들어가는 "하학이상달(下學而上達)"을 주장한다.[38] 후일 이언적의 견해는 성리학적 주체를 뚜렷이 한 것으로 평가되었다. 이를 고려하면《용호비결》에서 태극을 무(無)로 해석하는 것은 도교적 성향을 뚜렷이 드러낸 것으로 이해할 수 있다.

한 말을 보면 태극 이전의 존재를 따로 가정한 듯도 하다.

37) 조선 전기 무극, 태극 논쟁을 벌인 학자. 후배 학자 이언적과 성리학 논쟁을 벌였다.

38) 김교빈(金教斌), 〈태극(太極)을 둘러싼 주자학적(朱子學的) 이해와 비주자학적(非朱子學的) 理解의 對立〉, 한국철학사상연구회, 《논쟁(論爭)으로 보는 한국철학(韓國哲學)》, 예문서원, 1995, 18쪽.

5. 폐기(閉氣)·태식(胎息)·주천화후(周天火候)

《용호비결(龍虎秘訣)》에서는 이론적 기초로서 내단주체론(內丹主體論)과 역추론(逆推論)을 언급하는 한편 내단수련의 구체적 방법으로서 폐기(閉氣), 태식(胎息), 주천화후(周天火候) 등을 제시한다. 폐기(閉氣)란 호흡을 멈추고 기운을 축적하는 것을, 태식(胎息)이란 외부의 호흡에 의존하지 않고 태아와 같이 내기를 호흡하는 것을, 주천화후(周天火候)란 뜨거운 열기가 몸 전체를 두루 유통하여 몸의 음기(陰氣)를 태우고 몸을 원기(元氣)로 가득 차게 변화시키는 것을 뜻한다. 이러한 내용을 제시한 동기에 관해 다음과 같이 밝힌다.

> 내단수련의 도는 지극히 간이한데 지금 그에 관한 책이 마차와 서고에 가득할 정도이다. 또 그 표현이 너무 어렵고 모호해서 알기 어렵다. 그러므로 고금의 학자들이 수련에 착수할 방법을 알지 못하여 장생을 얻으려다 도리어 요절한 자가 많았다.[39]

즉 추상적 입론이 아닌 구체적으로 수련하는 방법을 모색하는 것이 주된 동기라는 것이다. 따라서 북창보다 앞서 내단수련의 방법을 소개한 김시습의 복기(服氣), 연용호(鍊龍虎)와 비교할 때 이

---

39) 《용호비결》, 서문, "修丹之道 至簡至易 而今其爲書 汗牛馬充棟宇 且其言語太涉 恍惚難了 故古今學者不知下手之方 欲得長生 反致夭折者多矣"

론적 면은 오히려 소박한 편이다. 이에 관해 이진수는 "김시습대의 현학적이고 철학적인 수련방법이 북창의 대에 와서 건강을 위한 예방의학적인 면으로 변화되어 가는 과정이 보이고 있다."[40]고 지적하고 북창이 김시습의 용호론을 알기 쉽게 실제적으로 해석한 것도 한의학적 측면으로부터 그것을 보았기 때문이라고 생각한다.[41] 즉 풍부한 의학적 지식이 반영되었기 때문에 보다 실질적인 특징을 지녔다는 것이다.《용호비결》에서도

> 변화하여 선계에 비승하는 방법은 내가 감히 말할 바가 아니다. 그러나 몸을 기르는 데에 있어서는 수많은 약과 비방이 이것과 비교할 수 없다. 이를 행하여 한 달만 지나면 백 가지 질병이 소멸될 것이니 마음을 다하지 않겠는가?[42]

라고 말한다. 신비적, 초월적인 측면보다 실질적으로 유효한 양생법(養生法)임을 강조하고 있는 것이다. 중국의 내단사상은 중국 고대의 방선도(方仙道)에서부터 단초가 나타나며 시대를 지날수록 점차 체계화된다. 정기신론에 바탕한 연정화기(煉精化氣), 연기화신(煉氣化神), 연신환허(煉神還虛) 등의 체계가 세워진다. 특히 후에 선불교, 성리학과의 교섭을 거치면서 삼교융합적 성격을

---

40) 이진수,《한국양생사상연구》, 한양대학교출판부, 1999, 46쪽.

41) 같은 책, 48쪽.

42) "變化飛昇之術 非愚所敢言 而至于養身 千方百藥莫之與比 行之彌月 百疾普消 可不爲盡心乎"

지니면서 보다 함축적이고 철학적인 내용이 첨가된다. 따라서 소박한 원형을 찾으려면 고대의 방선도나 한대의 초기경전에서 찾을 수밖에 없다.

이 중 초기의 설화적 인물 팽조(彭祖)의 수련법을 보면 음식조절법, 도인법 외에 내단수련법의 전신에 해당하는 조식법으로서 폐기내식법(閉氣內息法)이 제시되어 있다. 나아가 이를 통해 몸 전체에 기를 운행시켜 건강한 몸을 만든다는 것이다.[43] 구체적 내용은《용호비결》에 비해 매우 소략하지만 폐기, 태식, 주천화후와 매우 유사한 구조를 보여준다.[44]

《후한서(後漢書)》〈왕진전(王眞傳)〉을 보면 당시에 외부의 기를 마시는 데 중점이 있는 복기(服氣)와 달리 내부의 원기(元氣)를 중시하는 태식법이 행해지고 있음을 알 수 있다. "實能行胎息, 胎息之方"이라 한 내용이 그것이다. 이에 대한 이현(李賢)의 주석(註釋)에서는 "왕진의 자는 숙경으로서 상당 사람이다. 폐기를 익혀 삼켰는데 이를 태식(胎息)이라고 부른다. 혀끝의 침을 삼키는 것을 태식(胎食)이라고 말한다."[45]라고 풀이하였다.

폐기(閉氣)와 태식(胎息)은 갈홍(葛洪)의《포박자(抱朴子)》에서도 중요한 내련법(內煉法)의 하나로 강조되고 있으며[46] 당말(唐

---

43) 갈홍(葛洪)의《신선전(神仙傳)》, 팽조(彭祖)의 항.

44) 《단학지남(丹學指南)》에도 폐기(閉氣)를 주로 밝힌 팽조(彭祖)의 〈조식결(調息訣)〉이 포함되어 있다.

45) "王眞字叔經 上党人 習閉氣而吞之 名曰胎息 習嗽舌下泉而咽之 名曰胎食"

46) 갈홍(葛洪)의 종조(從祖)인 갈현(葛玄)과 노사(老師)인 정은(鄭隱)은 모두 폐

末) 무렵부터 내단사상의 중요한 기법으로 정착되었다. 외단(外丹)에서 내단(內丹)으로 사상적 변화가 이루어지는 가운데 내적(內的) 원기(元氣)의 호흡법으로 부각된 것이다. 당대(唐代)에 널리 유포된 기의 수행방법은 태식(胎息) 외에도 복식(服食)과 방중(房中)이 있다.[47) 복식(服食)과 방중(房中)이 외부의 기를 받아들이는 기법이라면 태식은 내적인 호흡법으로 개발된 것이었다. 당말(唐末) 송대(宋代) 이후 내단사상은 태식법을 바탕으로 하여 내적 원기를 중심으로 하는 심화된 내단수련의 원리를 제시하게 된다.

요컨대 태식은 근원으로 환원한다는 역추(逆推)의 이론에 바탕하여 모색된 방법으로서 여기에 도달하는 구체적 방법은 문헌에 따라 조금씩 다르다.[48)《용호비결》은 이 중 폐기와 직결된 방법을 택하고 있다.

이상의 논의를 종합할 때《용호비결》의 내용은 내단수련의 실질적 방법론의 원형적 성격을 지니는 것으로 파악할 수 있다. 바꾸어 말하면 이론적 외피가 별로 첨가되지 않은 소박한 초기 도교적 분위기가 농후하다는 의미이다.

내단사상의 이론적 기초인 정(精)·기(氣)·신론(神論)도《용호비

기(閉氣)와 태식(胎息)을 실천했다고 한다.《포박자(抱朴子)》,〈석체(釋滯)〉.

47) 이원국(李遠國),《도교기공양생학(道敎氣功養生學)》, 사천성사회과학출판사(四川省社會科學出版社), 1988, 228쪽.

48) 경희태(卿希泰) 주편(主編),《중국도교(中國道敎)》3, 지식출판사(知識出版社), 상해(上海), 1994, 281~282쪽.

결》에는 보이지 않는다. 물론 내용상으로는 전제가 되어 있다고 말할 수 있으나 어쨌든 대신 보다 원형적 성격을 지닌 형(形)·기(氣)·신(神)의 표현이 나온다.

> 이른바 불로써 약을 제련하여 단도(丹道)를 이룬다는 것은 신으로써 기를 제어하고 기로써 형을 유지시켜 서로 떨어지지 않게 함으로써 장생하는 것에 불과하다.[49]

이라 한[50] 것이 그것이다. 이는 한대(漢代)의 초기도교에 널리 유포된 사고 즉, 형과 신이 분리되면 죽는다는 형신일체론(形神一體論)에 바탕한 입장으로 간주된다. 매개체로서의 기를 설정하여 신으로써 기를 제어하고 기로써 형을 유지시킴으로써 삼자를 분리시키지 않음으로써 장생에 도달한다는 관점이다.

《용호비결》에는 당말 이후 내단사상에서 중요하게 거론되는 현빈일규(玄牝一竅)의 개념도 나타난다. 현빈일규는 현관(玄關), 또는 현빈(玄牝)이라고도 불리어지는데 내단수련의 중요한 관문으로 간주되어 왔다. 이에 따라 문헌에 그 의미가 다양하게 규정되고 있으며 위치에 관해서도 일치된 견해가 없다. 어느 경우는 규정이 매우 추상적이어서 도와 거의 동의어로 사용되는 경우도

---

49) 《용호비결》, 〈주천화후(周天火候)〉. "所謂以火煉藥 乃成丹道者 不過以神御氣 以氣留形 不須相離者長生"

50) 이 내용은 판본에 따라 출입이 있다. 여기서는 이능화(李能和)의 《조선도교사(朝鮮道敎史)》에 의거했다.

있다.

《용호비결》의 경우 현빈일규를 얻는 방법에 관해 신(神)과 기(氣)를 단전에 머물게 하여 오래 지나면 저절로 열리는 것으로 밝힌다. 현빈일규의 위치도 배밑에 털이 난 부분이라고 구체적으로 밝히고 현빈일규가 체득되어야 태식이 가능하다고 하여 징험의 단계를 분명히 하고 있다. 모든 호흡이 이를 통해 이루어질 때 이것이 태식이며 이것이《도덕경(道德經)》에서 말하는[51] 귀근복명(歸根復命: 뿌리로 돌아가 다시 생명을 얻음)이라는 것이다.[52]

신(神)과 기(氣)를 단전에 머물게 하면 뜨거운 열기가 발생하는데 이를 몸 안에 주류시키는 것이 주천화후이다. 이 과정을 통해 니환궁(泥丸宮)에 청명한 기운이 응결되면 이를 현주(玄珠), 또는 사리(舍利)라 부른다는 것이다. 현주와 사리를 일치시키는 것은 선·불이 대동소이하다는 관점을 반영한 것으로 보인다. 달마(達磨)의 면벽(面壁)이 태식을 얻어 가능했다는 것도 같은 맥락의 언급이다.[53]

한편《용호비결》에서 북창은 폐기는 복기(伏氣) 또는 누기(累氣)라는 기의 함양법과 관련이 깊다고 본다. 누기(累氣)는 특히《황정경(黃庭經)》의

---

51)《도덕경(道德經)》, 제16장의 내용.
52) 이상은《용호비결》, 〈태식(胎息)〉의 내용.
53)《용호비결》, 〈주천화후(周天火候)〉.

선인, 도사가 신비로운 존재가 아니다. 정을 쌓고 기를 모으
면 진인이 된다.

라 한[54] 언급에서 그 연원을 찾는다. 나아가 "사람들은 모두 음
식을 통해 오행의 정기를 마시지만 나는 홀로 음양기를 마시네"[55]
라는 《황정경(黃庭經)》류의 내용[56]을 원용하여 태식을 뒷받침한
다. 음양의 기를 마신다는 것은 태식을 통한 벽곡(辟穀)을 의미한
다고 한다.[57]

앞에서 살펴본 바와 같이 북창은 《도덕경》의 귀근복명(歸根復
命)도 태식을 설명한 것으로 본다. 또한 수련에 관한 중요한 언급
으로 풀이되는 "치허극 수정독(致虛極 守靜篤: 텅빔의 극치에 도달
하면 고요함을 돈독히 지킨다.)"도 주천화후에서 긴요한 수행방법
으로 인식한다.[58] 이는 그가 《도덕경》과 《황정경》의 핵심 내용을
내단수련과 관련시켜 태식을 중심으로 이해하고 있음을 의미한
다. 앞에서 살펴본 바와 같이 《용호비결》은 《참동계》의 내단사상

---

54) "仙人道士非有神 積精累氣以爲眞" 《황정내경경(黃庭內景經)》〈선인장(仙人
   章)〉의 내용. 《용호비결》에서는 "仙人道士非有神"이 "仙人道士非有仙"으로 약
   간 달리 표현되어 있다.

55) "人皆飮食五行精 獨我飽此陰陽氣"

56) 《황정내경경(黃庭內景經)》〈선인(仙人)〉장(章)에 이와 유사한 내용이 있다.
   "人皆食穀與五味"

57) 《용호비결》, 〈주천화후(周天火候)〉.

58) 위와 같음. 이 내용은 판본에 따라 출입이 있다. 여기서는 《단학지남(丹學指
   南)》본에 의거하였다.

에 접근해 들어가는 방법론의 성격을 지닌다. 이를 종합하면 그는 《도덕경》,《황정경》,《참동계》의 중요사상을 주로 실천적 측면에서 폐기, 태식, 주천화후라는 체계 속에 융해시켰다고 말할 수 있다.[59]

6. 맺는 말

북창은 조선 내단사상의 흐름에서 중요한 위치를 차지한다. 문헌적 근거에 의거할 때 그는 도교적 정체감이 뚜렷한 최초의 인물로 간주될 수 있다. 그는 한국고대로부터 전승된 선맥을 계승하려는 사명감을 지녔으며 《용호비결》에서도 도교적 정체감을 엿볼 수 있기 때문이다.

나아가 그는 성리학적 소양을 기본적 바탕으로 지녔으면서도 불·선에 해박하였다. 이것도 단지 이론적 천착에 그친 것이 아니라 실천적으로 체험했다는 데 의미가 있다. 이에 그는 유교적 인륜의 실천, 도교적 내단수련, 불교적 깨달음을 종합한 인격으로 칭송되었다. 이에 관한 구체적 내용은 더 이상 알기 어려우나 삼교융합에 대한 하나의 좋은 시사점을 제공한다고 본다.

---

59) 북창의 행적에는 《음부경》,《참동계》,《도덕경》,《황정경》 등을 원용해 선인에 이르는 계제를 밝혀 중국인을 놀라게 했다는 기록이 있다. 허목(許穆) 찬(撰), 〈북창선생행적(北窓先生行蹟)〉,《온성세고(溫城世稿)》. "先生卽擧黃庭參同道德陰符等經 洞陳作仙階梯"

그의 삼교융합사상이 농축된 저서는 남아 있지 않아 유감이나 대신 내단수련의 실질적 방법론을 담은 《용호비결》이 남아 있어 다행스러운 일이다. 《용호비결》에서 북창은 외단을 배격하고 내단을 주체로 삼는 입장을 분명히 하는 한편 성리학의 비판에 응답하기 위해 내단수련의 본질을 태극에 돌아가는 반본환원(返本還源)으로 제시하였다. 이때 태극을 무(無)로 해석함으로써 성리학과 다른 도교적 시각을 반영하였다.

폐기, 태식, 주천화후로 구성된 방법론의 체계는 구체적 하수지방(下手之方)으로서의 성격이 뚜렷하다. 형신(形神)을 둘로 보지 않고 기를 축적함으로써 장생한다는 내단의 원초적 사고가 엿보이는 것도 주목할 만하다. 이는 건강을 위주로 하는 의학적 양생론과 일맥상통할 수 있는 측면이기도 하다.

이 글은 그의 《용호비결》을 중심으로 북창의 내단사상을 개괄적으로 살펴본 것이다. 그러나 북창 내단사상의 형성배경이나 주변 선가 인물과의 교섭관계에 관한 부분은 소략하여 더욱 엄밀히 연구할 필요가 있다고 본다. 특히 박지화를 비롯한 화담학파의 학문적 경향과 각 인물들의 사상을 연구하는 것은 북창의 사상을 파악하는 데 매우 긴요한 작업이 될 것이다. 조선시대의 방외적(方外的) 인물들 가운데 이인(異人), 기인(奇人), 일사(逸士) 등의 분야에서 회자되는 인물들 가운게 상당수가 화담학파의 영향을 받았기 때문이다. 앞으로 화담학파와 도교사상 일반, 나아가 내단사상과의 관련을 밝히는 작업이 필요할 것이다. 이외에 《용호비결》

의 여러 판본을 비교, 교감하여 정본(正本)을 모색하는 것도 중요한 기초작업이라고 생각된다.

북창은 조선조 내단수련가들에게 큰 영향을 끼쳤으며 대대로 그의 가문에서는 도가사상, 도는 내단수련에 침잠한 인물이 많이 배출되었다. 현대에 들어 내단사상, 즉 단학의 대중화에 크게 기여했던 봉우(鳳宇) 권태훈(權泰勳, 1900~1994) 선생이 북창을 높이 평가하는 것도 북창의 도교사상사적 위치를 고려한 때문이다. 권태훈은 북창을 우리 민족 고대로부터 내려온 선도의 전통을 계승한 인물로 꼽고 있다. 이는 여러 가지 점검을 필요로 하는 견해이므로 그 타당성을 속단하기 어렵다. 그러나 권태훈을 통해 매월당 김시습, 북창으로 이어지는 단학파의 맥이 일반인에게 크게 알려진 것은 사실이다. 권태훈의 수련법을 따르는 연정원(研精院)에서도 수행방법상 북창의 방법을 부분적으로 수용하고 있다.[60] 현대에 이르러 북창의 수행법이 재조명되고 있는 것이다. 따라서 북창사상이 현대의 내단사상, 또는 기공수련에 끼친 영향이나 북창사상이 지닌 현대적 의미를 파악할 필요가 있다. 이는 후일의 연구과제로 남겨두기로 한다.

---

60) 봉우선생의 단학이 지닌 특징에 관해서는 윤명철, 〈봉우(鳳宇) 선생의 생애와 사상〉, 《제9회 정신과학학회 논문집》, 한국정신과학학회, 1998, 66~70쪽 참조.

정북창(鄭北窓)의 내단사상(內丹思想)과 현대적 가치

첨석창(詹石窻, 중국 사천대학 노자연구원 원장)

정북창(鄭北窓)은 조선 중종(中宗, 1506~1544) 때의 저명한 도교(道教) 내단이론가(內丹理論家)이다. 그의 일생에 대해서, 이능화(李能和)는 그의 책《조선도교사(朝鮮道教史)》제21장 〈조선단학파(朝鮮丹學派)〉에서 기술한 바가 있다. 정북창은 외국어에 능통하였을 뿐 아니라 유교 경전과 도가의 수양법에 대해서도 매우 깊이 이해하고 있었다. 그는 단공수련(丹功修煉)에 정진하며,《용호비결(龍虎秘訣)》이라는 매우 중요한 단도(丹道)의 저작을 남겼다. 권태훈(權泰勳, 1900~1994)은《봉우수단기(鳳宇修丹記)》에서 정북창의《용호비결(龍虎秘訣)》을 전적으로 인용하였고, 뿐만 아니라《제결미(題訣尾)》에서

수련에 관한 책은, 다섯 수레를 실어도 오히려 부족하다. 그러므로 후학들이 비록 의문을 다하고자 하더라도, 그 정경을 얻

을 수가 없다. 이유가 과연 이러하였다. 그러나 내가 수련에 관한 책을 많이 읽어본 바, 쉽고 간결하면서 뜻이 명확하게 드러나는 것은, 응당 정공의《용호결》을 백미로 추천한다. 그러므로 나는 같은 고민과 같은 취미를 가진 사람들을 위해 글을 써서 후일의 군자에게 전한다

(修丹之書, 載五車而猶為不足, 故後學雖欲問津, 不可得其正經, 理所固然也. 然而, 余亦多閱修丹之書, 其今蘊易簡而一目昭然者, 當以鄭公《龍虎訣》, 推而伯眉. 故餘為同苦同好者亂艸而傳於後之君子).[1]

라고 추천하였다. 윗글에서 '정공(鄭公)'은 즉 정북창(鄭北窓)으로, 이름은 렴(磏)이고, 자(字)는 사결(士潔)이다. 북창(北窓)은 그의 도호(道號)이다. 그가 쓴《용호비결(龍虎秘訣)》(간칭(簡稱)《용호결(龍虎訣)》)은 한국의 내단학계에서 실제 수련의 경전으로 중요한 지위에 있다.

정북창의 저작《용호비결(龍虎秘訣)》이 한국 단학계에서 이처럼 중요시되고 있는 데에는, 분명 특별한 이유가 있을 것이다. 근래에 필자는 한국의 저명한 학자인 정재서(鄭在書), 정재승(鄭在乘) 형세들로부터《용호비결(龍虎秘訣)》과《조선도교사(朝鮮道教

---

1) 권태훈(權泰勳),《봉우수단기(鳳宇修丹記)》, p.4, 회상사(回想社), 단기(檀紀)4319. 이하, 사용한《봉우수단기(鳳宇修丹記)》의 내용은 모두 이 책에 근거한 것이다. 원문을 인용할 때에 필자가 새로이 표점을 찍었다.

史)》등의 서적을 선물받았다. 이 책들을 오랜 시간 숙독하면서 몇 가지 생각에 이르러, 본 논문을 쓰게 되었다.

1. 정북창 내단사상의 연원

정북창의 내단법(內丹法)은 오랜 문화적 연원을 가지고 있다. 정북창의 내단 사상은 "종려금단대도의 비결이며《참동계》,《황정경》의 법맥을 이었다." 라고 표현할 수 있으며, 본 장에서는 이에 대해 간략히 논해보려 한다.

1) 종려금단대도(鍾呂金丹大道)의 비결(秘訣) 흡수

이능화(李能和)의 《조선도교사(朝鮮道教史)》에 따르면, 한국의 도교 역사상 중요한 두 가지 문헌이 있는데, 하나는 《해동전도록(海東傳道錄)》이고, 다른 하나는 《해동이적(海東異蹟)》이다. 이 두 문헌에는 한국의 희귀한 단학(丹學) 사료(史料)들이 보존되어 있다. 수록된 사료들을 분석하여 보면, 정북창의 내단법과 당대(唐代)의 내단전문가인 종리권(鍾離權), 여동빈(呂洞賓)의 단도(丹道) 사이에 밀접한 관계가 있음을 쉽게 알수 있다.

《해동전도록(海東傳道錄)》에는 신라 시대 최승우(崔承祐), 김가기(金可紀), 자혜(慈惠) 스님이 당(唐)나라에 유학한 이야기가 수록되어 있으며, 내용 중에는 이들이 종남산(終南山)에 가서, 천사

(天師) 신원지(申元之)와 교류한 일을 포함하고 있다. 신원지의 소개에 의해서, 최승우 등 3인은 내단파의 계승자인 종리권을 만났을 뿐 아니라,《청화비문(青華秘文)》,《영보이법(靈寶異法)》,《팔두악결(八頭嶽訣)》,《옥문보록(玉文寶錄)》,《천둔연마법(天遁煉魔法)》 등의 책을 얻었고, 구결(口訣)을 전수받았다고 한다.[2] 이들 경전 가운데《청화비문(青華秘文)》,《영보이법(靈寶異法)》 그리고《천둔연마법(天遁煉魔法)》은 명대(明代)에 출판된《정통도장(正統道藏)》과《만력속도장(萬曆續道藏)》에서 찾아볼 수 있다.

《정통도장(正統道藏)》 '통진부·방법류(洞真部·方法類)'에 있는《옥청금사청화비문금보내련단결(玉清金笥青華秘文金寶內煉丹訣)》은 원래 자양진인(紫陽真人) 장평숙(張平叔)이 쓴 책이다. 책 제목 중의 '청화비문(青華秘文)'이라는 말은, 필자가 생각하기에 송대(宋代) 이전에 '청화비문(青華秘文)'이라는 제목의 내단 경전이 있었고, 최승우 등이 종리권으로부터 얻은《청화비문(青華秘文)》은 아마 단도(丹道)의 비급(秘笈)인 것 같다.

《정통도장(正統道藏)》의 '태청부(太清部)'에 있는《비전정양진인영보필법(秘傳正陽真人靈寶畢法)》은 책 이름에 '정양진인(正陽真人)'이라는 종리권의 도호를 포함시켰다. 종리권은 이 책의 서문에서 자신이 일찍이 종남산 돌 벽 사이에서《영보경(靈寶經)》 열세 권을 얻었다고 밝히며,《영보경(靈寶經)》을 열심히 연구하고

2) 자세한 것은 이능화(李能和),《조선도교사(朝鮮道教史)》, 보성문화사(普成文化社, 1989), p.438을 참조할 것.

오랫동안 수련하여, 마침내

> 음 속에 양이 있고, 양 속에 음이 있으니, 본래 천지는 올라가
> 고 내려가는 마땅함이 있고, 해와 달은 서로 합하는 이치가 있
> 다.
> (陰中有陽, 陽中有陰, 本天地昇降之宜, 日月交合之理)[3]

라는 것을 깨달았다고 하였다. 그리고

> 마침내 삼승지법(三乘之法)이 되었으니,《영보필법》이라 이
> 름짓는다.(總而為三乘之法, 名《靈寶畢法》)[4]

라고 하였다. 이러한 기록들로 볼 때에 종리권이 얻은 경전은
《영보필법(靈寶畢法)》이었다.《해동전도록(海東傳道錄)》에서 언급
하는《영보이법(靈寶異法)》은 응당《영보필법(靈寶畢法)》인 것이
다. 한자(漢字)에서, '이(異)'와 '필(畢)' 두 글자는 생김새가 비슷
한 까닭에, 전해지는 과정에서 잘못 쓰여져서《영보이법(靈寶異
法)》이라는 명칭으로 남은 것 같다.
《천둔연마법(天遁煉魔法)》은 만력(萬曆) 시기《속도장(續道藏)》

---

3) 종리권(鍾離權), 〈비전정양진인영보필법서(秘傳正陽真人靈寶畢法序)〉,《도장
(道藏)》제28책, p.349.
4) 동상(同上).

에 수록된 《여조지(呂祖志)》를 통해서 살펴볼 수 있다. 《여조지(呂祖志)》 권1 《사적지(事蹟志)》에는 여암(呂巖)이 여산(廬山)을 유랑하며, 화룡진군(火龍眞君)을 만나서 그에게서 '천둔검법(天遁劍法)'을 전수받았다고 기록하고 있다. 또한 같은 책 《진인자기(眞人自記)》에서는 '천둔검법(天遁劍法)'의 효력에 대해서 구체적으로 말하고 있는데, 바로

　　첫 번째는 번뇌를 자르고, 두 번째는 색욕을 자르고, 세 번째
　　는 탐욕을 자른다.
　　(一斷煩惱, 二斷色慾, 三斷貪嗔)."

이다. 여기서 말하는 세 가지 '욕(慾)'이란, 도교의 내단가들이 말하는 '마(魔)'이고, 천둔검법(天遁劍法)의 신령스러운 힘으로 세 가지 마귀들을 충분히 제거할 수 있다는 뜻이다. 따라서 '천둔검법(天遁劍法)'은 사실상 '천둔연마법(天遁煉魔法)'을 말하는 것이다.

이로 볼 때, 《해동전도록(海東傳道錄)》이 수록하고 있는 《청화비문(靑華秘文)》, 《영보이법(靈寶異法)》, 《팔두악결(八頭嶽訣)》, 《옥문보록(玉文寶錄)》, 《천둔연마법(天遁煉魔法)》 등은 당말(唐末) 종려내단도파(鍾呂內丹道派)의 기본 경전으로 볼 수 있다. 이른바 '종려내단도파(鍾呂內丹道派)'라는 것은, 종리권(鍾離權)과 여동빈(呂洞賓)을 대표로 하는 도교의 내단학파(內丹學派)를 말한다.

당대(唐代) 이전에, 도교 단학(丹學)은 외단(外丹)이 위주였다. 그런데 외단을 제련할 시에 만들어지는 독성물질들로 인해 여러 폐단이 생기면서, 당(唐) 중기 이후에는 내단학이 점차 성행하기 시작하였으며, 도교 연단술의 주류가 되었다. 《해동전도록(海東傳道錄)》이 서술한 최승우, 김가기, 자혜 스님이 입당(入唐)하여 종리권으로부터 단도(丹道)를 전수받았다는 사실은, 한편으로는 중국의 당나라 중후기 도교의 내단학이 한국에 이미 전파되었음을 설명하고, 다른 한편으로는 조선도교의 내단학과 종려내단학(鍾呂內丹學)이 같은 도통선상에 있음을 말해준다.

《해동전도록(海東傳道錄)》은 최승우 등이 종리권으로부터 내단법을 전수받은 이후의 전승 상황도 기재하고 있다. 최승우는 최고운(崔孤雲)과 이청(李淸)에게, 이청(李淸)은 명법(明法)에게, 명법(明法)은 또 자혜(慈惠) 스님에게 내단법을 전하였고, 자혜(慈惠) 스님은 권청(權淸)에게, 권청(權淸)은 설현(偰賢)에게, 설현(偰賢)은 김시습(金時習)에게 전하였다고 설명하고 있다. 김시습(金時習)은 천둔검법연마결(天遁劍法煉魔訣)을 홍유손(洪裕孫)에게서 전수받았으며, 또한 《옥함기(玉函記)》와 '내단지법(內丹之法)'을 정희량(鄭希良)에게 전해주고, '참동용호비지(參同龍虎秘旨)'를 윤군평(尹君平)에게 전해주었다. 윤군평(尹君平)은 곽치허(郭致虛)에게, 그리고 정희량(鄭希良)은 대주(大珠) 스님에게, 대주(大珠) 스님은 정북창에게 전하였다. 이후, 정북창 역시 후대에 내단법을 전승하였다.

《해동전도록(海東傳道錄)》은 비록 정북창이 《청화비문(青華秘文)》,《영보이법(靈寶異法)》,《천둔연마법(天遁煉魔法)》 등의 책을 전수하였다고 말하고 있지는 않지만, 도통선상에서 보면 정희량(鄭希良)이 '내단지법(內丹之法)'을 얻었다는 사실로 볼 때, 정북창과 종려도파(鍾呂道派)는 분명 밀접한 관계가 있을 것이다. 왜냐하면 정북창은 바로 정희량(鄭希良)의 재전제자(再傳弟子: 도통상에서 손자가 되는 제자)이며, 정희량(鄭希良)의 '내단지법(內丹之法)'은 사실 종리권을 계승한 것이기 때문이다. 이 같은 상황에 근거하여 볼 때, 우리는 정북창의 내단학이 '종려내단도(鍾呂內丹道)의 비결(秘訣)'에 그 연원이 있음을 알 수 있다.

2) 《참동계(參同契)》와 《황정경(黃庭經)》의 전통 계승

정북창은 《용호비결(龍虎秘訣)》을 쓴 이유에 대해 기술하면서 특히 《참동계(參同契)》를 언급하였다. 그가 말하기를,

> 《참동계(參同契)》라는 책은, 실로 단학의 시조라고 할 수 있지만, 생각건대 하늘과 땅을 참고하고 괘와 효로 비유하고 설명하고 있어서, 처음 배우는 사람이 능히 짐작하고 헤아릴 방도가 없다.
>
> (至於參同契一篇, 實丹學之鼻祖, 顧亦參天地, 比卦爻, 有非初學之所能蠡測.)5)

---

5) 정북창(鄭北窓), 《용호비결(龍虎秘訣)》, 《봉우수단기(鳳宇修丹記)》, p.1.

라고 하였다. 알려진 바와 같이,《참동계(參同契)》는 동한(東漢) 연단가(煉丹家) 위백양(魏伯陽)의 저작으로, 이 책은 황로학(黃老學)과 연단술[노화(爐火)]을 하나로 합하고, 이들의 핵심내용을 《주역(周易)》의 이론 및 사상과 합하여서,《주역참동계(周易參同契)》라고 제목을 지었다. 지금까지 도교에서는 이 책을 '단경의 선조'로 받들었으며, 도교 역사에서 특별히 중요한 지위에 두고 있다. 위촉오(魏蜀吳)의 삼국(三國) 시기 이래로,《주역참동계(周易參同契)》에 대한 많은 주석서들이 출현하였다.

그중에서 가장 영향력 있는 주석서로는 오대(五代) 팽효(彭曉)의 《주역참동계분장통진의(周易參同契分章通真義)》, 남송(南宋) 유염(俞琰)의 《주역참동계발휘(周易參同契發揮)》, 원(元) 진치허(陳致虛)의 《주역참동계분장주(周易參同契分章注)》, 명(明) 장일표(蔣一彪)의 《고문참동계집해(古文參同契集解)》 등을 꼽을 수 있다. 정북창은 《참동계(參同契)》를 '단학(丹學)의 비조(鼻祖)'로 여기고, 이 책에 대해 경의를 표하였다.《참동계(參同契)》는 심오하여 뜻을 이해하기 어려우나, 정북창은 초학자(初學者)들이 단학의 기본원리를 쉽게 이해할 수 있도록 《용호비결(龍虎秘訣)》을 저술하였다.

중국문화에서 '용호(龍虎)'라는 개념은 다양한 상징과 함의를 지닌다. 풍수지리학에서 '용호(龍虎)'는 주혈(主穴) 양 방향의 겹겹이 이어진 산을 호위하는 것이다. 방중술에서는 '용호(龍虎)'란 남녀를 의미하고, 외단에서는 '용호(龍虎)'는 수은과 납을 뜻하는

데, 내단에서 이것을 차용하여 '용호(龍虎)'를 내재된 음양(陰陽)의 두 기운으로 생각하였다.《주역참동계(周易參同契)》중편(中篇)에는,

　용은 호랑이에게 숨을 내쉬고, 호랑이는 용의 정기를 들이마
　신다. (龍呼於虎, 虎吸龍精)

라는 말이 있는데, 여기서 '용호(龍虎)'는 즉 음과 양이며,《참동계(參同契)》에서 '용호(龍虎)'는 법상(法象)으로, 수련의 본질이 음양을 조정하는 것임을 암시한다. 음양의 조정을 통해 바로 '기혈유행(氣血流行)', '연년익수(延年益壽)', '우화등선(羽化登仙)'이라는 목적에 도달하게 된다. 이후에, 수당(隋唐) 시기에 양삼미(羊參微)는《주역참동계(周易參同契)》의 개념에 근거하여,《금단금벽잠통결(金丹金碧潛通訣)》을 저술하였다. 당말(唐末) 오대(五代) 이래로, 도를 추구하는 사람들은 이《금단금벽잠통결(金丹金碧潛通訣)》을 간략히《용호경(龍虎經)》혹은《금벽용호경(金碧龍虎經)》,《용호상경(龍虎上經)》등으로 불러왔다.

　《정통도장(正統道藏)》'태현부(太玄部)'의《고문용호경소(古文龍虎經疏)》,《고문용호상경주(古文龍虎上經注)》등과 같은 다양한《용호경(龍虎經)》의 주석본을 살펴보면, '용호(龍虎)'를 제목으로 한 단도(丹道)의 저술이 오래 전부터 존재하였음을 알 수 있다. 또《해동전도록(海東傳道錄)》에 실려 있는 단학의 전승 계통을 살펴

보아도 조선시기 최고운(崔孤雲)이 얻은 경서 가운데 바로《용호경(龍虎經)》이 포함되어 있는 것을 볼 수 있다.《용호경(龍虎經)》은 한국에서 단학의 전수과정상에서 매우 중요시되는데, 예를 들어 김시습은 제자들에게《용호경(龍虎經)》을 전해주었을 뿐 아니라, 자신이 쓴《매월당집(梅月堂集)》에서 '용호(龍虎)'에 대해 별도로 논하는 글을 썼다[6].

　　정북창의 단학은, 그 기원을《황정경(黃庭經)》에서 찾아야 한다. 그는《용호비결(龍虎秘訣)》에서 두 차례《황정경(黃庭經)》을 인용하였다. 첫 번째는 '폐기(閉炁)'에 대해 논할 때에,《황정내경옥경(黃庭內景玉經)·선인장제이십팔(仙人章第二十八)》을 인용하였고, 두 번째는 '주천화후(周天火候)'를 논할 때에《황정외경옥경(黃庭外景玉經)》[7]을 인용하였다. 한국 단학의 중요한 계승자로서, 정북창이 여러 차례《황정경(黃庭經)》을 인용한 데에는 또한 이유가 있을 것이다.《해동전도록(海東傳道錄)》과《해동이적(海東異蹟)》에서 조선 단학파를 설명할 때에 모두《황정경(黃庭經)》을 언급하였던 것을 보면,《황정경(黃庭經)》을 읽고 연구하는 것은 사실상

---

6) 이능화(李能和),《조선도교사(朝鮮道教史)》, p.444를 참고할 것.

7) 정북창은《용호비결(龍虎秘訣)》에서《황정경(黃庭經)》을 인용하여 "사람들은 모두 오곡의 정수로 배를 불리나, 나는 홀로 음양의 기운으로 배를 불리네(人皆飽食五穀精, 我獨飽此陰陽炁)."라고 하였다.《정통도장(正統道藏)》〈통진부(洞真部)·방법류(方法類)〉에 양구자(梁邱子)가 쓴《황정외경옥경주(黃庭外景玉經注)》를 찾아보면 이 구절을 "사람들은 모두 곡식과 다섯 가지 맛을 느끼나, 홀로 태화음양의 기운을 먹는다(人皆食穀與五味, 獨食太和陰陽氣)."라고 되어 있다. 자세한 것은《도장(道藏)》제4책(문물출판사(文物出版社), 천진고적출판사(天津古籍出版社), 상해서점본(上海書店本), 1988), p.875를 볼 것.

조선 도교와 단학에 있어서 하나의 전통으로 보인다.

물론, 정북창의 《용호비결(龍虎秘訣)》이 다루고 있는 단학의 경전은 매우 많다. 예를 들어 그는 《옥황심인태식경(玉皇心印胎息經)》에서도 자료를 수집하였다. 그러나 가장 많이 근거한 경전은 바로 《참동계(參同契)》와 《황정경(黃庭經)》이다. 정북창은 《참동계(參同契)》의 주천화후(周天火候)와 《황정경(黃庭經)》에서 말하는 존상(存想)을 통하여 기운을 불러일으켜 삼단전(三丹田)으로 변화시키는 방법, 이 둘을 통합시켜서 독창적인 단도수련(丹道修煉)의 방법을 만들어내었으며 한국 도교에 커다란 영향을 끼쳤다.

2. 정북창 내단사상의 특징과 공헌

정북창의 수단이론(修丹理論)은 내단이론의 학문적 전통을 지니고 있을 뿐 아니라, 조선의 고유한 사상적 특색 또한 포함하고 있다. 그는 성실히 단법(丹法)을 수행하였고, 또한 이론을 종합하고 정리하는 데에도 탁월하여, 단도문화(丹道文化)에 혁혁한 공헌을 하였다. 이에 대해 앞으로 세 가지 측면에서 개략적으로 논하여 볼 것이다.

1) '이순단도(理順丹道)'와 태식(胎息)의 관계

'태식(胎息)'과 단도(丹道)의 관계에 대해서, 정북창은 《용호비결

(龍虎秘訣)》에서 이처럼 말하고 있다.

　　이로부터 태식을 하고, 이로부터 주천화후를 행하고, 이로부
터 결태를 하는 것이니, 시작이 여기가 아닌 것이 없다. 어떤 이
는 방문의 잔재주라고 하여 행하려 들지 않으니, 애석하도다!
변화시켜 하늘로 날아오르는 술법은 감히 내가 말할 바가 못되
지만, 정신을 기르는 데 있어서는 천 가지 방도나 백 가지 약이
있다 하더라도, 이에 비할 수는 없다. 이 공부를 한 달만 행하면
백 가지 질병이 모두 사라질 것이니, 어찌 마음을 다하여 행하
지 않겠는가?

(由是而胎息, 由是而行周天火候, 由是而結胎, 莫不權興於此矣.或
者以為傍門小術, 莫肯行之, 惜哉！ 變化飛昇之術, 非愚所敢言, 至
於養神, 千方百藥, 莫之與比.行之彌月, 百疾普消.可不為之盡心
乎？)[8]

　　그는 '태식(胎息)'과 '주천화후(周天火候)' 그리고 '결태(結胎)'를
시간적 순서에 따라 나열하여 논하며, '태식(胎息)'과 '내단수련
(內丹修煉)'이 밀접한 관계가 있음을 말한다. 명칭을 보면, '태식
(胎息)'은 바로 태아가 어머니의 자궁 속에서 호흡하는 것을 일컫
는 말이다. 갈홍(葛洪)의 《포박자내편(抱朴子內篇)ㆍ석체(釋滯)》

---

8) 정북창(鄭北窓), 《용호비결(龍虎秘訣)》, 《봉우수단기(鳳宇修丹記)》, p.1.

에서는,

> 태식의 요령을 깨달으면, 코나 입을 사용하지 않아도 호흡할
> 수 있다. 마치 태아가 태중에 있을 때처럼 호흡하게 되면, 즉 도
> 는 완성된 것이다.
>
> (得胎息者, 能不以鼻口噓吸, 如在胞胎之中, 則道成矣)

라고 하였다. 여기서 볼 때에, '태식(胎息)'은 일종의 호흡법으
로, 코와 입을 울려서 숨을 토해내는 것이 아니라, 호흡을 가늘게
하여 최종적으로 폐기내식(閉氣內息)에 도달하도록 하는 특징이
있다. '결태(結胎)'는 태식의 수련 정도가 아주 심원한 단계에 이
른 것을 말하는데, 마치 자기 자신이 임신을 하여 태아를 낳는 것
과 같이, 도를 닦아 성공하였음을 말한다. '태식(胎息)'이나 '결태
(結胎)' 모두 비유이자 상징이고, 이는《용호비결(龍虎秘訣)》을 연
구하는 데에 반드시 이해하여야 할 기본 전제이다.

'주천화후(周天火候)'는 내단을 수련할 때 인체 내에 운행하는
기를 끌어내는 상태를 말한다. 본래 '주천(周天)'은 고대 천문학에
서 사용하는 말로, 천구(天球)를 원을 그리며 한 바퀴 도는 것이다.
즉 천구 360도를 주천(周天)이라고 한다. 도교는 이 주천(周天) 개
념을 수도이론(修道理論)으로 끌어들여서 양생법을 설명하는 중요
한 용어로 사용하였다. 내단학에서 '주천(周天)'은 대소(大小)를 나
누어서, '소주천(小周天)'은 내부의 기를 일으켜서 임맥(任脈)과 독

맥(督脈)에서 운행하는 것을 말한다.

내단가들은 내부의 기를 일으켜서 이 두 맥을 통할 수 있으면, 그 기를 순환과 왕복을 반복하며 반복하며 운전할 수 있다고 생각하였다. 이렇게 되면 '소주천(小周天)'의 단계를 완성하였다고 본다. '소주천(小周天)'과 비교해서, '대주천(大周天)'은 인체의 12경락에서 기를 끌어와 운전하는 것으로, 만일 이것이 가능하다면, '대주천(大周天)'의 단계에 도달하였다고 본다.

예로부터 '태식(胎息)'과 '주천화후(周天火候)'는 종종 구분하여 설명되었다. 《고상옥황태식경(高上玉皇胎息經)》과 환진(幻真)의 《태식경주(胎息經注)》, 《태식비요가결(胎息秘要歌訣)》 등에서는 어떻게 하면 생각으로써 기를 일으킬 것인가를 말할 뿐, 주천화후(周天火候)에 대해서는 말하지 않았다. 《도장(道藏)》 속의 모든 단경(丹經)을 살펴보면, 태식의 구체적인 과정을 어떻게 수행할 것인가에 대해서는 대체로 밝히지 않고 있다.

예를 들어 《제진론환단결(諸真論還丹訣)》, 《금정론(金晶論)》, 《환단금액가(還丹金液歌)》, 《지주선생전진직지(紙舟先生全真直指)》, 《지진자용호대단시(至真子龍虎大丹詩)》, 《현주가(玄珠歌)》, 《위백양칠반단사결(魏伯陽七返丹砂訣)》, 《대단편(大丹篇)》과 같은 책에서는 단법(丹法)의 신비함을 논하거나, 수련의 과정을 설명하지만, 모두 태식의 구체적인 방법에 대해서는 말하지 않는다.

물론, 적지 않은 수의 단경(丹經)들이 '태광(胎光)', '투대(投胎)', '성태(成胎)', '성태(聖胎)', '태화(胎化)', '태실(胎室)', '태양(胎陽)',

'태령(胎靈)', '태선(胎仙)', '태원(胎元)', '용태(龍胎)', '포태(抱胎)', '모태(母胎)', '태기(胎氣)', '탈태(脫胎)'등의 용어를 사용하고 있다.

《진용호구선경(眞龍虎九仙經)》,《용호중단결(龍虎中丹訣)》,《제진론환단결(諸眞論還丹訣)》,《수단묘용지이론(修丹妙用至理論)》,《단경극론(丹經極論)》,《원양자금액집(元陽子金液集)》,《옥청금사청화비문금보내련단결(玉淸金笥靑華秘文金寶內煉丹訣)》,《대단직지(大丹直指)》,《환단가결(還丹歌訣)》,《선천금단대도현오구결(先天金丹大道玄奧口訣)》,《금액대단구결(金液大丹口訣)》,《포일자삼봉노인단결(抱一子三峰老人丹訣)》등의 책에서 말하는 '태(胎)'역시 모두 비유적인 의미로, 내단 수련이 여성의 임신과 같음을 나타낸다. 10개월이 지나 화후(火候)의 수가 충분해지면 비로소 환골탈태할 수 있고, 탈속의 경지에 이르게 된다는 것이다. 그러나 위의 경전에서도 '태식(胎息)'의 구체적인 방법에 대해서는 언급하지 않고 있다.

주의해야 할 것은,《도장(道藏)》에서는 분명히 작게나마 '태식(胎息)'을 다룬 단경(丹經)이 있었다는 사실이다. 예를 들어《환단중선론(還丹眾仙論)》은《음진군삼단석이론(陰眞君三丹釋理論)》을 인용해서 말하길,

끓일 때에는 수를 셀 필요가 없고, 씻을 때에도 거칠 것이 없다. 솥에 들어가면 수를 반드시 알아야 하며, 진정으로 화문을

얻었다 말한다. 문은 화후를 사용하여 나누고, 혼돈과 기는 나누기가 어렵다. 태식과 화지의 관으로, 성인이 화문에 모인다. 문과 문은 어긋남을 잃지 않고, 다시 태식의 몸이 된다.

(煮煉不用數, 洗澤亦無門. 入鼎須知數, 眞言得火門. 門用火候別,

混沌氣難分. 胎息華池管, 成人會火門. 門門不失錯, 還成胎息身)[9]

라고 하였다. 즉 내단 수련이란, 외단의 제련과 마찬가지로, '불을 붙이기(點火)'를 시작할 때에 비록 수에 얽매이지 않을 수는 있지만, 약물이 일단 솥에 들어가면 정확하게 화후(火候)의 도수를 파악해야 한다. 이러한 조작은 마치 어린아이가 제대(臍帶: 탯줄)에 의지하여 호흡하는 것과 같으며, 자연에 순응하여야 비로소 '태식(胎息)'의 경지에 이를 수 있다는 뜻이다.

《도장(道藏)》의 단경(丹經)과 태식경(胎息經)의 관계와, 정북창의 설명을 곰곰이 살펴보면, 정북창의 수단이론(修丹理論)과 '음진군단법(陰眞君丹法)'이 비교적 유사하나, 동일하지는 않다는 사실을 발견할 수 있다. 음진군단법(陰眞君丹法)은 앞서 말했던 '화후(火候)', 다시 말해 '태식(胎息)'이다. 정북창은 단법(丹法)을 '태식(胎息)'에서 시작하기를 강조한다. 정북창의 관점에서 '태식(胎息)'은 바로, 내단의 경지에 이르는 하나의 중요한 전환점이다.

그는 연속적으로 '유시(由是)'라는 말을 세 차례 사용하여, '태

9)《도장(道藏)》제4책, p.336.

식(胎息)'과 '주천화후(周天火候)'그리고 '결태(結胎)'를 연결시켰고, 이들은 순차적인 관계이다. '유시(由是)'라는 것은 '이로부터 행한다(由此而行)'로 이해할 수 있으며, 여기서 '시(是)'는 대명사로 '정심폐기(靜心閉氣)'를 의미한다. '폐기(閉氣)'는 호흡을 하지 않는 것이 아니고, 마음과 정신이 안정된 일종의 자연스러운 호흡을 말한다. '폐(閉)'자는 금문(金文)에서는 '閉'이고, 문(門)에 십자가를 첨가한 모양으로, 문(門)을 고정시키는 장치를 달아서 마음대로 열고 닫을 수 없다는 뜻이다.

진한(秦漢) 시기 전서(篆書)에 문(門) 안에 있는 '십(十)'위에 하나 더 획이 추가되어, '재(才)'자가 되었다. 문 내부에 '재(才)'가 들어간 것은, 합쳐지면 열리지 않는다는 의미이다. 허신(許慎)의《설문해자(說文解字)》에서 말하기를,

폐는, 문을 닫는 것이다. 문을 따른다. 재는, 문을 막고 저지하는 것이다.

(閉, 闔門也. 從門. 才, 所以距門也)

라고 하였고, 의미는 폐(閉)는 문짝 두 개를 끌어다가 합하였다는 것이다. 자형(字形)은 '문(門)'과 '재(才)'로 구성되며, '재(才)'는 문짝을 지탱하기 위해 사용하는 나무 막대기를 의미한다. 이로 볼 때, '폐(閉)'는 바로 외부 세계의 간섭으로부터 단절함을 의미한다. 단도양생(丹道養生)의 영역으로 의미를 확대시켜 보면, 수

련할 때에 마음과 정성을 다하고, 기가 코와 입으로부터 들어가고 나오는 것을 조정하고, 이러한 단계를 완성해 내면, '태식(胎息)'의 높은 경지에 들어갔다고 말할 수 있다.

그러나 주지해야 할 것은, 태식의 실행은 하나의 과정이라는 점이다. 비록 최고 경지가 '쇄비폐기(鎖鼻閉氣)'이고, 숨이 코와 입으로부터 나가는 것을 멈춘 것으로, 단번에 성공할 수는 없으며, 장기간의 수련을 통해서만 도달할 수 있다. 우선은 호흡의 리듬을 부드럽게 하여야 하고, 호흡의 장단 간의 횟수를 잘 조절해야 한다.《용호비결(龍虎秘訣)》에서는 이에 대해

들이쉬는 숨은 면면이 끊어지지 않게 하고, 내쉬는 숨은 미미하게 하여, 항상 정신과 기운으로 하여금 배꼽 아래 1촌 3푼의 가운데에 서로 머물게 하여야 한다.

(入息綿綿, 出息微微. 常使神氣相住於臍下一寸三分之中)

라고 하였고, 또

숨을 꾹 참고 기를 내보내지 않을 필요는 없으며, 참을 수 없을 정도에 이르러, 다만 의식적으로 기를 아래로 보내되, 대략 소변을 볼 때와 같이 하면 된다. 이른바 내쉬는 숨은 손풍에 의지한다. 진실로 마음을 고요히 하고, 머리를 숙여 아래를 보되, 눈은 콧등을 보고, 코는 배꼽 언저리를 대하게 하면, 즉 기는 아

래로 내려갈 수밖에 없게 된다. 폐기의 초기에는, 가슴이 번거롭게 꽉 차는 듯하거나, 혹은 뱃속에서 찌르는 듯 아프기도 하고, 혹은 우레 소리를 내며 무엇인가 내려가는 것을 느끼게 되는데, 모두 좋은 징조이다.

(不須緊閉不出, 至於不可忍耐.惟加意下送, 略如小便時, 所謂吹噓賴巽風.苟能靜心, 垂頭下視, 眼視鼻白, 鼻對臍輪, 則炁不得不下.當其閉炁之初, 便覺胸次煩滿, 或有刺痛著, 或有雷鳴而下者, 皆喜兆也)[10]

라고 하였다. 정북창의 이론에 근거하면, 태식은 두 단계가 있다. 첫 번째는 의식을 사용하여 기운을 배꼽 아래 1촌 3푼에 이르게 하는 것, 두 번째는 폐기(閉氣)이다.

정북창의 관점에서, 태식은 결코 수련의 최종 목적이 아니고, 단도수련(丹道修煉)의 하나의 절차일 뿐이다. 태식에서 시작하여, 호흡을 조정하고, 그런 후에 다시 소주천(小周天)과 대주천(大周天)의 단계를 수행하며, 오직 이렇게 했을 때에 비로소 '결태(結胎)'할 수 있다고 본다.

'결태(結胎)'라는 것은 사실, 단전에 정기를 모으는 것을 나타내는 말이다. 성북창의 수단이론(修丹理論)의 최대 공헌은 '태식(胎息)'과 '주천화후(周天火候)'의 일체화를 이루었다는 것이다. 정북

10) 정북창(鄭北窓), 《용호비결(龍虎秘訣)》, 《봉우수단기(鳳宇修丹記)》, p.1.

창은 '태식(胎息)'과 '주천화후(周天火候)'가 모두 도를 닦고 수련하여 스스로를 확립하는 데 있어서 기본 단계라고 여겼다. '태식(胎息)'의 최초 단계가 '주천화후(周天火候)'의 전제라고 한다면, '결태(結胎)'는 즉 '주천화후(周天火候)'가 원만하게 이루어진 결과이다. '태식(胎息)'은 '주천화후(周天火候)'의 발단이며, '주천화후(周天火候)'는 즉 '태식(胎息)'의 높은 차원의 연속이다.

이러한 관점은, 이론적인 승화이자, 실제적인 운용성을 갖춘 것으로, 정북창의 사상이 매우 독창적이며 독자적인 경지에 이르렀음을 말해준다.

2) '수규중(守規中)'의 기본 원칙 강조

호흡을 어떻게 조절하여, 태식의 상태로 진입할 수 있을 것인가? 어떻게 '주천화후(周天火候)'를 통달할 수 있을 것인가? 이는 매우 중요한 단도이론(丹道理論)의 문제이자, 구체적인 실천의 문제이다. 인간의 생존 양식에 근거하여, 정북창은 우리를 깊이 반성하게 하는 수양의 철학을 제시하였다. 즉,

세상 사람들은 모두 몸의 위쪽은 기운이 성하고 아래쪽은 허하여, 병이 있을 때마다 이 기운이 위로 치솟아서 위와 아래가 서로 교류하지 못한다. 그러므로 늘 이 기운을 아래로 내려서 중궁(무기토)에 머물게 하여, 비장과 위장을 시원하게 통하도록 하고, 혈맥이 잘 순환하도록 하면 된다.

(世人皆上盛下虛, 每患此氣之升而上下不交. 故務要此炁之降而在
中宮(戊己土), 使脾胃和暢, 血脈周流而已)[11]

정북창은 사람이라는 생명체는 비록 '기(氣)'의 운행이 있을지
라도, 상체에 편중하여 운행되며, 이로 인해 하체의 기는 허해진
다고 하였다. 수련단도(修煉丹道)는 이 같은 문제를 해결할 수 있
으며, 구체적인 방법으로는 양기(陽氣)를 끌어와 하단전(下丹田)
으로 하강시키는 것인데, 이른바 '무기(戊己)'의 중궁(中宮)이다.
단도(丹道)를 배우는 사람들이 핵심을 파악할 수 있도록, 정북창
은 아래와 같이 설명하였다.

　　단학을 지키는 요체도, 역시 규중을 지키고자 하는 데 있다.
　(守丹之要, 亦欲守在規中)[12]

이 구절은 '규중(規中)'이라는 매우 중요한 개념을 사용하였다.
'규중(規中)'을 깨달을 수 있는지 여부는, 수단(修丹)이 정도(正道)
로 나아갈 수 있을지를 결정하고, 또 수단(修丹)의 최종적인 결과
를 결정한다. 그렇다면 '규중(規中)'은 무엇일까? 한자에서, '규
(規)'는 다양한 의미가 있다. 기본적으로는 원을 그리는 도구를 말
하는데, 즉 원규(圓規)라는 것을 가리킨다. 《묵자(墨子)·천지상(天

11) 정북창(鄭北窓), 《용호비결(龍虎秘訣)》, 《봉우수단기(鳳宇修丹記)》, p.2.
12) 동상(同上).

志上)》에는

　　비유컨대 수레바퀴를 만드는 사람에게 규(規)가 있음과 같다.

　　(譬若輪人之有規)

　　라 하였다. 의미를 확대하여, 규(規)를 사용하여 그린 원형을 또
한 '규(規)'라고 불렀다. 한대(漢代)의 저명한 학자 양웅(揚雄)의
저서《태현경(太玄經)》제10권《현도(玄圖)》에는

　　하늘의 도는 규를 만들고, 땅의 도는 구를 만든다.

　　(天道成規, 地道成矩)

　　라고 하였는데, 여기서 '규(規)'는 의미가 확장되어 법도와 준칙
을 말한다. '중(中)'자는 '중간', '내면', '마음 속'등의 의미가 있다.
'규(規)'와 '중(中)'을 연결시켜, '규중(規中)'이라는 하나의 용어를
만들어 내었으며, 이 말은 최초로 위백양(魏伯陽)의《주역참동계
(周易參同契)》에서 보인다.《주역참동계(周易參同契)》의《중편(中
篇)》에,

　　진인은 깊은 물에 잠긴 듯하고, 부유할 때에 규중을 지킨다.

　　(真人潛深淵, 浮游守規中)

라고 하였다. 원대(元代) 도사(道士) 진치허(陳致虛)가 주석을
달아서,

　　규중은, 조화굴을 말한다. 만일 대단(大丹)을 여기에서 단련
한다면, 하나의 부가 기울음이 있고, 끊으려면 반드시 신중하고
면밀하여야 한다. 부유라는 것은, 항상 고요하고 또 항상 순응
하는 것이다. 잠깐 동안 이곳을 떠나지 않는다. 지킨다는 것은,
부지런히 내면을 비추고 성실하게 기다리는 바가 있음이다. 이
두 구절은 또한《참동계》의 마무리되는 곳이다.

　　(規中, 名造化窟也. 若煉大丹於此, 一符之傾, 切須慎密. 浮游者, 常
靜而又常應. 暫時不離此. 用守者, 勤勤內照, 誠有所待也. 此兩句又
為《참동계(參同契)》中合尖處)13)

라고 하였다. 이렇게 볼 때 '규중(規中)'이 가리키는 것은 '조화
굴(造化窟)'인데, 그렇다면 '조화굴(造化窟)'은 또 무슨 뜻일까? 원
대(元代) 도사(道士) 황공망(黃公望)은 '망상(罔象)'을 조화(造化)
의 으뜸으로 삼았고, 금단(金丹)의 선조로 삼았으며, 뿐만 아니라
원으로 '망상(罔象)'을 표현하였다. 그가 그린 '조화지종도(造化之
宗圖)'는 즉 '망상도(罔象圖)'로, 또한 '조화굴도(造化窟圖)'이기도

---

13) 진치허(陳致虛),《주역참동계분장주(周易參同契分章注)》권중(卷中),《주역
　　참동계고주집성(周易參同契古注集成)》, 상해고적출판사(上海古籍出版社),
　　1990, p.282.

하며, 우주의 혼돈과 무질서의 본질적인 상태를 나타내고, 단도(丹道)가 발생하는 태초의 상태를 나타내기도 한다. 이것은 대체 어떠한 상태를 말하는 것인가? 원대(元代) 도사(道士) 진충소(陳沖素)는《규중지남(規中指南)》에서, 규중(規中)이라는 것은

바로 건의 아래에 있고, 곤의 위에 있으며, 진의 서쪽에, 태의 동쪽에 있으며, 감리가 수화교구하는 고향이다. 사람의 몸은 하늘과 땅의 정중앙에 있다. 팔맥과 구규가 있고, 경락은 함께 모이며, 빈 구멍이 하나, 빈 곳에 서주가 매달려 있다. 형태에 의하지 않으면 세우지 못하며, 오직 도의 본체로서 살 수 있으니, 있는 것도 같고 없는 것도 같으며, 죽은 것도 같고 산 것도 같고, 안도 없고 바깥도 없다. 가운데에 건곤이 있고, 황중에서 이치를 통달하여 바른 자리에 몸이 머무른다.《서(書)》에서 이르기를, 오직 정신을 하나로 모아 진실로 그 중정을 잡아야 한다고 하였다.《도인경(度人經)》에서 이르기를, 중앙에서 오장의 기를 다스리며, 모든 정신을 합한다. 최공이 그것을 일컬어 미려골을 관통하고, 니환을 통한다라고 했다.

(正在乾之下, 坤之上, 震之西, 兌之東, 坎離水火交媾之鄕. 人一身天地之正中. 八脈九竅, 經絡聯輳, 虛閑一穴, 空懸黍珠, 不依形而立, 惟道體以生, 似有似無, 若亡若存, 無內無外, 中有乾坤, 黃中通理, 正位居體.《書》曰, 惟精惟一, 允執厥中.《度人經》曰, 中理五氣, 混合百神. 崔公謂之貫尾閭, 通泥丸)[14]

이 글에 근거하여 볼 때, '규중(規中)'은 즉 하늘과 땅 사이에 있고, 또한 사람의 몸 속에 있다. 진충소(陳沖素)의 이 같은 서술은 《주역(周易)》에서 사용한 괘(卦)와 부호의 상징법을 이용한 것으로, 거기에 다시 '서주(黍珠)'와 같은 비유를 더하였다. 그리하여 마치 단도수련(丹道修煉)의 신비한 비밀을 말하는 것 같으나, 단지 글 속에서 사용한 어휘가 난해하여 뜻을 알기 어려울 뿐이다. 남송(南宋)의 도교학자 유염(俞琰)은 오히려 비교적 명확하게 해석하였다. 그는 《주역참동계발휘(周易參同契發揮)》권 중(中)에서,

위공이, 진인은 깊은 물에 잠긴 것과 같고, 부유하며 규중을 지키는 것은, 진식의 왕래를 따르며, 진기의 상승과 하강을 마음대로 하는 것이다. 아침부터 저녁까지, 원신은 항상 니환에 머무른다고 하였다.
(魏公謂真人潛深淵, 浮游守規中者, 隨真息之往來, 任真氣之昇降.自朝至暮, 元神常棲於泥丸也)[15]

라 하였다. 문장의 내용을 보면, 유염(俞琰)이 말하는 '규중(規中)'은 응당 '니환궁(泥丸宮)'을 가리킨다. 그렇다면 '니환궁(泥丸宮)'의 위치는 어디인가? 《수진십서(修真十書)》권4 《잡저지현집

14) 진충소(陳沖素), 《진허백규중지남(陳虛白規中指南)》권하(卷下), 《도장(道藏)》제4책, p.387.
15) 《주역참동계고주집성(周易參同契古注集成)》, 상해고적출판사(上海古籍出版社), 1990, p.185.

(雜著指玄集)·곡신불사론(谷神不死論)》의 설명을 보면, 니환궁(泥丸宮)은 뇌의 가운데에 있다. 이 책의《논(論)》편에서 쓰기를,

머리에는 구궁이 있고, 위로는 상응하여 구천이 있으며, 중간에는 하나의 궁이 있으니, 이를 일컬어 니환이라고 하며, 또한 황정이라고 말하며, 또 곤륜이라고도 하고, 또 천곡이라고도 하니, 그 이름이 매우 많다.

(頭有九宮, 上應九天, 中間一宮, 謂之泥丸, 亦曰黃庭, 又曰崑崙, 又名天谷, 其名頗多)[16]

라고 하였다. 윗글들에서 볼 때, 고대의 내단가들의 '규중(規中)'에 대한 해석이 매우 다양하고 차이가 있음을 알 수 있다. 정북창이 말하는 '규중(規中)'은 전통을 계승하였지만, 또한 자신만의 관점이 있다.《용호비결(龍虎秘訣)》의 내용을 살펴보면, '규중(規中)'은 다른 것이 아니고, 바로 비위(脾胃) '무기토위(戊己土位)'에 대응되며, 또한 내단가들이 통상적으로 말하는 '하단전(下丹田)'에 해당한다.

정북창은 '하단전(下丹田)'을 '규중(規中)'으로 보았고, '효법천도(效法天道)'의 정신을 실천하였다. 그는 단공수련(丹功修煉)을 《역(易)》의 음양효(陰陽爻)에 근거하여 규칙을 만들고, 실행할 때

16)《도장(道藏)》제4책, p.618.

에는 하늘의 '황도(黃道)'를 표준으로 삼았다. '황도(黃道)'는 태양이 천구상에서 매년 한 바퀴씩 도는 것처럼 보이는 큰 원을 말한다. 천문학 현상에서 볼 수 있듯이, 지구에서 태양을 관찰하면, 태양은 결코 일직선상에서 운행하는 것이 아니라, 남쪽과 북쪽을 오가며 회전하는 것으로 보인다.

즉 천구상에서 황도는 양측의 각 8도(八度), 일(日), 월(月), 오성(五星)과 12별자리로 구성되며, 이 모두를 일컬어 황도대(黃道帶)라고 한다. 따라서 황도는 태양이 봄, 여름, 가을, 겨울의 사계절에 운행하는 길이다. 비록 태양이 '배회'하는 것처럼 보이지만, 상대적으로 천체가 움직일 때 황도는 중앙에 머물러 있어서, 이를 표준으로 삼아 '수규중(守規中)'이라고 한다.

고대 사람들은 천체의 운행 현상에서 아이디어를 얻어, '상중(尚中)'사상을 형성하였다. 황제(黃帝)의 '사달자중(四達自中)'이 전해지고 있다. 《주역(周易)》의 '도서(圖書)'(하도(河圖), 낙도(洛書)를 가리키는 전문적인 내용)에서는 '오(五)'와 '십(十)'을 중심에 둔다. 공자(孔子)는 '중용(中庸)의 도(道)'를 최고로 여겼고, 노자(老子)는 '수중(守中)'을 주장하였으며, 《역전(易傳)》에서는 '강유득중(剛柔得中)'을 숭상하였다. 이러한 기록들은 사람들이 '중도(中道)'에 대해 특별한 인식을 지니고 있었음을 말해주며, 정북창의 '규중(規中)'이론 또한 '중도(中道)'의 취지가 있다.

정북창은 '수재규중(守在規中)'을 강조하였고, 또한 규표(圭表)로서 '주천화후(周天火候)'의 뜻을 상징하였다. '규(規)'자와 '규

(圭)'자는 서로 통한다. 규(圭)의 법도에 의거하여 기구를 만들었고, 이들은 바로 '규표(圭表)', '규얼(圭臬)'로, 이것으로 해의 그림자를 측정하였다. 북제(北齊) 유주(劉晝)의 《유자심은(劉子·心隱)》에는,

> 삼강의 움직임은, 규표로 측정할 수 있다.
>
> (三剛之動, 可以圭表度也),"

라는 말이 있고, 당(唐)나라 두보(杜甫)는 《두공부초당시전(杜工部草堂詩箋)》권24 《팔애시고저작랑폄태주사호형양정공건(八哀詩故著作郞貶台州司戶滎陽鄭公虔)》에서,

> 규얼(圭臬)은 천문의 오묘함을 측정하고, 충전(蟲篆)으로 된
> 단청은 넓다.
>
> (圭臬星經奧, 蟲篆丹青廣)

라고 했다. 규표(圭表) 혹은 규얼(圭臬)과 같은 기구는 양을 측정하는 데에 쓰이기 때문에, 여기서 뜻이 파생되어, 준칙이나 규범 등에 대한 비유로 사용된다.

도교에서는 금단(金丹)을 '도규(刀圭)'라고 한다. 진치허(陳致虛)의 《상양자금단대요(上陽子金丹大要)》권6 《진사묘용장(真土妙用章)》에서 말하기를,

칼이라는 것은, 즉 무토의 납이다. 규라는 것은, 즉 무기 두 흙을 하나의 규로 만든 것이다. '리'중의 기토라는 것은, 태양이 빛나는 것을 돕고, 오의 위에 머물러서, 여름의 해는 뜨겁고 겨울의 해는 따스하게 된다. 오는 음의 처음이고, 태양은 양이니, 즉 기토는 양 중의 음이며, 용의 현기이다. '감'중의 무토라는 것은, 달이 빛나는 것을 돕고, 자의 위에 머물러서, 겨울의 해가 따뜻하며 여름의 해는 시원하게 되는 것이다. 자는 양의 처음이고 달은 음이니, 무토는 즉 음 중의 양이고, 호랑이의 현기와 같다. (刀者, 乃戊土中之鉛也. 圭者, 乃戊己二土合為一圭也. 離中己土, 輔日之光, 居於午上, 故夏日熱而冬日暖. 午為陰之首, 而日為陽, 是以己土乃陽中之陰, 象龍之弦氣也. 坎中戊土, 助月之華, 居於子上, 故冬日暄而夏日涼. 子為陽之首而月為陰, 是以戊土乃陰中之陽, 象虎之弦氣也)[17]

여기서는 '규(規)'와 '규(圭)'를 서로 전환되는 개념으로 삼았다. 이뿐만 아니라, '규(規)'는 '구(龜)'와 음이 같고, 내단(內丹)의 수련(修煉)에서 구식(龜息)을 법칙으로 삼기도 한다. '영구폐기내식(靈龜閉氣內息)'은 어린아이가 뱃속에서 숨쉬는 것처럼 되는, 내단학의 신비스러움이나. 이러한 실명들과 연관시켜 징북칭의 이론을 자세히 읽어보면, 그가 왜 수련의 경험을 일컬어 '용호비결(龍

---

17)《도장(道藏)》, 제24책, p.22.

虎秘訣)'이라 했는지 쉽사리 이해할 수 있을 것이다. 그리고 '주천화후(周天火候)'의 통달에 관해서 왜 '수재규중(守在規中)'의 근거를 요구하였는지를 이해할 수 있을 것이다.

3) '이안위기치(以眼為旗幟)'의 폐기(閉炁) 기술적 방법 제기

필자는 정북창이 '폐기(閉炁)'의 문제에 대해, 두 가지 글자를 사용하여 서술한 것을 주목하였다.《용호비결(龍虎秘訣)》을 시작하는 첫 번째 단락에서 사용한 '기(氣)'는 마음을 어떻게 깨끗하게 할 것인지를 논할 때, '폐기(閉氣)'를 사용하였다. 그러나 '태식(胎息)'을 설명할 때에는 '폐기(閉炁)'를 사용하였다.

도교에서 '기(炁)'와 '기(氣)'의 의미는 일치하기도 하고 차이가 있기도 하다. 일반적으로 '기(氣)'는 후천적인 형태의 기를 말할 때 많이 사용하는데, 식사를 통하여 미곡(米穀)의 '기(氣)'를 얻는 것이 그 예이다. 그리고 선천적인 기를 말할 때는 대체로 '기(炁)'를 사용한다. 어떻게 '폐기(閉炁)'할 것인가를 설명하기 위해서, 정북창의《용호비결(龍虎秘訣)》은《황정경(黃庭經)》의 시구

선인, 도사라고 하여 신통력이 있는 것이 아니고, 정기를 쌓아서 참된 신선이 된다.

(神仙道士非有仙, 積精累氣以為真)

를 인용하였고, 이 두 구절은《황정내경옥경(黃庭內景玉經)》제

28장에 있다. 원래 금단파(金丹派) 남종(南宗)의 경전(經典)인《수진십서(修真十書)》의《황정내경옥경(黃庭內景玉經)》에는 윗 구절이 "仙人道士非有神, 積精累氣以為真."[18]으로 쓰여 있다. 필자는《용호비결(龍虎秘訣)》에서 인용한 구절과 원문인《수진십서(修真十書)》의《황정내경옥경(黃庭內景玉經)》간의 차이에 대해 두 가지의 원인으로 있을 것이라고 추측해보았다.

첫째는 정북창이 인용할 때에 부정확하게 인용한 것이 아닌가 하는 것과, 둘째는 후대 사람들이 정북창의 원고를 정리할 때에 검토와 교정의 과정에서 착오가 생긴 것일지도 모른다는 것이다. 그러나 이러한 차이가 정북창의 기본 관념을 이해하는 데에 저해가 되지는 않는다.

'폐기(閉炁)'의 개념에 대해 정북창은 제목 아래 작은 글씨로 주해를 첨가해 두었는데, 바로

혹은 복기(伏炁)라고 하고, 또한 누기(累氣)라고도 한다.
(或曰伏炁, 亦曰累氣)

이다. 이 문장은 정북창이 문헌을 통해 다양한 학설을 접하였음을 니타낸다. 그가 '폐기(閉炁)'를 소제목으로 삼은 것은, 당연히 충분한 숙고를 거친 것이다. '누기(累氣)'나 '폐기(閉氣)'를 제목으

---

18) 양구자(梁丘子),《황정내경옥경주(黃庭內景玉經注)》제28장,《수진십서(修真十書)》권57,《도장(道藏)》제4책, p.863.

로 하지 않고, '폐기(閉炁)'를 제목으로 선택한 것은 정북창이 중
요시하는 바가 후천에서 나와서 선천적인 것으로 돌아가는 것임
을 나타내며, 즉 그가 말한 '逆推功夫(순리가 아닌 역리로 밀고 가
는 공부)'이다.

   '선천'을 강조한 이유는, '태식(胎息)'이, 즉 "歸根復命之道(근본
으로 되돌려 명을 회복하는 도)"[19]이기 때문으로, '귀근복명(歸根復
命)'은 실은 '반회선천(返回先天)', '반노환동(返老還童)', '우화등선
(羽化登仙)'을 의미한다. 어떻게 '폐기(閉炁)'할 것인가? 정북창은
다음과 같이 서술하였다.

      폐기라는 것은, 눈을 깃발로 삼는다. 기가 오르고 내리는 것
   은, 좌우전후의 운전에 있어서, 나의 뜻대로 되지 않음이 없다.
   (閉炁者, 以眼爲旗幟. 炁之升降, 左右前後, 莫不如意之所之)[20]

   정북창의 설명에 따르면, '폐기(閉炁)'는 결코 '기(炁)'가 정지하
여 움직이지 않는 상태가 아니다. 오히려 반대로 '기(炁)'는 생각
을 따라 중점을 두는 곳이 달라지면 운행도 다른 부위에서 일어날
것이다. 이러한 관점에서, '폐기(閉炁)'는 실제적으로는 외부 세계
로부터 간섭의 길을 차단한 것이자, 정성을 다해 마음과 정신이
내기(內炁)의 운행을 일으키도록 하는 것이다.

---

19) 정북창(鄭北窓), 《용호비결(龍虎秘訣)》, 《봉우수단기(鳳宇修丹記)》, p.2.
20) 동상(同上).

'기(炁)'의 운행은 상승과 하강이 있고, 기를 단련하는 사람의 생각에 따라서도 충분히 좌우 전후로 운전할 수 있다. 글 속에서 '여의(如意)'는 자신의 생각에 따라 내기(內炁)의 운행을 이끌어내는 것을 말한다. '막불여의지소지(莫不如意之所之)'라는 구절은 매우 심오한 뜻이 있으며, 정북창은 앞뒤로 두 개의 '지(之)'자를 사용하여, 첫 번째 '지(之)'는 '가다'을 표시하고, 두 번째 '지(之)'는 수련자의 소망과 의지가 인체의 부위에 도달하는 것을 나타낸다. 위에서 설명한 말 중에, 가장 핵심은 '이안위기치(以眼爲旗幟)'라는 구절이다. 이것은 무슨 의미인가? 정북창은 매우 탁월하게 이를 해석하였다.

기를 올라가게 하려면 위를 보고, 기를 내려가게 하려면 아래를 보면 된다. 오른쪽 눈을 감고 왼쪽 눈을 뜬 채 위를 보면 좌측의 기가 돌아서 올라가고, 왼쪽 눈을 감고 오른쪽 눈을 뜬 채 위를 보면 우측의 기가 돌아서 올라간다. 기운을 아래로 내려가게 할 때는 몸 앞쪽의 임맥을 쓰고, 기운을 위로 올라가게 할 때는 몸의 뒤쪽에 있는 독맥을 사용하면 된다. 정신이 가는 곳에 기운도 가며, 정신이 머물면 기운도 머문다. 정신이 이르는 곳에 기운이 이르지 않는 법이 없다. 눈으로 명령하는 것은, 군대에서 깃발을 써서 지휘하는 것과 같다. 또한 위를 보고자 할 때, 눈을 뜨지 않고 다만 눈동자만 굴려 위를 보아도 역시 얻을 수 있다.

(欲炁之升者, 上其視 ; 欲炁之下者, 下其視.閉右眼, 開左眼, 以上其
視, 則左炁旋升 ; 閉左眼, 開右眼, 以上其視, 則右炁亦旋升.下用任
脈於前, 上用督脈於後.而神行則炁行, 神住則炁住.神之所至, 炁無所
不至, 莫不以眼為令, 如軍中用旗幟, 且欲上視, 不須開眼, 只轉睛上
視, 亦得也.)[21]

이 단락은 '이안위기치(以眼爲旗幟)'의 다양한 방식을 어떻게
서술할 것인가에 대한 논의이다. 첫 번째는 기(炁)의 상승과 하강
을 일으키는 것으로, 눈에 의지하여 위를 보고 혹은 아래를 본다.
두 번째는 왼쪽의 기를 일으켜서 회전하여 올라가서, 오른쪽 눈은
감고 왼쪽 눈은 떠서, 왼쪽 눈으로 보게 하면, 즉 왼쪽의 기가 상
승한다. 세 번째는 우측의 기를 상승시켜서, 왼쪽 눈은 감고 오른
쪽 눈은 떠서, 오른쪽 눈으로 위를 보게 하면, 즉 오른쪽 기가 상
승한다.

눈을 아래로 향하면, 임맥(任脈)의 기(炁)를 하강하도록 할 수
있다. 눈이 위를 향하면, 독맥(督脈)의 기(炁)를 척주(脊柱)를 따라
상승시킬 수 있다. 정북창의 경험에 의하면, 눈은 군대의 영기(令
旗)와 같아, 내기(內炁)의 운행은 완전히 눈의 지휘를 따른다. 눈은
즉 '신(神)'이며, 눈의 방향은 기(炁)가 나가는 방향을 결정한다.

정북창의 '이안위기치(以眼爲旗幟)'라는 폐기내식(閉炁內息)의

---

21) 동상(同上).

단계와《황정경(黃庭經)》사이에는 반드시 관련이 있다.《황정내경옥경(黃庭內景玉經)·천중장제육(天中章第六)》에는,

> 이로움이 통하는 길을 만들어, 끝내거나 쉬는 것이 없어야 하고,
> 눈썹을 화개라 하는데, 두 눈동자를 덮고 있으며,
> 두 눈동자를 깊이 살펴보면, 텅 비어 아무것도 없다,
> 通利道路無終休,
> 眉號華蓋覆明珠,
> 九幽日月洞空無.[22]

'통리도로(通利道路)'는 인체 내의 경락과 기도가 막힘 없이 통하는 것으로 이해할 수 있다. 어떻게 이러한 상태에 도달할 수 있을까?《황정내경옥경(黃庭內景玉經)》은 '화개(華蓋)' 아래의 두 개의 '명주(明珠)', 즉 한 쌍의 눈에 의한 것이라고 알려준다.《황정내경옥경(黃庭內景玉經)》의 설명에 따르면, 이 한 쌍의 눈은 바로 해와 달처럼 '구유(九幽)'의 모든 곳을 비춘다.

중국에서 '구유(九幽)'는 처음에는 '구천(九天)'과 상대되는 개념이었는데, '구천(九天)'이 가리키는 바는 하늘의 가장 높은 곳을 말하며, '구유(九幽)'는 즉 하늘의 가장 낮은 곳을 말하였다. 이후

---

22) 양구자(梁丘子),《황정내경옥경주(黃庭內景玉經注)》권상(卷上),《도장(道藏)》제6책, p.519.

에, '구유(九幽)'를 단도학(丹道學)의 영역으로 끌어와 '허위혈(虛危穴)'을 가리키도록 하였고, 오행에서는 '수(水)'에 속하고, 28수(宿)에서는 '현무(玄武)'의 7번째 별자리에 속한다. 그리고 '구유(九幽)'는 또 사람의 뇌의 깊은 곳을 가리킨다. 양구자(梁丘子)가 주에서 인용한《옥진행사결(玉辰行事訣)》에서,

> 눈썹 위에 바로 들어간 1촌은 옥당자궐이며, 왼쪽은 해이고 오른쪽은 달이다.
>
> (眉上直入一寸爲玉瑠紫闕, 左日右月)."

라고 하였고, 또 인용한 책《옥력경(玉曆經)》에서는,

> 태청의 위에 오색 화개와 구중이 있는데, 사람의 몸에도 그것이 있다. 동공은 해와 달의 밝기와 같이 보존해야 한다.
>
> (太淸上有五色華蓋九重, 人身亦有之. 當存目童如日月之明也)[23]

라고 하였다. 여기서 볼 때에, '구유(九幽)'라는 깊은 곳에는 '궁궐(宮闕)'이 하나 있고, 이름은 '옥당자궐(玉瑠紫闕)'이라고 한다. 이는 물론 비유로, '좌일우월(左日右月)'은 즉 두 눈을 암시한다. 따라서 폐기(閉炁) 시에, 자신의 두 눈을 해와 달처럼 밝게 지속하고 있어야 한다.

---

23) 동상(同上).

양구자(梁丘子)는 '구유일월(九幽日月)'에 대한 주석에서 이미 생각을 두 눈에 집중하고, 내기(內炁)를 불러일으켜서 뇌의 니환궁(泥丸宮)에 집중시키는 방법을 실천하였다. 정북창은《용호비결(龍虎秘訣)》에서 '폐기(閉炁)'를 설명할 때에《황정경(黃庭經)》을 인용하였고,《황정경(黃庭經)》의 존상법(存想法)을 계승한 것으로 보인다.

그러나 양자를 비교해보면, 정북창은 '이안위기치(以眼為旗幟)'에 대한 기술적인 방법은《황정경(黃庭經)》이 말하는 '두 눈을 해와 달로 존상하는 법도'를 뛰어넘는 바가 있다.《황정내경옥경(黃庭內景玉經) · 천중장(天中章)》이 말하는 '존상(存想)'쌍안법(雙眼法)의 작용은 '조유(照幽)'로, 즉 뇌의 니환궁(泥丸宮)으로 하여금 눈을 밝히도록 한다. 그러나 정북창은 두 눈에 태극의 주동성을 부여하였으며, 내기(內炁)의 운행을 불러일으키는 호령으로 여겼다. '눈으로 깃발을 삼는다(以眼為旗幟)'가 포괄하는 범위는 이미 뇌의 부분을 넘어섰으며, 온몸에 영향을 미친다. 그의 이러한 눈에 대한 비유는, 즉 구체적이며, 두 눈이 폐기(閉炁)의 과정을 조작할 때에 각기 다르게 작용하는 것을 알려주었으며, 새로운 방법을 창조한 것이다.

3. 정북창의 내단사상이 지니는 현대적 가치

정북창의 내단사상은 이론으로서 창조적인 면과 실천적인 가치를 모두 갖추고 있어서, 건강과 양생의 방면에 현대의 사람들에게 많은 유익함이 있다.

1) '정기유즉풍사자주(正炁留則風邪自走)'의
단도양생(丹道養生) 이론

내단 수련이 필요한 까닭은 무엇인가? 간단히 말하면, 건강한 생활을 위해서이다. 그러나 내단이 어째서 건강에 유익한 것인지, 그 원리는 어디에 있는지, 이것은 명확하게 설명하기는 어렵다. 정북창은 인체가 지니는 정사(正邪)의 모순관계로부터 설명을 시작하였다. 그가 말하기를,

올바른 기운과 사악한 기운은, 얼음과 숯불 같아서 서로 용납하지 못한다. 그러므로 올바른 기운이 머무르면 사악한 기운은 저절로 달아나서, 온몸의 맥이 자연스럽게 유통되고, 삼궁의 기운이 자연스럽게 오르내리게 될 것이니, 질병이 무슨 까닭에 생기겠는가? 좀 더 정성을 다하여 부지런히 수련을 한다면, 반드시 수명을 연장하고 죽을 기한을 물리치게 되겠지만, 그 찌꺼기만 얻더라도 평안하게 천명을 마칠 수 있을 것이다. 사랑하면 그 대상이 살기를 바라는 것이니, 내가 항상 이 책을 여러 군자

들에게 전해주는 것 또한 서로 사랑하는 길인 것이다.

(正炁與風邪, 如冰炭之不相容.正炁留則風邪自走, 百脈自然流通三

宮, 自然升降.疾病何由而作乎？稍加精勤, 則必至於延命却期, 得其

糟粕, 亦未有不安怡令終者也.愛之欲其生, 愚常以此為諸君子贈, 亦

相愛之道也)[24]

그는 '얼음과 숯불'을 사용한 비유를 통해, '정기(正炁)'와 '풍사
(風邪)'의 대립상태에 대해 명확하게 설명하였다. 그가 생각할 때
사람이 병이 있는 까닭은, '풍사(風邪)'가 이상하게 되어버렸기 때
문이다. 만약에 정기(正炁)를 충분히 증진시킬 수 있다면, '풍사
(風邪)'는 자연히 달아나버릴 것이며, 바람을 일으켜 파도를 만들
방법이 없어지면, 인체는 평온하고 건강하게 되는 것이다.

그런데 무엇이 '풍사(風邪)'인가? 중의학에서는 외부의 사악한
기운(外邪)을 바람(風), 추위(寒), 더위(暑), 습함(濕), 건조(燥), 뜨
거움(熱)의 여섯 가지로 나누어, '육음(六淫)'이라고 부른다. 중의
학의 관점에 비추어서, '풍사(風邪)'는 만병의 길고(長), 춥고(寒),
습하고(濕), 건조하고(燥), 더운(熱) 등의 나쁜 기운으로, 종종 바
람이 인체를 엄습하는 것으로 비유된다.

예를 들어 '한(寒)'과 '풍(風)'의 결합은, '풍헌(風寒)'의 시악함,
'열(熱)'과 '풍(風)'의 결합은 '풍열(風熱)'의 사악함, '습(濕)'과 '풍

---

24) 정북창(鄭北窓),《용호비결(龍虎秘訣)》,《봉우수단기(鳳宇修丹記)》, p.2.

(風)’의 결합은 ‘풍습(風濕)’의 사악함, ‘서(暑)’와 ‘풍(風)’의 결합은 ‘서풍(暑風)’의 사악함, ‘조(燥)’와 ‘풍(風)’의 결합은 ‘풍조(風燥)’의 사악함, ‘화(火)’와 ‘풍(風)’결합은 ‘풍화(風火)’의 사악함이 된다.

‘풍사(風邪)’로 인한 병을 치료할 때에 어려움이 가장 컸기 때문에, 중의학자들은 오랫동안 풍사(風邪)의 제거를 중요시하였다. 정북창이 말하는 ‘풍사(風邪)’와 중의학에서 병을 낫게 하는 데에 있어 가장 큰 장애가 된다고 보는 ‘풍사(風邪)’간에 일치하는 점이 있긴 하지만, 정북창이 말하는 ‘풍사(風邪)’의 의미는 더욱 풍부하다. 그가 보기에, ‘풍사(風邪)’를 제거하기만 하면 모든 병이 인체에 침범할 수가 없다. 이로 보아 ‘풍사(風邪)’는 인체의 건강을 어지럽히는 대표적인 나쁜 기운으로, 또한 질병 생성원인의 코드로도 볼 수 있다.

그렇다면 어떻게 하면 풍사(風邪)의 침범을 막을 수 있을 것인가? 정북창은 중요한 방법 하나를 제시하였다. 즉, 내단의 수련을 통해서 스스로의 정기(正炁)를 강화시키는 것이다. 그가 보기에, 단도(丹道)를 갈고 닦아 방법을 깨달으면, 모든 병이 사라진다. 단도(丹道)는 곧 병을 치료하고 예방하는 자기 내면의 약이 된다. 정북창은 ‘치미병(治未病)’의 입장에서 출발하여 이 문제를 대하였다. 그는

의가는 병이 난 후에 병을 다스리지만, 도가는 병이 나기 전

에 미리 병을 다스린다.

(醫家治病於已病之後, 道家治病於未病之前)[25)]

라고 하였다. 그가 말하는 '의가(醫家)'는 분명 일반적인 의사를 가리키며, 결코 명성이 높은 의학의 대가가 아니다. 사실, 중국 고대의 의학 경전인 《황정내경소문(黃帝內經素問)》의 〈사기조신편(四氣調神篇)〉에는 일찍이

성인은 이미 발생한 질병을 치료하지 않고, 질병이 발생하기 전에 치료한다.

(聖人不治已病, 治未病)[26)]

라는 말이 있었으며, 이는 노자의 《도덕경(道德經)》 제64장

아직 생겨나기 전에 처리하고, 아직 어지러워지기 전에 다스려야 한다.

(爲之於未有, 治之於未亂)

의 영향을 받은 것이 분명하다. 이러한 사상은 줄곧 도가가 수행하는 양생의 핵심이었다. 정북창이 말하는 '부정거사(扶正祛邪

---

25) 정북창(鄭北窓), 《용호비결(龍虎秘訣)》, 《봉우수단기(鳳宇修丹記)》, p.1.
26) 고사종(高士宗), 《황제소문직해(黃帝素問直解)》, 과학기술문헌출판사(科學技術文獻出版社), 1980.p.13.

정기를 도와서 사기를 제거한다)' 사상은 바로 이러한 이론적 기초에 근거하여 전개되었으며, 오늘날 대중들의 몸과 마음의 건강에 대해 직접적으로 유익한 의의를 가지고 있다.

2) 내단 수련의 운행과 실천에 대한 유형 제공

내단을 수련하는 것이 부정거사(扶正祛邪)에 대해 이처럼 중요한 작용이 있다고 하였으므로, 양생을 추구하는 사람들은 반드시 이를 실행하도록 노력해야 한다. 수련을 하는 사람들이 따를 수 있도록 정북창은 자신이 오랫동안 쌓은 내단 수련의 경험을 잘 종합하였으며, 여기서 그는 '폐기(閉氣)'가 수련을 시작하는 사람들이 단도(丹道)를 운행할 수 있는 방식이라고 관점을 확립하였다. 그는 초학자들을 위해 내단 수련의 기본 진행순서들을 알려주었고, '주천화후(周天火候)'의 실제적인 상태도 설명하였다. 그는,

주천화후라는 것은, 불기운이 온몸을 도는 것을 말하는 데에 불과하다. 정신과 기가 서로 배꼽과 아랫배 사이에 함께 머물러 있을 때, 의식을 가하여 바람을 불어넣는 것이 가능하면, 즉 따뜻한 기운이 미세한 상태에서 차츰 뚜렷해지고 아래에서 위로 올라가게 된다(열기가 이르는 곳이 점점 환하게 열리면서 위에 도달한다). 꽃이 점차 개화하는 것처럼, 소위 화지에 연꽃이 피어난다는 것이다. 오래도록 평안히 이 상태를 지켜나가면, 열기가 점차 성해져서, 뱃속이 크게 열리고, 사물이 없는 것과 같다.

잠시 열기가 전신에 미치지 않는 곳이 없게 되니, 이것이 주천화후라는 것이다.

(周天火候者, 不過日熱炁遍身也.神炁相住於腹臍之間.當此時, 若能加意吹噓, 則溫溫之炁從微至著, 自下達上(熱炁所至, 漸漸開豁上達), 如花之漸開, 所謂華池生蓮花也. 保守稍久, 熱漸生盛, 腹中大開, 如同無物.須臾, 熱炁即遍身, 此所謂周天火候也)[27]

윗글에서 말하는 '주천화후(周天火候)'는 매우 간결하고 명확하다. 오랫동안 내단비급(內丹秘笈)에 대해 소위 "약물은 쉽게 알 수 있으나, 화후는 정확하게 알기가 어렵다(藥物易知, 火候難准)"라는 말이 있었다. 더욱이 이를 과장하는 사람들은 '주천화후(周天火候)'를 아주 불가사의하고 신기한 것으로 말하며, 사람들로 하여금 실체를 파악하기 어렵게 만들었다. 이는 역사상 적지 않은 내단의 경전들이 이러한 상황 속에 처한 데에는 수련하는 사람들이 '도전비인(道傳非人: 도를 사람답지 않은 사람에게 전하는 것)'을 염려하고, 천기의 누설을 두려워하였기 때문이었다.

따라서 감히 직접적으로 말을 할 수가 없었고, 그 말을 얼버무려버리거나 심지어 전편에 걸쳐 온통 비유적인 말을 사용하여 사람들로 하여금 그 뜻을 도무지 알 수 없게 만들었다. 정북창은 도교를 적통으로 이어받은 사람으로, 그는 도교의 이치와 원리를 충

---

27) 정북창(鄭北窓),《용호비결(龍虎秘訣)》,《봉우수단기(鳳宇修丹記)》, p.3.

분히 이해하고 있었기 때문에, 매우 진지하고 성실한 자세로 '주천화후(周天火候)'를 명확히 설명하였다.

그는 '열기편신(熱炁遍身: 열기가 온몸에 돌다)'이라는 네 글자로 '주천화후(周天火候)'의 개념을 단 하나의 말로 설명할 수 있도록 개괄하였고, 핵심을 파악하여 열기(熱炁)는 어떻게 '종미지저, 자하상달(從微至著, 自下達上)'하는가 하는 과정에 대한 설명과 '화지생연화(華池生蓮花)'라는 비유에 대해 독자들이 명확하게 이해할 수 있도록 하였다. 이 때문에 초학자들의 믿음을 더욱 강화하였고, 오늘날 단학을 배우는 사람들에게도 지도할 수 있는 의의를 지니게 되었다.

3) 내단 수련에서 '성(誠)'의 중요성 강조

정북창은 폐기태식(閉炁胎息)과 주천화후(周天火候)의 문제에 대해 설명한 후, 특별히 단도(丹道)의 실천에 있어서 '성(誠)'이 중요한 의의가 있음을 강조하였다. 그는,

청명한 기운이 위로 올라가 니환궁에서 결정이 된다. 이것을 선가에서는 현주라고 부르고, 불가에서는 사리라고 부르며, 여기에는 반드시 그렇게 될 수밖에 없는 필연적인 이치가 있다. 도를 이룰 수 있는가의 여부는, 사람의 정성이 어떠한가에 있다. 다만 일찍 도달하면 귀한 것이다. 또한 들어보니, 소위 불로약을 달이고, 단으로 도를 이룬다고 하는데, 이는 신으로 기를

다스리고, 기가 형체에 머물게 하여, 서로 떼어놓지 않게 하는 것이 불과하다. 방법은 알기 쉬우나 도는 어렵고, 어쩌다 도를 알게 되었다 하더라도 정성으로 행하지 아니하니, 그러므로 천 명, 만 명이 배워도 필경 마침내 이루는 자가 한두 명도 없는 것이다. 그러니 무릇 배우는 자들은, 성을 귀하게 여겨야 한다.

(淸明之炁上結於泥丸宮. 仙家所謂玄珠, 佛家所謂舍利, 有必然之理. 至於成道與否, 在人誠如何耳, 但早達爲貴. 抑又聞之, 所謂以火煉藥, 以丹成道, 不過以神御炁, 以氣留形, 不須相離. 術則易知道難遇, 縱然遇了不專行. 所以千人萬人學, 畢竟終無一二成. 故凡學者, 以誠爲貴)[28]

윗글은 우선 내단 수련이 일정한 정도에 이르렀을 때, 청명한 기(炁)가 니환궁(泥丸宮)에서 맺는 상태를 낳는다고 말하고 있으며, 계속해서 '이단성도(以丹成道)'의 관건은 '성(誠)'이라는 글자에 있음을 밝혔다. 어째서 '성(誠)'인가? '성(誠)'은 처음에는, 말을 통하여서 화해하는 것이었다. 고대에 전쟁 시 일정한 단계가 지속되다보면, 양측은 전쟁의 중단을 위해 담판을 지었는데, 이때 신뢰와 명예가 있어야 했다.

'성(誠)'은 양측 간의 신뢰를 표시하는 글자였다. 이후에 '성(誠)'의 의미는 점차 확대되어, 사람 사이의 관계에 있어서도 중요

---

28) 정북창(鄭北窓),《용호비결(龍虎秘訣)》,《봉우수단기(鳳宇修丹記)》, p.3.

한 규칙이 되었다. 고대에 유가와 도가 모두 '성(誠)'이라는 도덕적 소양을 매우 중요시하였다.《논어·자로(論語·子路)》에는,

선인이 백년 동안 나라를 다스리면, 또한 잔악함을 누를 수 있고 살육을 없앨 수 있다고 하였다. 진실되도다, 이 말이여!
(善人爲邦百年, 亦可以勝殘去殺矣.誠哉是言也!)

라고 했고,《예기·대학(禮記·大學)》에서는,

내면이 진실하면, 바깥으로 드러난다.
(誠於中, 形於外)

라 하였고,《예기·중용(禮記·中庸)》에는

성(誠)이라는 것은, 스스로 이루는 것이다.
(誠者, 自成也)."

라 하였다.《예기(禮記)》에 실린 말들은 한 가지 측면에서 유가가 '성신(誠信)'에 대해 매우 중시한 사실을 반영하고 있다. 그러나 도가는 '성(誠)'을 인격 수양의 기본적인 요소로 보았다.《도덕경(道德經)》제22장에서,

옛말에 '굽으면 온전하다'는 것이, 어찌 헛된 말이겠는가? 참
으로 그러하면 온전하게 도에 돌아갈 수 있다.

(古之所謂'曲則全'者, 豈虛言哉? 誠全而歸之)

는 노자의 말은

포일을 천하를 다스리는 방식으로 삼는다.

(抱一為天下式)"

라는 사상을 설명할 때에 말한 것으로, '포일(抱一)'은 대도(大
道)를 근본으로 삼아서, 자신을 다스리고 나라를 다스리는 기본
유형으로 만들고, '포일(抱一)'을 견지하며 꾸준히 실천하는 것이
다. 노자의 사상에서 보면, 도로써 자신을 다스리고, 나라를 다스
리기 위해서는 '성전(誠全)'의 신념과 태도가 있어야 한다. 송원
(宋元) 시기 내단전문가 이도순(李道純)은 유가의 《중용(中庸)》에
있는 '성명(誠明)'이론과 도가의 '청정(清靜)'사상을 결합시켜서,
'성명정정(誠明靜定)'이라는 위대한 수양 방법을 만들어내었다.
　이를 내단의 영역으로 확장하면, '성(誠)'은 곧 신념을 수립하
고 견고히 하는 것으로, 마음을 안정시키고, 외부 세계의 유혹과
간섭을 받지 않는 것이다. 그리고 마음과 뜻을 다하여 내부의 기
를 조절하여, 이로서 후천에서 선천으로 돌아가니, 정북창은 이

를 가리켜 '시끄러운 곳에서 초연하다(燕處超然)'[29]라 하였다. 오직 이렇게 해야만, 비로소 성과가 있을 수 있다. 분명한 것은, 정북창은 '성(誠)'에 대해 설명할 때에 도덕을 대단히 중요시 하였다는 점이다.

오늘날, '성을 귀하게 여기다(以誠為貴)'는 수단양생(修丹養生)의 입문에 있어서의 요구되는 바일 뿐 아니라, 세상을 살아가는 데에 기본적인 도덕이다. 우리 앞에 끊임없이 출현하는 거짓되고 험난한 세상 속에서, 정북창의 '이성위귀(以誠為貴)'를 새로이 되새기며 배우는 것은 우리의 삶에 커다란 의의가 있을 것이다.

---

29) 정북창(鄭北窓), 《용호비결(龍虎秘訣)》, 《봉우수단기(鳳宇修丹記)》, 第4頁.

후기

작년 여름, 나는 북경대학 김훈 교수의 초청으로 동아도문화국제학술(東亞道文化國際學術) 대회에 참석하였다. 그 자리에서 나의 오랜 친구인 정재서(鄭在書) 교수로부터, 한국도교문화학회(韓國道敎文化學會)가 2014년 6월에 서울에서 '도교문화학술(道敎文化學術) 대회'를 개최하며 회의의 주제는 '봉우(鳳宇) 권태훈(權泰勳)과 현대(現代) 한국(韓國)의 도교(道敎)'라는 소식을 들었다. 정 교수는 학회를 대표하여 나에게 이 학술대회에 참석하여 주기를 진심으로 청하였고, 나는 흔쾌히 학회 참석에 응하였다. 곧이어 한국 도교문화학회 학회장 조민환(曹玟煥) 교수가 정식 서한을 보내어 학회 참석을 요청하였다.

정재서 교수의 아우인 정재승(鄭在乘) 선생도 권태훈(權泰勳) 선생의 명저《봉우수단기(鳳宇修丹記)》와《봉우선생시문선집(鳳宇先生詩文選集)》등의 문헌을 보내주었고, 특히나 '봉우(鳳宇)'선생(先生)의 연보를 중국어로 번역하여 나에게 부쳐주었다. 한국 벗의 이 같은 정성으로, 나는 많은 자료를 얻을 수 있었고, 또한 몹시 감동하였다. 자료를 받은 후에, 나는 곧 열심히 연구에 착수하였다.

《봉우수단기(鳳宇修丹記)》를 펼쳐 드니 맑은 향기가 얼굴을 스쳐왔다. 나는 마치 봉우 선생이 다리를 포개어 단정하게 앉아 마음과 호흡을 가다듬는 풍경을 본 것 같았다. 지혜가 가득한 글과 후학을 장려하는 성실하고 진지한 언사로 인해, 나는 이 훌륭한 책을 손에서 놓을 수가 없었다. 그러나 한국의 도교역사에 대해 내가 아는 부분이 매우 적어서, 처음에 이 책 속의《용호비결(龍虎秘訣)》을 권극중 선생의 저작이라고 생각하였다.

나중에 정재서 교수와 전화 통화를 한 후에야《용호비결(龍虎秘訣)》이 조선시대 내단 전문가인 정북창의 훌륭한 저작임을 알게 되었다. 그리고 정재서 교수의 아우도 이메일로 이능화(李能和)가 편찬한《조선도교사(朝鮮道教史)》를 보내주어, 정북창의 일생과 사적, 그리고《용호비결(龍虎秘訣)》의 사상과 문화적 배경을 이해하는 데에 매우 큰 도움이 되었다. 정재서, 정재승 형제가 제공해 준 자료에 근거하여, 마침내 나는 정북창의《용호비결(龍虎秘訣)》을 주요 연구대상으로 확정하고 이 같은 졸고를 써냈다. 여기에는 분명 부정확한 부분이 많을 것이다. 이에 여러 학자들의 가르침을 진심으로 청하는 바이다.

사천대학 노자연구원 원장(四川大學 老子研究院 院長)
첨석창(詹石窗) 삼가 씀.
2014년 5월 3일
중국 하문(中國 廈門) 도동몽재(島童蒙齋)에서.

《용호결(龍虎訣)》과《원상법(原象法)》에 나타난 의식계발과 심신의학(心身醫學)[1]

정재승(鄭在乘, 봉우사상연구소 소장)

1. 서언(序言)

《용호결》은 조선조 단학파(丹學派)의 거두인 북창(北窓) 정렴 (鄭磏, 1506~1549)의 정신 수련서로서 중세 이후 한국 선가(仙家) 사상의 가장 중요한 교과서로 자리하였으며, 수많은 선도 수련 학 인들의 실천적 나침반 역할을 하였다. 특히 복잡다단하기로 유명 한 선도 수련의 체계를 단순 명료하게 정립하여 일반 대중에게 접 근하는 서술방식은 후대에 귀감이 되어 깊은 인상을 남겼다.

북창 정렴은《용호결》서론 및 본문 여러 곳에 인간의 질병원인 에 대한 선도(仙道) 의학적 관점을 명시하고 정신 수련을 통한 예 방의학적 치유방법을 제시해 놓고 있다. 이러한 관점은 후대에 허

---

1) 이 논문의 원제(原題)는 〈민족정신 수련법에 나타난 의식계발과 심신의학 – 《용호결(龍虎訣)》과《원상법(原象法)》을 중심으로〉 이었음

준(許浚)의《동의보감(東醫寶鑑)》서술의 사상적 토대가 되었던 것으로 밝혀졌다.《동의보감》에 깔린 의학사상의 기조가 16세기 조선조 단학파들의 양생(養生) 사상이었음은 이미 주지의 사실이다.

북창 선인(仙人)은《용호결》의 본론을 폐기(閉氣), 태식(胎息), 주천화후(周天火候)의 세 장으로 서술하면서 여러 부분에 걸쳐 단학 수련 과정상 나타나는 의식계발 및 심신의학적 요소들을 언급하고 있다.

《원상법》은 회광반조법(廻光返照法)이라고도 하며, 역시 북창 선인의 도맥을 계승하여 현대에 중광(重光)시킨 봉우(鳳宇) 권태훈(權泰勳, 1900~1994)의 선가비전(仙家秘傳) 의식계발법이다. 이 수련법은 비단 선가나 도교 계통 수련 학인들 뿐 아니라 유교, 불교 등 광범위한 대상의 정신수련 인사들에게 비밀리에 전해내려오던 깨달음의 중요한 방편이었다. 특히 이 법은《용호결》과 같이 중국 도교와는 달리 우리나라 도인들에 의해 창시되어 전승되어 온 자생적 의식계발법의 정화(精華)란 점에서 주목된다.

본고에서는 이 같은 민족정신 수련사에 찬연히 빛나는《용호결》과《원상법》에 드러난 의식계발과 심신의학적 요소들을 살펴보고 그 상관관계를 연구해 보기로 한다.

2. 《용호결》의 의식계발 및 심신의학적 요소

《용호결》의 저자 정렴은 도인이자 의인(醫人)으로서 의학에 대해 깊은 식견과 실력을 갖추고 있었으며, 지금의 국립병원 같은 혜민서(惠民署)의 교수를 지냈다. 정렴의 아우인 고옥(古玉) 정작(鄭碏) 또한 형에게 정신 수련법을 배웠으며, 허준의 《동의보감》이 편찬될 때 유의(儒醫)로서 깊이 관여하였을 정도로 의학에 뛰어났다. 조선 정조 때 나라에서 펴낸 인명사전인 《국조인물고(國朝人物考)》에 나오는 성수익(成壽益, 1528~1598)의 《정렴행실》에는,

공은 충허고명(冲虛高明)하고 상지(上智)의 자질이 있어 유도석(儒道釋: 유교, 불교, 도교) 삼교에 널리 통하지 않음이 없었고, 천문, 지리, 의약, 복서, 율려, 한어(漢語)에 이르기까지 모두 배우지 않고도 능하였다. 그 도달한 바를 논해 보면 수학에 있어서는 중국 송나라의 도인철학자 소강절(邵康節)과 같고, 의학에 있어서는 전설적 명의 유부(俞跗)나 편작(扁鵲)과 같았다.

(公冲虛高明, 有上智之資, 儒道釋三敎, 無不淹貫, 至於天文地理醫藥卜筮律呂漢語皆不學而能, 論其至則於數如康節, 於醫如俞扁)

라고 정렴의 정신세계를 논하고 있다. 다음은 《용호결》 서론의 한 부분을 인용한다.

이제 폐기를 하고자 하는 사람은 먼저 마음을 고요히 하고 다리를 포개어 단정히 앉아서 눈썹을 발처럼 드리워 내려다보되 눈은 콧등을 대하고 코는 배꼽 언저리를 대하며, 들이쉬는 숨은 면면히 끊어지지 않게 하고 내쉬는 숨은 조금씩 아주 미미하게 하여 항상 정신과 기운으로 하여금 배꼽 아래 한 치 세 푼의 자리에 있는 단전에 서로 머물게 하라.

(今慾閉氣者, 先須靜心, 疊足端坐, 垂簾下視, 眼對鼻白, 鼻對臍輪, 入息綿綿, 出息微微, 常使神氣相住於臍下一寸三分之中)

여기서는 의식을 계발하는 방법으로서 폐기(閉氣) 즉 호흡법을 논하고 있다. 정렴은 이 호흡법 이야말로 정신을 기르는 데 있어서 천 가지 방문과 백 가지 약물들보다도 훨씬 더 뛰어난 방법이라 강조하였다.(… 至於養神, 千方百藥, 莫之與比 …) 여기서 정신을 기르는 양신(養神)은 양생(養生)과 직결되는 의미로서, 정신을 잘 다스리고 배양하는 것이 신체적인 삶을 조화롭고 건강하게 하는 선결조건으로 보고 있다. 즉 양신이 양생의 상위개념이 되는 것이다. 일반적으로 호흡법은 신체 건강법의 하나로 통용되고 있으나 《용호결》에서는 육체의 건강유지는 물론 여러 질병의 치유효과와 예방효과 및 더 나아가서 수명의 연장도 가능하다고 보고 있다. 이러한 육체적 건강유지를 바탕으로 정신의 안정을 꾀하고 궁극적으로 도를 이루는(成道), 우주 대자연과 합일하는 경지에 도달하는 것을 호흡법 수련의 목표로 삼는다. 이 궁극적 경지를

세상만사의 온갖 시끄러움을 수습하여 하나도 없는 태극의
상태로 돌아간다.

(收拾萬事之紛擾, 歸於一無之太極)

라고 표현하고 호흡수련을 통해 선(仙)을 지향하는 사람의 정
신세계를 선서(仙書)《참동계(參同契)》의 다음 구절로 대변하고
있다.

뜻을 버리고 텅 비어 아무것도 없는 마음 상태로 돌아가 항상
태극의 본체인 무념으로 벗을 삼고 스스로 증험해 가며 차츰
밀고 나아감에 마음이 하나되어 종횡으로 흔들리지 않느니라.

(委志歸虛無, 無念以爲常, 證驗以推移, 心專不縱橫)

이렇듯 육신의 건강과 수명의 연장을 가능케 하고 우주 의식과
의 합일을 이루어 내는 방법론으로서의 호흡법은 지극히 간단하
고도 쉬운데, 바로 들숨과 날숨을 아주 미미하고 끊어지지 않게
지속적으로 숨쉬되 – 곧 조식법(調息法)을 의미함 – 늘 배꼽 밑
단전에 정신과 기운을 집중하라는 것이《용호결》의 의식계발 방
법의 가장 큰 요점이다. 또한 정렴은 질병의 원인과 호흡수련의
치유 원리를 다음과 같이 서술하고 있다.

이 공부를 한 달만 행하면 백 가지 질병이 모두 사라질 것이

니 어찌 마음을 다하여 행하지 않겠는가? 대체로 풍사(風邪)의 우환은 혈맥 속으로 숨어들어 드러나지 않게 몸속을 돌아다니는 데도, 이것이 사람을 죽이는 무서운 흉기가 되는 줄도 모르고 있다가 그것이 오래되어 경맥을 따라 깊이 고황(膏肓)에 들게 되는데, 그런 연후에는 의사를 찾아 약을 써도 이미 때는 늦은 것이다. 의가(醫家)는 병이 난 후에 병을 다스리지만 도가(道家)는 병이 나기 전에 미리 병을 다스린다. 정기(正氣)와 풍사(風邪)는 물과 불 같아서 서로 어울리지 못하므로 정기가 머물러 있으면 풍사는 저절로 달아나서 백 가지 맥이 자연스럽게 유통되고 삼궁(三宮)의 기운이 자연스레 오르내리게 될 것이니 질병이 무슨 까닭에 생기겠는가? 좀 더 정성을 다하여 부지런히 수련을 한다면 반드시 수명을 연장하여 죽을 기한을 물리치게 될 것이고, 평소에 조금씩이라도 수련을 하여도 평안하게 천명을 마칠 수 있으리라. 사랑한다는 것은 그 대상이 살기를 바라는 것이니 내가 늘 이 책을 여러분들에게 전해주는 것 또한 서로 사랑하는 도리에서 비롯한 것이다.

(行之彌月, 百疾普消, 可不爲之盡心乎, 夫風邪之患, 伏藏血脈之中, 冥行暗走, 不知爲殺身之斧斤, 久矣傳經, 深入膏肓, 然後尋醫服藥, 亦已晩矣. 醫家 治病於已病之後, 道家治病於未病之前. 正氣與風邪, 如氷炭之不相容, 正氣留則風邪自走, 百脈自然流通, 三宮自然升降, 疾病何由而作乎, 稍加精勤則必至於延命却期, 得其糟粕, 亦未有不安怡令終者也, 愛之欲其生, 愚常以此, 爲諸君子贈, 亦相愛

之道也)

여기서 호흡법을 행한 지 한 달이 안 되어 백 가지 질병이 모두 치료될 수 있다 하였는데 매우 파격적인 발언이다. 정렴은 질병의 원인을 정기풍사론(正氣風邪論)에 입각하여 설명하고 있는데, 정기와 풍사 모두 이 우주에 편재해 있는 기운의 두 가지 형태로서 정기는 기의 정태(正態)요, 풍사는 기의 부정태(不正態)로서 반생명적 존재라 볼 수 있다.

어쨌든 우주에 존재하는 기의 형태를 두 가지로 규정하고, 그 존재 양상과 기능을 밝혔으며, 이것들이 생명체, 특히 인간에 어떻게 반응하는가 하는 점을 질병 발생과정으로 풀어내고 있다. 즉 질병은 생명에 역기능적으로 반응하는 풍사라는 기운이 사람의 핏줄 속에 숨어 다니는 데에서 발생하고 이것이 오래되어 인체 기운의 통로인 경락에까지 침범하면 죽음에 이른다는 것이다.

정기와 풍사는 서로 용납되지 않는 성질인데, 정기가 있는 곳에 풍사는 존재할 수 없는 관계이다. 고로 호흡 수련을 통하여 정기를 많이 체내에 축적하면 풍사가 모두 없어져 기존의 질병 치유는 물론 수명 연장도 꾀할 수 있다고 보고 있다. 덧붙여 이러한 호흡 수련을 통한 양생, 양신(養神)의 도는 결국 생명체에 대한 존중, 서로 사랑하는 마음에 그 뿌리를 두고 있음을 밝혔다.

또 하나, 사람의 질병 원인으로 인체 내 기운의 부조화를 들고 있다. 즉 세상 사람들이 모두 신체의 상부는 기운이 번성하고 하부는 기운이 허약하여 매양 이 기운이 서로 상하로 잘 교통하지 못하여 갖가지 질병이 발생한다는 관점이다. 이 또한 호흡을 고르게 하는 조식 수련법으로서 치유할 수 있는데, 들숨, 날숨을 고르게, 느리게 하여 기운의 바다 단전에 중심을 두고 정기를 축적하면, 상부에 쏠려 있는 기운들이 밑으로 신체의 중심부로 내려가, 비장과 위장이 화창한 기운으로 건강해지고 제 기능을 다하여 체내의 기운이 모이는 세 부분(삼궁)이 서로 균형을 찾게 되며 이로써 혈맥이 두루 잘 돌아 질병 원인이 소멸될 수 있다는 것이다.

세상 사람들은 모두 위는 성하고 아래는 허하여, 매양 이렇게 기운이 오르기만 하여 신체의 위아래가 서로 통하지 못함을 병으로 앓고 있노라. 고로 이 인체의 상부 기운을 끌어 내려서 삼궁의 가운데인 중궁에 두도록 힘쓸 것이며, 비장과 위장으로 하여금 화창하게 해서 혈맥이 두루 돌게 할 뿐이라
(世人皆上盛下虛, 每患此氣之升而上下不交, 故務要此氣之降而在中宮. 使脾胃和暢血脈周流而已)

마지막으로 호흡 수련을 통해 질병을 치유하는 과정과 더 나아가 우주 의식과 합일하게 되는 과정을 생생한 심리묘사로 일목요연하게 전달하고 있다.

즉 숨을 고르며 정기를 단전에 모으면 인체 상부의 나쁜 기운

들(풍사)이 마치 구름이 걷히고 안개가 내리듯 줄줄 쏟아져 내려가게 되는데 먼저 가슴에서 배로 내려간다. 이렇듯 풍사가 아래로 내려간 다음에야 비로소 신체가 화평해지고 그 다음으로 땀이 촉촉하게 나면서 몸 전체의 혈맥과 기맥이 두루두루 크게 돌게 되니 곧 마음이 텅 빈 듯하여 눈앞에 흰 눈이 펄펄 내리는 듯 느껴지고 내가 육신에 깃들어 있는지, 육신이 내 속에 있는지 조차 알 수 없으며, 매우 고요하고 아득하여 황홀한 경지에 들어가게 된다. 이때 자신은 이미 음과 양이 나누어지기 이전, 즉 태극이 갈리기 이전의 경지에 있는 것이다. 이것이야말로 호흡법을 통한 정신 수련의 참된 경계이며 진정한 길이다. 이 밖의 것은 모두 헛된 말이요, 망령된 행동이다.

(必使神氣, 相住於臍下丹田之中, 則上部風邪, 如雲委霧降, 滾滾瀉下, 先走於胸腹, 得其傳送然後, 身體和平, 汗氣蒸潤, 一身百脈, 周流大遍則 一意沖瀜, 眼前白雪, 紛紛而下, 不知我之有形, 形之有我, 窈窈冥冥, 恍恍惚惚, 已在於太極未判之前矣, 此所謂眞境界, 眞道路, 外此 皆邪說妄行耳)

이렇듯 조식 호흡 수련을 통하여 진정한 정신 수련의 길에 접어들면, 기운이 안정되어 호흡의 극치인 태식(胎息)을 하게 되며, 이로 인하여 주천화후(周天火候)의 단계로 진입하는 것이다. 정렴은 이 주천화후라는 정기(正氣) 또는 신기(神氣)의 운용과정을 통하여 두뇌 속의 니환궁(泥丸宮)에 맑고 밝은 기운만이 남아 하나의 결정을 이룬 것이 불교에서 깨달음, 성도(成道)의 징표로 삼는 사리요, 선가(仙家)의 현주(玄珠)라고 명백히 밝히고 있어 주목된다.

동서양의 어느 책에서도 사리의 기원과 형성에 대해 이처럼 극명하게 해설해 놓은 것은 볼 수 없을 것이다. 이는 또한 고대 우리 선인들의 정신과학 수준이 현대인의 입론(立論) 수준보다 몇 차원 앞서 있었다는 점을 반증하고 있다 하겠다.

정렴은 호흡법을 통한 정신 수련의 본질을 정신으로 기운을 제어하고, 기운으로 정신을 형체에 머물게 하여 서로 떨어지지 않게 하는 원리에 불과한 것이라고 판단하고, 존재의 참 모습과 그 원리를 깨닫고 합일해 나가는 방법을 제시하였다. 즉 방법은 쉬우나 꾸준히 해나가는 정성만이 도를 이루는 지름길이자 열쇠라고 강조한다.

정기가 항상 몸속에 가득하면 시끄러운 곳에서 초연히 지낸 들 거리낄 것이 무엇이 있을까?
(正氣常盈腔裏, 何妨燕處超然)

사람들은 모두 오곡의 정기로 배를 불리나, 나는 홀로 이 음양의 기운으로 배를 불리네
(人皆飽食五穀精, 我獨飽此陰陽氣)

위 두 편의 시구절에서 보듯 평지에서 신선이 되어 하늘로 오름

(평로등선平路登仙)과 땅의 문이 닫히고 하늘의 문이 열리게 됨(지호폐地戶閉, 천문개天門開)은 전적으로 조식법을 통한 정기(正氣)의 포식(飽食)에 있음을 강조하면서 정렴은 전대미문의 선서(仙書)이자 정신수련 요결인《용호결》을 마감하고 있다.

3. 《원상법》의 의식계발적 요소

《원상법》은 봉우 권태훈(權泰勳, 1900~1994)이 1925년경 전라도 나주의 최도은(崔道隱)에게 전해 받았다 한다. 최도은은 당시 나주 지방의 도인이었고 구한말 도계(道界)에서 우도방주(右道坊主)였던 김일송(金一松)의 제자 최소은(崔小隱)에게서 이 원상법을 전수받았다.

이 법은 유가(儒家) 심종(心宗)의 직절문(直截門)으로서《역경(易經)》계사전(繫辭傳)의 요지를 모아놓은《원상문(原象文)》을 정신수련 방편으로 하며《대학(大學)》의 격물치지(格物致知)와 서로 안팎을 이루는 공부로서 전해 왔다고 한다.

정신수련계에서는 심종(心宗)을 중시하는 바, 심종의 심법(心法)은 유불선의 종파가 제각기 행법은 다르나 그 귀착점은 한 곳이라는 데 의견의 일치를 보이고 있다. 우리나라 심종의 근원지는 대황조(大皇祖: 큰할배) 한배검님이다. 심법으로 내려오는《천부경(天符經)》과《삼일신고(三一神誥)》가 이것을 웅변하고 있다. 이러한 한배검의 심종적 가르침이 조선시대 유교적 분위기에서 공자의 묵시(默示)를 빌려 《원상법》이라는 심법으로 유행하지 않았나 여겨진다. 다음은 원상문 전문(全文)이다.

사람의 머리는 하늘이요, 사람의 배는 곧 땅이라. 하늘과 땅이 이로써 그 자리를 정하였도다. 귀는 감(坎)이요, 눈은 이(離)인데. 이는 해와 달의 밝은 빛과 같고, 입은 태(兌)요, 손은 간(艮)이라. 이는 산과 물이 서로 기운을 통하는 것과 같으며, 팔은 손(巽), 다리는 진(震)으로 우레와 바람이 움직이는 것과 같으니 이는 실로 하늘과 땅의 조화가 사람의 몸에 그대로 깃들여 있음이라. 위대하도다! 사람이여! 지극한 정성으로 도를 이루면 앞일을 알 수 있으니 한 가지 이치를 잘 보존하면 온몸이 온전해지네. 이것이 바로 덕(德)에 계합하여 묘한 쓰임을 나타내는 전일(專一)한 기틀이라, 그 기틀은 고요하면 곧 변하고 움직이면 곧 만들어져서 움직이고 고요한 그 가운데에서 변화가 끝이 없네. 이로써 내닫지 않아도 빠르고, 움직이지 않아도 도달하게 되는 것이니, 마음 위의 정일(精一)한 영(靈)을 이루어 느껴서 천하의 연고를 모두 통달할 수 있는 것이라. 아아! 상제(上帝: 하느님)께서는 낮은 백성들에게 올바름을 내리시어 밝고 밝게 감응하사 제게 신령스런 말씀을 내려주시고 제게 소원하는 바 ○○을 내려 주시어 세상의 모든 일을 마칠 수 있도록 하소서. 하늘과 땅의 영원함도 의탁하고 힘입을 바가 있는데 하물며 사람에게 있어서랴. 또한 귀신에 있어서랴. 세 가지 영(靈)이 몸 안에 깃들어 있으니, 이를 닦으면 되는 것이라. 이것을 집념하여 잘 살펴서 아침·저녁으로 늘 그치지 않으니 지극한 기운의 신령은 감응하사 큰 조화를 이루소서.

(首乾腹坤 天地定位 耳坎目離 日月明光 口兌手艮 山澤通氣 股巽足震 雷風動作 實是 乾坤之 造化 而稟氣於人也 大哉 人乎 至誠爲道 可以前知 一理存存 百體全全 是爲合德 妙用之專機也 機靜則變機動則化 動靜之間 變化無窮 是以 不疾而速 不行而至 致心上之精靈 感以遂通 天下之故, 於皇上帝 降衷于下民 昭昭感應 降我靈旨 授我○○ 天下之能事畢 天地其永有 所依賴矣 以況於人乎 以況於鬼神乎 三靈在身 修之則是 念玆在玆 日夕乾乾 至氣之神 感應大化)

원상(原象)이란 원초의 형상, 즉 자아를 포함한 만물의 원래 진면목을 말한다.《원상법》이란 이러한 원상을 깨닫기 위한 정신 수련을 의미한다. 곧 자아의 존재적 본질을 찾아내는 일종의 수색작업이다. 본질은 이미 모두 거기에 존재하고 있는데, 뒤에 미혹해진, 어두워진 우리들이 그 본체의 광명함을 잃어버려 어둠 속에 헤매이고 있으므로, 원래 밝았던 우리 존재의 실연을 스스로 다시 찾아가 밝혀내는 자의식(自意識)의 행로가 바로 이《원상법》수련이라 할 수 있겠다.

원상수련은 세 단계로 진행된다. 첫째 수지사(手指寫)로서 위의 원상문을 마음속으로 한번 자세히 읽어본 후 단정히 앉아서 일체의 잡념을 버리고 조식호흡을 30분간 행한다. 다음 눈을 감은 채 원상문 맨 앞머리 첫글자 머리 수(首)자를 왼손 손바닥 위에 오른손 손가락으로 서서히 쓴다. 이렇게 눈을 감고 손가락으로 손바닥 위에 온 마음을 집중하여 쓰노라면 어느덧 뇌리 속에 손바닥 위의 글자 한 획 한 획이 완연히 존재함을 보게 된다. 이런 식으로 계속 정좌 묵상하여 생각을 집중하면 그 글자에서 자연 광채가 나고 한번 손바닥에 쓴 글자가 오래도록 없어지지 않고 계속 보이게 된다. 나중에 원상문의 글자들이 모두 환하게 머릿속 스크린에 투영될 때까지 이 과정을 행한다.

두 번째 과정은 심사(心寫)이다. 심사란 원상문의 문자를 마음으로 쓰는 것이다. 이렇게 마음으로 쓰다보면 손으로 쓸 때처럼 글자가 완연히 보이게 되는데 오래 보아도 얼른 없어지지 않고 실제 붓으로 쓴 것처럼 눈을 감고 보아도 뚜렷하게 보이게 된다. 원상문 글자를 한 자씩 써 나가면 쓴 글자가 처음부터 끝까지는 시일이 좀 걸린다. 마음으로 쓰는 연습이 충분해져서 묵좌식상(默坐息想)의 상태로 쓴 글자만 주시하노라면 글씨가 보이던 자막이 사라지고 무엇인지 알 수 없는 환상 같은 현상들이 나오기 시작한다. 이때 그 현상을 주시하지 말고 조식만 쉬지 않고 꾸준히 유지하면 곧 그친다. 이후 점차로 정확한 현상이 나오는데, 먼저 보이는 것들은 대개 실체 없는 잡동사니인 경우가 많다. 이렇듯 정확한 상이 보이기까지는 대략 한 달 정도가 걸린다.

세 번째 과정이 회광반조(廻光返照)로서 첫 깨달음, 초각(初覺)에 이르는 길이다. 심사(心寫)의 과정을 통해 마음속의 여러 가지가 자신의 의식대로 보이기 시작하면 조식을 통해 골라진 마음의 파장과 그 참지혜의 빛으로 자신을 돌아보는 공부를 시작한다. 즉 자신의 현재로부터 과거로 돌아가 회상해 보는 것인데, 오늘에서 어제 또는 그저께로, 이번 달에서 지난 달로 더듬어 올라가며 생각하는 방식이다. 처음 시작할 때는 주마간산식의, 비행기 타고 산천 구경하는 감이 있으나 점차 단순해지며 자세히 보이게 된다. 이것이 회광반조 수련인데,《원상법》수련의 마지막 도정(道程)이다. 여기서 본인의 처음 출생까지는 잘 보이지만 그 출생 이전의 현상으로 넘어가는 것이 대개 큰 과제로 남게 된다.

출생 이전의 현상은 사람에 따라 잘 안 보이는 경우도 있으나, 다시 일보 전진해 나가면 대개는 보이게 되는 것이 원칙이다. 이러한 회광반조를 통하여 자신의 삼생(三生)이 어디서 왔는지 잘 알게 되며 이를 정신수련 학인의 초각(初覺)이라 한다.

초각의 단계에 이르면 사람뿐 아니라 동식물 및 무생물의 생성 소멸 과정이나 그 존재의 내부 모습 등이 상세하지는 않으나 대체적으로 보이게 된다. 즉 인간의 장벽인 시공을 초월하여 자아의 본래 모습을 확인하는 정신력이 배양된다고 볼 수 있다. 이 초각의 단계에 이르러서야 비로소 진정한 정신세계로의 첫걸음을 내디뎠다고 본다.

4, 결어(結語)

의식계발과 심신의학이란 현대적 명제에 맞추어 선인들의 정신
적 유산인《용호결》과《원상법》을 다시 검토해 보노라면 21세기
현대인들이 얼마나 정신과학에 무지하며 낙후되어 있는가 하는
점이 제일 극명하게 드러난다. 상고(上古)시대 이후 수천 년간의
눈부신 물질개벽적 성과에도 불구하고 인간의 정신문화적 수준은
외려 퇴보해 오지 않았나 하는 느낌을 떨칠 수 없다. 일례로 최첨
단 문명대국이라 일컫는 미국과 최빈국이며 약소국인 아프간과의
극렬한 전쟁상황이 현 인류문명의 정신 수준을 적나라하게 보여
주고 있는 것이다.

이러한 시점에서 우리가《용호결》과《원상법》에서 얻을 수 있
는 가장 큰 수확은 바로 사람이 사람답게, 다시 참답게 심신으로
건강하게 살 수 있는 길을 제시하고 있다는 점이다.《용호결》외
서두에 보이듯 자신의 깨달음에 만족하지 않고 심신의 고통과 질
병으로 시달리는 수많은 사람들을 염두에 두고 남과 이웃을 배려
하는 따뜻한 사랑의 메시지로서, 당시로는 가히 혁명적인 양생의
비결을 만천하에 밝히고 있는 것이다. 이렇듯《용호결》전편에 흐
르는 서로 사랑하는 정신(相愛之道)이야말로 현대인의 정신세계
에 가장 중요한 비급이요, 단군 한배검의 홍익인간(弘益人間) 이
념을 계승한 움직일 수 없는 징표라 보여진다.

《원상법》의 전수자이자 민족 선가(仙家)의 계승자였던 봉우 권

태훈 또한《원상법》을 비밀리에 전해 받았으나, 후세에 널리 알리기 위해《원상법요(原象法要)》,《원상혹문장(原象惑問章)》,《구계법론(九階法論)》등을 저술하여 일반인들에게 서슴없이 공표했다.

흔히들 정신건강의 궁극적 목표는 대자연과의 합일이라고 말한다. 대자연과의 합일! 이것은 우주적 사건으로서 내가 곧 대자연이며 우주이고 우주가 곧 나일 수 있다는 의식에서 출발한다. 옛사람들일수록 이러한 우주의식의 통로를 확연히 알고 있었다. 즉 정신의 혜광(慧光)은 시공이 없이 밝게 빛나서 저 멀리 북극성에까지 삽시간에 도달할 수 있다는 것이 그들의 일상적 믿음이요 경험적 사실이었던 것이다.

결론적으로 우리는《용호결》을 통해 육체적 건강과 정신의 배양에 필요한 우주대기(宇宙大氣)와의 교류법을 습득할 수 있고, 《원상법》을 통해 조식호흡으로 길러진 지혜의 빛과 육신의 에너지로서 이 우주의 비밀과 원리, 삼라만상의 진면목들을 마주하는 근원적 깨달음을 얻게 되며 나아가 그것들과 하나가 되는 생명의 법열(法悅)을 누릴 수 있다 하겠다.

본서에 실린 논문 출처

김낙필, 〈북창 정렴의 내단(內丹) 사상〉,《도교문화연구》(2003), 제19집, pp.73~95.

노자키 아츠히코(野崎充彦), 〈야담집에 나타난 온양 정씨의 초상〉,《도교문화연구》(2001),제15집, pp.289~308.

안동준, 〈북창 정렴의 소(嘯)와 도교음악〉,《도교문화연구》(2001), 제15집, pp.181~208.

안동준, 〈용호비결(龍虎祕訣)의 문헌적 계보〉《남명학연구》(2014), 제44권, pp.221~264.

양은용, 〈신출(新出) 단학지남(丹學指南)과 북창 정렴의 양생사상〉,《도교문화연구》(1994), 제8집, pp.375~402.

이경수, 〈북창 정렴의 생애와 시(詩) 세계〉,《한국한시작가연구》(2000), 제5권, pp.171~192.

정재서, 〈온성세고(溫城世稿)를 통해 본 조선조 단학파(丹學派)의 이념적 성격〉,《도교문화연구》(1997), 제11집, pp.353~364.

정재서, 〈북창 정렴 약전(略傳)〉,《한국도교의 기원과 역사》(이화여대 출판부, 2006), pp.262~269.

정재승, 〈민족 정신수련법에 나타난 의식계발과 심신의학-용호결(龍虎訣)과 원상법(原象法)을 중심으로〉,《한국정신과학회 학술대회 논문집》(2001), 제15집, pp.23~30.

첨석창(詹石窓), 〈鄭北窓內丹思想及其當代價値〉, 2014년 5월 한국도교문화학회 춘계학술대회 "봉우(鳳宇) 권태훈(權泰勳, 1900~1994)과 현대 한국 선도" 발표논문.

찾아보기

ㄱ

《감호집(鑑湖集)》 141

갑인자본《주역참동계발휘》 224

〈강상야문적(江上夜聞笛)〉 35

〈검단사설경(黔丹寺雪景)〉 105

격암(格菴) 남사고(南師古) 30

계곡(谿谷) 68, 82

계사전(繫辭傳) 339

《계산담수(鷄山談藪)》 52, 54

《계서야담(溪西野談)》 56

《계서잡록(溪西雜錄)》 53, 56

계향당(桂香堂) 64

계향당(桂香堂) 정초(鄭礎) 28

계헌(桂軒) 64

고경명(高敬命) 38

〈고목연(古木鳶)〉 147

고옥(古玉) 58, 81

《고옥선생시집(古玉先生詩集)》 27

고인후(高因厚) 38

《관서신미록(關西辛未錄)》 71

관초(管草) 55

구유(九幽) 314

구음(口音) 120, 126, 128, 130

《국조인물고(國朝人物考)》 58, 126

권극중(權克中) 162, 261

ㄱ

귀근복명(歸根復命) 273

규중(規中) 299, 303

《규중지남(規中指南)》 302

《근사록(近思錄)》 81

《금계필담(錦溪筆談)》 52, 56, 57

금단수련(金丹修練) 59

《금벽용호경(金碧龍虎經)》 287

금소(禁嘯) 124

〈금송당유고(琴松堂遺稿)〉 27

《기문총화(記聞叢話)》 46

《기사진전(祈嗣眞詮)》 216, 235

《기아(箕雅)》 86

김상헌(金尙憲) 35

김수악 128

김시습(金時習) 154

김윤신(金潤身) 56, 72

ㄴ

낙양춘(洛陽春) 136

〈난랑비서(鸞郎碑序)〉 33

노봉서원(魯峯書院) 98

《논어·자로(論語·子路)》 324

니환궁(泥丸宮) 303, 315

ㄷ

《단가별지구결(丹家別旨口訣)》 229

《단학지남(丹學指南)》 21, 156, 252

《대동기문(大東記聞)》 46

《대동시선(大東詩選)》 86

대황조(大皇祖) 339

도규(刀圭) 306

《도덕경(道德經)》 324

《도서전집(道書全集)》 21, 233

〈동동〉 136

《동명선생집(東溟先生集)》 27, 161

《동야집사(東野輯史)》 47

《동의보감(東醫寶鑑)》 18, 29, 56,
83, 89

《동의보감》〈태식법〉 216

《동패(東稗)》 49

〈등와령망관악(登互嶺望冠岳)〉 104

ㅁ

《만죽헌유고(萬竹軒遺稿)》 27, 160

망상(罔象) 301

《매옹한록(梅翁閑錄)》 47

《매월당집(梅月堂集)》 154

《명시별재집(明詩別裁集)》 34

〈목리변증설(木履辨證說)〉 72

무사(無詞) 133, 139

《무송당유고(撫松堂遺稿)》 27, 161

《묵자(墨子)》 299

〈문화담연세(聞花潭捐世)〉 31

《미수기언(眉叟記言)》 59

ㅂ

박세채(朴世采) 58

박지화(朴枝華) 81, 255

〈방가행시아(放歌行示兒)〉 106

백일무영(白日無影) 59

보허무(步虛舞) 136

보허사(步虛詞) 136

보허성(步虛聲) 137

보허자(步虛子) 117, 136

《봉우수단기(鳳宇修丹記)》 278

〈부벽루에서 말타고 음악을 연주하
며 밤에 평양성을 들어가며自浮
碧樓馬上奏樂夜入城〉 135

《북창고옥선생시집》 169

《북창고옥시집(北窓古玉詩集)》 252

《북창고옥양선생시집(北窓古玉兩先
生詩集)》 28, 86

〈북창고옥양선생시집서(北窓古玉兩
先生詩集序)〉 32

북창(北窓) 정렴(鄭磏) 18

〈북창선생묘기(北窓先生墓記)〉 157,
163, 259

《북창선생시집(北窓先生詩集)》 27

〈북창선생행적(北窓先生行蹟)〉 258

북창 설화 50, 52

북창학(北窓學) 19

ㅅ

사리(舍利) 273

사마장경(司馬長卿) 69

〈산거야좌(山居夜坐)〉 101

〈산재야음(山齋夜吟)〉 101

〈산중소견삼절(山中所見三絶)〉 100

《산해경(山海經)》〈서차삼경(西次三經)〉 125

삼교합일(三敎合一) 82

《삼일신고(三一神誥)》 339

《삼현주옥(三賢珠玉)》 86, 100

《상양자금단대요(上陽子金丹大要)》 306

생시(笙詩) 130

서화담(徐花潭) 81

선골가계(仙骨家系) 18

선어(仙語) 120, 132, 139, 150

선화(仙化) 93, 113

섭천소(葉千韶) 124, 125

성명정정(誠明靜定) 325

성수익(成壽益) 51

소(嘯) 118

소가(嘯歌) 120, 127, 131, 151

소법(嘯法) 20, 143, 147, 150

〈소부(嘯賦)〉 143

《소지(嘯旨)》 121, 124, 130, 143, 147

〈소지후서(嘯旨後序)〉 133

《소학(小學)》 81

손등(孫登) 79, 118, 125

《송경록(松京錄)》 126

《송계잡록(松溪雜錄)》 60

송기수(宋麒壽) 93, 258

송시열(宋時烈) 169

수규중(守規中) 305

수선(水仙) 81

수암(守菴) 박지화(朴枝華) 30

수재규중(守在規中) 305

수중(守中) 305

수지사(手指寫) 341

《수진십서(修眞十書)》 232, 303

《시용향악보(時用鄕樂譜)》 138

신돈복(辛敦復) 252, 261

신돈복본《양생지남》 224

심덕잠(沈德潛) 34

심사(心寫) 342

《십죽헌유고(十竹軒遺稿)》 27, 160

ㅇ

《악부잡록(樂府雜錄)》 144

《악장가사(樂章歌詞)》 126

양만고(楊萬古) 141

《양생지남(養生指南)》 228, 252

《양생편》 233

양신(養神) 332

《어우야담(於于野談)》 44, 52, 54, 55, 60, 67, 117

〈언행록(言行錄)〉 68

여음(餘音) 130

《역대유편(歷代類編)》 54

《연려실기술(燃藜室記述)》 48

연악(燕樂) 138

영구폐기내식(靈龜閉氣內息) 307

영규대사(靈圭大師) 41

〈영백로(詠白鷺)〉 110

《영보이법(靈寶異法)》 282

《영보필법(靈寶畢法)》 282

《예기·대학(禮記·大學)》 324

《예기·중용(禮記·中庸)》 324

《오계일지집(梧溪日誌集)》 26

오숙(吳翻) 252

《오주연문장전산고(五洲衍文長箋散稿)》 72

《옥력경(玉曆經)》 314

《옥진행사결(玉辰行事訣)》 314

《옥황심인태식경(玉皇心印胎息經)》 289

《온성세고(溫城世稿)》 19, 26, 27, 259

온양(溫陽) 정씨 18

완적(阮籍) 118, 125

왕사정(王士禎) 35

왕경략 40

《용재총화》 129

《용호결(龍虎訣)》 23, 344

《용호경(龍虎經)》 287

《용호비결(龍虎秘訣)》 18, 21, 29, 82, 211, 228, 252, 265, 278

우보(禹步) 137

〈우음(偶吟)〉 98, 110

《원상문(原象文)》 339

《원상법》 23, 340, 344

유염(俞琰) 303

《유자심은(劉子心隱)》 306

육보(肉譜) 126

윤신지(尹新之) 32, 90

《을사견문록(乙巳見聞錄)》 51, 56

《의림촬요(醫林撮要)》 89

〈의승장기허당대사기적비(義僧將騎虛堂大師紀蹟碑)〉 41

이도순(李道純) 325

이성위귀(以誠為貴) 326

《이순록(二旬錄)》 55

이안위기치(以眼為旗幟) 312

《이양편(二養編)》 223

이인설화(異人說話) 51

일가삼선(一家三仙) 158

임제(林悌) 39

ㅈ

〈자만(自挽)〉 92, 113

〈자부벽루마상주악야입성(自浮碧樓馬上奏樂夜入城)〉 140

〈자술(自述)〉 94, 108

장온(張氳) 121

장유(張維) 68, 82, 90, 113, 169

재초(齋醮) 음악 135

정광한(鄭光漢) 93, 259

정돈시(鄭敦始) 28, 70, 84

정두경(鄭斗卿) 40, 65, 68, 84

정락훈(鄭樂勳) 27

정렴 50

정렴전(鄭磏傳) 51

〈정렴행실(鄭行實)〉 157

정만석(鄭晩錫) 70

정북창(鄭北窓) 76, 78, 279

《정북창방(鄭北窓方)》 89

정순붕 46

정양진인(正陽眞人) 정자원(鄭紫元)
    161

정인보(鄭寅普) 41

정자원(鄭紫元) 30

정작(鄭碏) 35, 38, 56, 81, 84

정지승(鄭之升) 39, 65, 84

정초(鄭礎) 64, 77

정현(鄭礥) 49

정회(鄭晦) 30, 84

정희량(鄭希良) 255

《조선도교사(朝鮮道教史)》 84, 278

《조선왕조실록》 89

조식법(調息法) 23

《조야집요(朝野輯要)》 47

조위백 124

존상법(存想法) 315

좌화(坐化) 92, 113

〈주과저자도(舟過楮子島)〉 103

주소(呪嘯) 120, 124, 138

《주역(周易)》〈계사전(繫辭傳)〉 23

《주역참동계발휘(周易參同契發揮)》
    21, 214, 223, 228, 303

《주역참동계(周易參同契)》 211, 287

주천화후(周天火候) 291

중도(中道) 305

《중묘문(衆妙門)》 261

《지봉유설》기예부(技藝部)〈방술(方
    術)〉 54

《지북우담(池北偶談)》 35

지호폐(地戶閉) 339

《직지경(直指鏡)》 261

《진전(眞詮)》 216

ㅊ

《참동계(參同契)》 22, 289

《참동계주해(參同契註解)》 261

《천둔연마법(天遁煉魔法)》 282

천문개(天門開) 339

《천부경(天符經)》 339

《천예록(天倪錄)》 44, 54

《청구야담(青邱野談)》 49, 57

〈청사열전(淸士列傳)〉 85, 106

총계당(叢桂堂) 65

《총계당유고(叢桂堂遺稿)》 27, 160

《축수편(逐睡編)》 47

〈축천정유별(丑川亭留別)〉 34

ㅌ

《태상황록재의(太上黃錄齋儀)》 137

태식(胎息) 291, 296

《태현경(太玄經)》 300

ㅍ

평로등선(平路登仙) 339

폐기(閉氣) 295, 332

폐기(閉炁) 308, 310

《포박자(抱朴子)》 216

《포박자내편(抱朴子內篇)》 290

포일(抱一) 325

ㅎ

하단전(下丹田) 304

《학산한언(鶴山閑言)》 60

《한정록(閑情錄)》 233

《해동명신록(海東名臣錄)》 56

《해동명신전(海東名臣傳)》 85

《해동이적(海東異蹟)》 40, 52, 280, 288

《해동이적보(海東異蹟補)》 28, 71

《해동잡록(海東雜錄)》 51

《해동전도록(海東傳道錄)》 29, 55, 65, 81, 154, 253, 280

해화(解化) 92, 113

〈행실(行實)〉 51

허목(許穆) 85

현빈일규(玄牝一竅) 272

현주(玄珠) 273, 338

홍만종(洪萬宗) 40

화산진인(華山眞人) 30, 161

황공망(黃公望) 301

황윤석(黃胤錫) 28

《황정경(黃庭經)》 273, 288, 313

《황정내경옥경(黃庭內景玉經)》 308, 313

《황정외경옥경(黃庭外景玉經)》 288

회광반조(廻光返照) 343 회광반조법(廻光返照法) 23